Dennis Metz

Devisenhandel

Profitieren von

Dollar, Euro & Co.

Gesamtbearbeitung: UnderConstruction München

Lektorat: Dr. Renate Oettinger

Umschlaggestaltung: Stephanie Villiger

Druck: Walch Druck, Augsburg

E-MAIL: metz@finanzbuchverlag.de

Bibliografische Information der Deutschen Bibliothek:
Die Deutsche Bibliothek verzeichnet diese Publikation in der
Deutschen Nationalbibliografie; detaillierte bibliografische Daten
sind im Internet über **http://dnb.ddb.de** abrufbar.

---

1. AUFLAGE 2004

© 2004 BY FINANZBUCH VERLAG GMBH MÜNCHEN

FRUNDSBERGSTR. 23 · 80634 MÜNCHEN

TEL.: 089/651285-0 FAX: 089/652096

Alle Rechte, einschließlich derjenigen des auszugsweisen Abdrucks
sowie der photomechanischen und elektronischen Wiedergabe, vorbehalten.
Dieses Buch will keine spezifischen Anlage-Empfehlungen
geben und enthält lediglich allgemeine Hinweise. Autor, Heraus-
geber und die zitierten Quellen haften nicht für etwaige Verluste,
die aufgrund der Umsetzung ihrer Gedanken und Ideen entstehen.

ISBN 3-89879-065-7

Fordern Sie jetzt unser aktuelles Verlagsverzeichnis an!

Weitere Bücher: www.finanzbuchverlag.de

Meinen Eltern

INHALT

Vorwort	6
Kapitel I: Grundlagen des Devisenhandels	9
I.1 Geschichte des Devisenhandels	9
I.2 Marktteilnehmer und ihre Intentionen	21
Kapitel II: Funktionsweise des Devisenhandels	31
II.1 Währungen	31
II.2 Crossrates	42
II.3 Interbanken-Markt	48
II.4 Unterschiede Aktien-/Devisenmarkt	50
II.5 Geschäftsarten des Devisenhandels	56
Kapitel III: Grundlagen des Devisen-Tradings	75
III.1 Wahl des Brokers	75
III.2 Software und Datenversorgung	83
III.3 Arbeitsplatz	94
III.4 Order-Arten	97
III.5 Exkurs: Handel über das Telefon	108
III.6 Erfolgsberechnung	110
III.7 Margin	117
III.8 Rollover	123

Kapitel IV: Strategie 127

IV.1 Methodik 128

IV.2 Zeithorizont 151

Kapitel V: Erfolgreiches Devisen-Trading 158

V.1 Risiko-Management 161

V.2 Money-Management 200

V.3 Selbst-Management 216

V.4 Umsetzung 224

Kapitel VI: Handelsansätze 228

VI.1 Playing Support & Resistance 228

VI.2 Joining the Trend 231

Glossar 234

Literaturverzeichnis 237

Fußnoten 237

Register 238

Vorwort

Das Interesse vor allem von aktiven Trader, aber auch von mittel- bis langfristig orientierten Anlegern, verschiebt sich – vom Aktienhandel, der nach den übertriebenen Kurssteigerungen zur Jahrtausendwende in den vergangenen Jahren vor allem durch sinkende Kursnotierungen, geringe Volatilität und Skandale auf sich aufmerksam machte, mehr und mehr zum Handel mit alternativen Finanzinstrumenten. Vor allem der Handel mit Devisen steht bei Tradern hoch im Kurs.

Der Devisenmarkt ist der größte Finanzmarkt der Welt, kein anderer Markt weist ein annähernd so hohes Volumen auf. Er bietet dem Trader neben einer transparenten Preisentwicklung hohe Liquidität, eine abschätzbare Volatilität und geringe Trading-Kosten. Der Handel mit Devisen ist nach wie vor die Domäne von Banken. Seit Mitte der neunziger Jahre bieten aber Broker auch privaten Tradern den problemlosen Zugang zu dem Markt. Im Gegensatz zum Handel mit Aktien und Derivaten, der unter privaten Trader weit verbreitet ist, besteht im Devisenmarkt ein erhebliches Aufholpotenzial. Er rückt erst jetzt langsam ins Blickfeld der privaten Trader.

Der Devisenmarkt übt aufgrund seiner Struktur und seiner Größe, die mit keinem anderen Finanzmarkt vergleichbar ist, auf die meisten Trader eine ungeheure Faszination aus. Auch wenn sich viele schon zumindest am Rande mit Devisen beschäftigt haben, schrecken die meisten vom Handeln zurück. Die Gründe hierfür sind vielfältig: Oftmals wird das Risiko (fälschlicherweise) als deutlich zu hoch eingeschätzt, häufig fehlt aber auch einfach nur das Basiswissen.

Dies ist vermutlich unter anderem auf die fehlende Literatur zu diesem Thema zurückzuführen. Erklärungen für Fachbegriffe wie „Forex" oder „Pip" finden sich zwar in diversen Internet-Quellen. Dokumente, die auch die Zusammenhänge am Devisenmarkt erläutern und von Grund auf erklären, sind dagegen sehr spärlich. Die wenigen Publikationen, die sich mit dem Handel von Devisen beschäftigen, haben meist einen wissenschaftlichen Anspruch. Das vorliegende Buch dagegen ist ein Buch für Trader. Es versucht, diese Literatur-Lücke zu schließen und dem interessierten Trader den Weg zum Devisenhandel zu ebnen. Neben der Vorstellung des Devisenmarktes bringt dieses Buch dem Trader auch die grundlegenden Werkzeuge und Instrumente des erfolgreichen Tradings näher.

Das Buch setzt sich aus zwei Themengebieten zusammen, die in sechs Kapitel unterteilt sind.

Das erste Themengebiet, die Grundlagen und Funktionsweise des Devisenhandels, ist Gegenstand der Kapitel I und II. Neben einem fundamentalen Verständnis für das Handeln mit Devisen werden hier unter anderem die Geschichte des Devisenhandels, die Marktteilnehmer und ihre Interessen, der Aufbau des Devisenmarktes und die unterschiedlichen Finanzprodukte vorgestellt. Kapitel I und II geben einen umfassenden Einblick in die Welt des Devisenhandels und erläutern die für den Handel benötigten Grundlagen und Details.

Die Kapitel III, IV und V beschäftigen sich mit dem zweiten Themengebiet, dem Handeln von Devisen. Hier wird aufgezeigt, wie der Anleger von Wechselkursschwankungen profitieren kann und welche Kriterien er beim Trading beachten muss. Neben den Grundlagen des Handelns werden die Elemente eines erfolgreichen Trading-Ansatzes präsentiert und erläutert: Strategie, Risiko-, Money- und Selbst-Management.

Im letzten Kapitel VI werden zwei Handelsstrategien vorgestellt, die bei disziplinierter Umsetzung und Beachtung aller im Buch genannten Kriterien Erfolg versprechen. Sie lassen sich auch von einem Einsteiger, der mit dem Trading bisher noch nicht im Kontakt gekommen ist, problemlos umsetzen.

Bei der Gestaltung des Buches wurde versucht, Trading-Weisheiten – wie es häufig in der Literatur zum Thema Trading gemacht wird – nicht nur aufzuzählen. Stattdessen wird das Handwerkszeug erläutert, mit dem sich diese auch verwirklichen lassen. Das Buch liefert dem Einsteiger den nötigen Wissensschatz, um erfolgreich mit Devisen zu handeln. Dem Trader, der bereits mit anderen Finanzinstrumenten Erfahrungen gesammelt hat und den Einstieg in den Handel mit Devisen erwägt, bietet es neben der Einführung in den Devisenmarkt eine Reihe von Anregungen und Techniken, mit denen sich ein vorhandener Trading-Ansatz eventuell ergänzen beziehungsweise verbessern sowie auf den Devisenmarkt abstimmen lässt.

Ich wünsche allen Lesern viel Spaß beim Lesen sowie viel Erfolg beim Umsetzen des Erlernten am Devisenmarkt.

Dennis Metz

Kapitel I: Grundlagen des Devisenhandels

I.1 Geschichte des Devisenhandels

Bereits vor Beginn unserer Zeitrechnung wurden Münzen genutzt, um den Zahlungsverkehr zu vereinfachen. Im Mittelalter wurden die ersten Banknoten eingeführt, die anfangs noch ein Schuldrecht verbrieften. Langsam ersetzten die Banknoten die Münzen in ihrer Rolle als primäre Zahlungsmethode. Inzwischen läuft ein Großteil aller Transaktionen über das so genannte Buchgeld ab.

Im Laufe der Zeit entwickelte sich eine Vielzahl an Zahlungsmitteln, die meist nur regional akzeptiert wurden. Diese wurden durch national gültige Zahlungsmittel ersetzt, um den Zahlungsverkehr zu vereinfachen. International gibt es aber nach wie vor unterschiedliche Währungen. Der Schweizer Franken, die nationale Währung der Schweiz, galt lange Zeit als Inbegriff für Stabilität und wurde daher häufig auch als „Save Haven" bezeichnet. Allerdings können auch mit dem Franken in den USA keine Rechnungen beglichen werden, da er in dem fremden Währungsraum nicht als Zahlungsmittel akzeptiert wird. Der Bedarf an fremden Währungen ist die primäre Motivation für den Handel mit Devisen. Der klassische Devisenhandel ist im Prinzip nichts anderes als eine Tauschhandlung: eine Währung gegen eine andere Währung in einem bestimmten Wechselverhältnis.

Das aktuelle Währungssystem existiert in seiner heutigen Form erst seit Anfang der siebziger Jahre. Die Spekulation auf Veränderungen der Wechselkurse dagegen ist schon bedeutend älter. Auf den folgenden Seiten findet sich ein Rückblick in die jüngere Vergangenheit des Devisenhandels.

I.1.1 Goldstandard

Von 1876 bis 1914 stellte der Goldstandard die Grundlage der Währungssysteme der wirtschaftlich führenden Nationen dar. Bereits im 17. Jahrhundert setzte sich der Goldhinterlegungs-Standard – der Vorläufer des Goldstandards – in Europa durch. Das System der Goldhinterlegung beziehungsweise in jüngerer Zeit des Goldstandards basierte darauf, dass der Wert der Währung durch Goldreserven gesichert wird.

Beim Goldhinterlegungs-Standard wurde der gesamte Gegenwert des Geldes in Gold hinterlegt. Beim Goldstandard fand dagegen nur eine partielle Deckung statt, das heißt nur ein fixer Prozentsatz des Geldwertes musste in Gold vorhanden sein. Zwischen den ausgegebenen Banknoten und dem vorhandenen Goldbestand bestand somit eine feste Relation. Die Notenbanken verpflichteten sich, die von ihnen emittierten Banknoten auf Verlangen jederzeit zu dem fixen Umtauschkurs wieder in Gold einzutauschen. Das Papiergeld stellte damit eine Art Schuldschein auf das verwahrte Gold dar.

Mit diesem System erreichten die Währungen eine neue Phase der Stabilität, da sie in einem festen Verhältnis zum Gold standen und es somit keine Willkür bei der Ausgabe von Geld gab. Die Vorteile eines solchen mit Gold gedeckten Fixkurssystems lagen vor allem in der geringen Inflation, dem automatischen Ausgleich der Zahlungsbilanz und dem rasch steigenden Sozialprodukt. Doch der Goldstandard erwies als sehr unflexibel und erlaubte es kaum, auf die wirtschaftliche Situation einzugehen. Eine Geldmengenerhöhung, um die Wirtschaft anzukurbeln, war beispielsweise nicht möglich.

Das Resultat des Goldstandards waren feste, unveränderliche Wechselkurse der einzelnen Währungen untereinander. Da die Währungen in einer festen Relation zum Gold standen und jederzeit in Gold konvertiert werden konnten, veränderte sich auch das Tauschverhältnis der Währungen untereinander nicht.

Der Goldstandard hatte bis zum Ersten Weltkrieg Bestand. Um die hohen Kriegsausgaben zu decken, begannen einige Nationen, mehr Geld in Umlauf zu bringen, als durch die Goldreserven gesichert war. In der Folge stieg die Inflation, und das Vertrauen in die Währung schwand zunehmend. Schließlich brachen die Währungssysteme zusammen. Versuche, den Goldstandard erneut dauerhaft einzuführen, scheiterten. Einige Länder besitzen zwar nach wie vor noch Goldreserven, diese stehen jedoch in keiner Beziehung zur jeweiligen Landeswährung.

I.1.2 Zwischenkriegszeit

Zwischen dem Ersten und dem Zweiten Weltkrieg herrschte – bedingt durch die erhöhte Geldschöpfung – erhebliche Inflation. Die teilweise deutlich voneinander abweichenden Inflationsraten der einzelnen Länder hatten zur Folge, dass auch die Preisniveaus deutlich differierten. Um die außenwirtschaftlichen Probleme abzumildern, sah sich eine Reihe von Ländern dazu veranlasst, ihre eigene Währung zum Teil deutlich abzuwerten. Durch die Abwertung wiederum wurden die Währungen der anderen Nationen höher bewertet, die nun ihrerseits wieder abwerteten.

Ausgelöst durch die Weltwirtschaftskrise Ende der zwanziger Jahre führten einige Staaten schließlich Kontrollmechanismen ein, um für laufende Auslandszahlungen stets ausreichend Devisenreserven vorrätig zu haben (Devisenbewirtschaftung). Kapital durfte entweder gar nicht mehr oder nur noch beschränkt ausgeführt werden. Aus Exporten anfallende Devisen mussten meist an den Staat abgetreten werden. Der Handel mit Devisen war zu diesem Zeitpunkt faktisch nicht mehr möglich.

1925 wurde der Goldstandard in einigen Ländern wieder eingeführt, vielfach bestand aber (zumindest gegenüber Privatpersonen) keine Einlöseverpflichtung des Gelds gegen Gold mehr. In Deutschland wurde der Goldstandard bereits 1931 wieder aufgehoben.

I.1.3 Bretton Woods

Im Laufe des Zweiten Weltkriegs wurde der Einfluss der USA auf die Weltwirtschaft immer größer. Der US-Dollar wurde schließlich zur internationalen Leitwährung, und das ist er bis heute geblieben. 1944 schufen die Vertreter der wichtigsten Industrienationen – angeführt von den USA und England – in Bretton Woods (Badeort am Atlantik in New Hampshire, USA) den Internationalen Währungsfonds (IWF), um die Wechselkurse zu stabilisieren und ein einheitliches System für den internationalen Zahlungsverkehr zu schaffen. Neben der Stabilität der teilnehmenden Währungen zielte das System auf den Abbau bestehender Restriktionen und die Einführung der Konvertibilität aller Währungen ab.

Die Grundidee des Währungssystems nach dem Abkommen von Bretton Woods ist nach wie vor der Goldstandard. Als leitende Nation hatte die USA die Konvertibilitätspflicht des US-Dollars in Gold (35 US-Dollar je Unze). Die anderen Mitgliedsstaaten hatten die Pflicht, ihre Währungen gegenüber dem US-Dollar stabil zu halten (Konvertibilität gegenüber dem US-Dollar). Der Dollar wurde zur Bezugsgröße für alle am Währungssystem von Bretton Woods teilnehmenden Länder. Der Mechanismus ähnelte dem des Goldstandards, da es nur zwei Reservearten gab: das Gold und den US-Dollar. Solange der Dollar knapp war, was bis in die sechziger Jahre hinein der Fall war, machte dies keinen Unterschied. Die Wechselkurse der Währungen untereinander waren – bedingt durch die Preisfixierung der einzelnen Währungen gegenüber dem US-Dollar – somit fix.

Schwankungen, die durch die Preisfindung am freien Markt entstanden, waren innerhalb einer Bandbreite von 0,75 Prozent um den vereinbarten Wert (Parität) – der in Abhängigkeit des Zahlungsbilanzungleichgewichts angepasst wurden – zulässig. Bei höheren Abweichungen mussten die Mitgliedstaaten in das Marktgeschehen eingreifen und durch Interventionen (Käufe/Verkäufe der eigenen Währung) oder durch Veränderung der nationalen Geldmenge das Gleichgewicht wiederherstellen. Die USA als „Hüterin der Leitwährung" mussten solche Interventionen nicht durchführen.

Für die D-Mark wurde beim Beitritt der Bundesrepublik am 14. August 1952 eine Parität von 1 D-Mark = 0,211588 Gramm Feingold festgelegt. Das entsprach einem Wechselkurs gegenüber dem US-Dollar von 4,20 D-Mark. Für die D-Mark ergab sich daher eine zulässige Schwankungsbandbreite von 4,17 zu 4,23. Erreichte nun beispielsweise die D-Mark den oberen Interventionspunkt bei 4,23 – war die D-Mark also gegenüber dem US-Dollar zu schwach –, musste die Bundesbank D-Mark kaufen und US-Dollars aus ihren Reserven verkaufen.

Während des Bestehens des Währungssystems von Bretton Woods erhöhte sich der Wohlstand in den Industrieländern und in den meisten Entwicklungsländern rascher als jemals zuvor. Gleichzeitig waren die Inflationsraten relativ gering und im Verhältnis zueinander stabil. Damit einhergehend stellten sich annähernd Vollbeschäftigung bei geringem staatlichem Defizit und ein zunehmend liberalisierter internationaler Handel und Kapitalverkehr ein. Diese Harmonie bestand so lange, wie sich die wirtschaftlichen Prioritäten in den wichtigsten Ländern ähnelten und die USA die Rolle als Leitwährungsland nicht auf Kosten anderer zu sehr ausnutzten. Einer der Hauptgründe, warum das System schließlich zusammenbrach, war die stark divergierende wirtschaftliche Entwicklung der einzelnen Länder untereinander und gegenüber den USA.

Das endgültige Ende des Systems von Bretton Woods – nachdem es bereits zuvor zu heftigen Unruhen im weltweiten Wechselkurssystem gekommen war und die Notenbanken sich kaum noch in der Lage sahen, der massiven Dollar-Abwertung entgegenzutreten – kam schließlich im August 1971. Die amerikanische Regierung sah sich gezwungen, die Konvertierung der Dollar-Guthaben in Gold aufzuheben. Im Prinzip war dies das Ende des Währungssystems von Bretton Wood und der Beginn freier Wechselkurse zwischen den Währungen.

Dennoch wurde im Dezember 1971 im so genannten „Smithsonian Agreement" nochmals versucht, anstelle von Paritäten nun zentrale Leitkurse zu etablieren. Das Hauptproblem dieser Vereinbarung war jedoch, dass der Dollar über keine Goldkonvertibilität mehr verfügt. Im März 1973 scheiterte das System endgültig, nachdem praktisch alle wichtigen IWF-Mitglieder ihre Interventionen zu Gunsten des US-Dollars einstellten. Die Ära international fester Wechselkurse ging damit zu Ende, und die meisten großen Länder gingen zu flexiblen Wechselkursen über.

I.1.4 Europäischer Wechselkursverbund

Noch während der Existenz des System fixer Wechselkurse von Bretton Woods wurde Anfang 1972 der Europäische Wechselkursverbund (EWV) durch die Mitgliedsstaaten der Europäischen Gemeinschaft (EG) mit dem Ziel gegründet, sowohl die Geld- und Währungspolitik als auch die Wechselkurse untereinander abzustimmen, um die wirtschaftliche Situation zu stabilisieren. Das System wird häufig auch als Währungsschlange bezeichnet, da die Wechselkurse der Währungen der teilnehmenden Länder untereinander um höchstens plus/minus 2,25 Prozent schwanken durften. Kam es zu größeren Abweichungen, mussten die jeweiligen Zentralbanken am Devisenmarkt intervenieren. Ab dem März 1973 – dem Ende des Agreements von Bretton Woods – bewegten sich die Währungen des Verbunds frei zum US-Dollar.

Durch ständige Aus- und Eintritte von Mitgliedern und die fehlende Bereitschaft zu einer engeren Zusammenarbeit geriet das System schließlich in eine Krise und verlor an Glaubwürdigkeit. Die Währungsschlange hatte nur bis 1979 Bestand.

I.1.5 Europäisches Währungssystem

Der Europäische Wechselkursverbund wurde am 13. März 1979 von seinem Nachfolger, dem Europäischen Währungssystem (EWS), abgelöst. Mit dem neuen System sollte innerhalb der Teilnehmerstaaten durch die Einführung stabiler, jedoch anpassungsfähiger Wechselkurse eine Zone der Preis- und Währungsstabilität erreicht werden.

Das EWS arbeitete mit einer gemeinsamen, imaginären Währung, der Europäischen Währungseinheit ECU (European Currency Unit), dem Vorgänger des Euros. Diese Währung gab es allerdings zeitlebens nur als Buchgeld. Der Kurs des ECU bestimmte sich aus einem Währungskorb, der sich aus den Währungen der teilnehmenden Länder zusammensetzte. Die Gewichtung der einzelnen Währungen wurde im Laufe der Zeit mehrmals angepasst, um der unterschiedlichen wirtschaftlichen Entwicklung der teilnehmenden Staaten Rechnung zu tragen.

Da die Währungen, die im ECU enthalten waren, gegenüber Drittwährungen im Verbund schwankten, war der ECU-Wechselkurs ebenfalls flexibel. Die tolerierte Schwankungsbreite der EWS-Währungen gegeneinander wurde auf 2,25 Prozent (ab August 1993: 15 Prozent) beiderseits der bilateralen Leitkurse festgelegt. Sobald ein Wechselkurs den oberen/unteren Grenzwert (Interventionspunkt) erreicht hatte, waren die Zentralbanken verpflichtet, kursstabilisierend in den Markt einzugreifen. Gegenüber den Währungen von Dritten, wie dem US-Dollar, gab es genauso wie beim vorhergehenden Europäischen Wechselkursverbund keine Beschränkung der Schwankung.

I.1.6 Europäische Währungsunion

Anfang der neunziger Jahre beschlossen die teilnehmenden Mitgliedstaaten, die Zusammenarbeit unter anderem im Bereich der Währungspolitik noch weiter zu vertiefen. 1992 wurden schließlich im Vertrag von Maastricht die Gründung einer neuen Währungsunion und die Schaffung einer gemeinsamen europäischen Währung beschlossen. Die Verwirklichung der Pläne vollzog sich in drei Phasen und wurde 1999 mit der Einführung des Euros abgeschlossen.

Die erste Phase des Vertrags von Maastricht zielte vor allen darauf ab, bestehende Beschränkungen des innereuropäischen Kapitalverkehrs zu beseitigen. In der Zeit von 1994 bis 1998 – der zweiten Stufe – wurde unter anderem das Europäische System der Zentralbanken (ESZB) eingerichtet. Die Teilnahme an der Währungsunion wurde an die Erfüllung der so genannten Konvergenzkriterien gebunden, die sowohl für die alten Teilnehmerstaaten als auch für künftige Beitrittsländer Voraussetzung für die Aufnahme waren beziehungsweise sind.

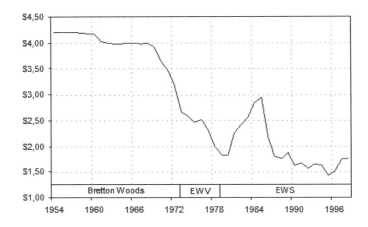

Abbildung I.1: Entwicklung der D-Mark unter dem Einfluss der Währungssysteme gegenüber dem US-Dollar

Am 1. Januar 1999 wurden die Wechselkurse festgelegt und der Euro – zunächst nur als Buchgeld – als gemeinsame und offizielle Währung eingeführt. Die EZB, die Europäische Zentralbank mit Sitz in Frankfurt, ist seit diesem Zeitpunkt als unabhängige Institution für die Geldpolitik verantwortlich.

Mit Beginn der dritten Stufe der Währungsunion wurde das Europäische Währungssystem in seiner bis dahin bestehenden Form beendet. Da nicht alle EU-Staaten von Anfang an am Euro teilnehmen wollten, mussten die Währungsbeziehungen zwischen den Teilnehmern der Währungsunion und den übrigen EU-Staaten geregelt werden. Um übermäßige Schwankungen der Wechselkurse zu vermeiden, hat man sich auf ein EWS II geeinigt. Dieses System bietet den teilnehmenden Mitgliedern die Möglichkeit, zu einem späteren Zeitpunkt den Euro einzuführen. Die Stelle des ECU im alten Europäischen Währungssystem hat im EWS II der Euro übernommen. Die Bandbreite der zulässigen Schwankungen beträgt plus/minus 15 Prozent. Werden diese Interventionspunkte über-/unterschritten, sind Stützkäufe/-verkäufe vorgesehen. Abbildung I.2 zeigt die Entwicklung der dänischen Krone im EWS II. Für sie gilt eine verengte Bandbreite von 2,25 Prozent beiderseits des Leitkurses.

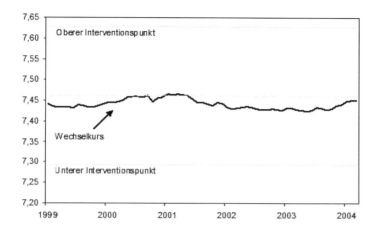

Abbildung I.2: Entwicklung der dänischen Krone gegenüber dem Euro im EWS II

Am 1. Januar 2002 wurde der Euro schließlich auch als Zahlungsmittel für den Barverkehr eingeführt.

I.1.7 Devisenmarkt heute und in Zukunft

Die Einführung des Euros stellte mit Sicherheit den größten Einschnitt in die internationale Währungsordnung seit dem Zusammenbruch des Wechselkurssystems von Bretton Woods im Jahr 1973 dar. Erstmals wurden nationale Währungen durch eine neue, länderübergreifende Währung ersetzt, die völlig losgelöst von den einzelnen Staaten ist. Durch das gemeinsame Währungsgebiet werden Transaktionen zwischen den einzelnen Mitgliedsstaaten praktisch zu Binnentransaktionen. Der neue Wirtschafts- und Währungsraum ist von seiner Größe mit den USA vergleichbar und Japan weit überlegen.

Die Umstellung der einzelnen Nationalwährungen auf den Euro hat problemlos geklappt – sowohl die Umstellung des Buchgeldes 1999 als auch die Umstellung des Bargelds in 2002. Mit dem Verschwinden der nationalen Währungen ging auch dem Devisenmarkt ein Teil seines Volumens verloren. Transaktionen zwischen den am Euro teilnehmenden Nationen sind überflüssig geworden. Der durchschnittliche, tägliche Umsatz am Devisenmarkt fiel von 1490 Milliarden US-Dollar im Jahr 1998 auf 1200 Milliarden US-Dollar im Jahr 2001.[1] Dieser Rückgang lässt sich vor allem auf die Einführung des Euros, aber auch auf die Konsolidierung im Bankensektor zurückführen. Bis auf die leicht rückgängigen Umsätze hat der Euro die Bedingungen am Devisenmarkt nicht wesentlich verändert.

Der Einfluss des Euros (Marktanteil 2001: 38 Prozent) ist deutlich höher als der Einfluss der damals größten Währung – der Deutschen Mark (1998: 30 Prozent) –, bleibt aber weit hinter dem aggregierten Marktanteil aller nationalen (Euro-)Währungen zurück (1998: > 50 Prozent). Auch der Anteil der in Euro gehaltenen Fremdwährungsreserven nimmt deutlich zu, liegt aber immer noch weit unter dem US-Dollar-Anteil. Der US-Dollar hat im internationalen Finanzwesen nach wie vor die Vormachtstellung inne, der Euro gewinnt aber mehr und mehr an Einfluss.

In den kommenden Jahren werden die größten Einflussfaktoren auf den Devisenmarkt voraussichtlich die weitere Öffnung und die Entwicklung Chinas sowie die EU-Osterweiterung sein. Nachdem im Mai 2004 zehn neue Mitglieder in die EU aufgenommen wurden, streben einige Staaten an, ebenfalls die europäische Gemeinschaftswährung einzuführen. Voraussetzung dafür sind die Erfüllung der Konvergenzkriterien sowie die störungsfreie Teilnahme am EWS II für mindestens zwei Jahre. Beitritte von neuen Staaten werden daher frühestens für 2007 erwartet. Dänemark, das bereits seit der Einführung des Euros ohne Zwischenfälle am EWS II teilnimmt, könnte bereits zuvor den Euro einführen. Über die Auswirkungen und die daraus resultierenden Veränderungen auf den Devisenmarkt lässt sich aber höchstens spekulieren.

I.1.8 Exkurs: Wechselkurssysteme

Seit dem Ende des Systems von Bretton Woods bewegen sich die Hauptwährungen frei gegeneinander, die Wechselkurse werden durch Angebot und Nachfrage bestimmt. In vielen Währungsräumen greift die Nationalbank aber auch in die Preisfindung ein. In der Regel verfolgen die Zentralbanken mit ihrem Handeln ein bestimmtes Ziel wie ein fixes Wechselkursverhältnis gegenüber einer anderen Währung oder einem Währungskorb beziehungsweise eine bestimmte Inflationsrate innerhalb des Währungsraums.

Eine Notenbank kann sich dafür entscheiden, den Wechselkurs der von ihr emittierten Währung gegenüber der Währung eines anderen Landes (beispielsweise dem US-Dollar oder dem Euro) oder gegenüber einem Währungskorb stabil zu halten, indem sie entweder autonom oder in zwischenstaatlichen Vereinbarungen ein bestimmtes Wechselkursverhältnis festlegt (Parität). Um einen festen Wechselkurs zu erreichen, muss die Notenbank bei ihrer Zinspolitik stets Rücksicht auf die Entwicklung am Devisenmarkt nehmen und durch Interventionen ihre Währung auf- oder abwerten. Da es unmöglich ist, einen fixen Wechselkurs auf einem freien Markt zu erreichen, werden Schwankungsbandbreiten definiert. Die Schwankungen durch die freie Preisfindung sind im Idealfall aber vernachlässigbar gering. Diese Option wird häufig von Entwicklungsländern genutzt, um eine stabile Währung zu erlangen und Vertrauen in die Wirtschaft zu erzeugen. Dies lockt wiederum ausländische Kapitalgeber an. Sie wird aber beispielsweise auch im EWS II eingesetzt.

Auf der anderen Seite kann eine Notenbank die Preisfindung für ihre Währung dem Zusammenspiel von Angebot und Nachfrage überlassen. Die Marktteilnehmer bestimmen die Wechselkurse unter Berücksichtigung der erwarteten Inflationsraten, Zinsdifferenzen, Wirtschaftswachstum und weiteren relevanten Kennzahlen. Die Wechselkurse passen sich ständig der Markterwartung an. Man spricht in diesem Fall von flexiblen Wechselkursen („Free Floating"). Der Vorteil flexibler Wechselkurse liegt für die Notenbanken in der Autonomie der Geldmengenpolitik. Die Zinsen können ohne Rücksicht auf den Wechselkurs an binnenwirtschaftlichen Gesichtspunkten wie der Inflation oder dem Wachstum ausgerichtet werden.

Eine Zwischenlösung zwischen festen und flexiblen Wechselkursen stellt das kontrollierte oder „Managed Floating" dar. Bei dieser dritten Option sind die Wechselkurse prinzipiell flexibel. Von Zeit zu Zeit greift die Zentralbank aber ein, um den Wechselkurs zu beeinflussen. Durch Interventionen wird versucht, die Kursausschläge zu glätten oder ein Kursniveau anzusteuern, das für die heimische Wirtschaft günstiger ist. In der Praxis intervenieren einige

Notenbanken zeitweise erheblich am Devisenmarkt, um den Wechselkurs gegenüber einer anderen Währung zu beeinflussen.

Einige Währungen lassen sich im freien Markt jedoch nur eingeschränkt oder gar nicht handeln, da ihre Konvertierbarkeit beschränkt ist. Währungen, die ohne Beschränkungen in eine andere Währung gewechselt (konvertiert) werden können, werden als „(frei) konvertibel" oder auch als „harte Währung" bezeichnet.

Beschränkt konvertierbare Devisen unterliegen bestimmten Umtauschbeschränkungen. Der Umtausch ist beispielsweise bestimmten Personenkreisen vorbehalten oder nur für bestimmte Zwecke gestattet. Häufig dürfen auch nur Beträge bis zu einer bestimmten Höchstgrenze gewechselt werden. Diese Währungen werden auch als „weiche Währungen" bezeichnet. Die stärkste Form der Devisenbewirtschaftung ist die Nichtkonvertierbarkeit. Bei dieser ist der Transfer von Devisen untersagt, häufig ist auch der Besitz von Devisen nicht erlaubt.

I.2 Marktteilnehmer und ihre Intentionen

Am Devisenmarkt gibt es eine große Bandbreite an Marktteilnehmern. Neben meist kurzfristig orientierten Interbanken-Händlern, strategischen Eigenhändlern großer Finanzinstitute (Proptrader) oder strategischen Investoren finden sich multinationale wie nationale Unternehmen jeder Größenordnung, Investment- und Hedge-Fonds sowie eine Vielzahl weiterer Marktteilnehmer.

Diese Teilnehmer verfolgen oft unterschiedliche Interessen. Um die Schwankungen am Devisenmarkt sowie die Reaktionen auf Nachrichten besser zu verstehen, ist es hilfreich, die Interessen, die Zielsetzung und die Motivation der einzelnen Gruppen zu verstehen beziehungsweise zu kennen.

I.2.1 Unternehmen

Unternehmen verfolgen hauptsächlich das Ziel, Risiko aus Fremdwährungspositionen zu minimieren und Währungen in die Landeswährung zu tauschen. Die Spekulation auf Wechselkursänderungen mit dem Ziel, zusätzliche Gewinne zu erzielen, ist unüblich. Allerdings gibt es hier natürlich Ausnahmen.

Vor allem Unternehmen, die einen großen Teil ihres Umsatzes über den Ex- oder Importhandel generieren oder über Niederlassungen im Ausland verfügen, sind von Wechselkursschwankungen betroffen. Dazu gehören unter anderem die Automobilbranche, internationale Pharmaunternehmen, Reisekonzerne, Maschinenbauer und die Mineralölindustrie. Zahlungsströme aus Warenlieferungen oder aus Dienstleistungen müssen konvertiert werden. Der Zeitpunkt, zu dem die Konvertierung erfolgt, hat häufig großen Einfluss auf das Jahresresultat dieser Unternehmen.

Die Unternehmen bilden mit ihrer Tätigkeit eine bedeutende Grundlage des heutigen Devisenhandels. Im Gegensatz zu den meisten sehr kurzfristigen Transaktionen, die am Devisenmarkt durchgeführt werden, sind die Transaktionen der Unternehmen meist langfristig motiviert und fundamental begründet.

Beispiel

Nehmen wir als klassisches Beispiel einen großen deutschen Automobilhersteller, um die Effekte der Währungsrisiken zu beleuchten.

Der amerikanische Markt ist für die deutschen Produzenten einer der bedeutendsten Absatzmärkte. Das betrachtete Beispielunternehmen liefert Autos nach Amerika und erhält – sofern das Geschäft gut läuft – im Gegenzug dafür US-Dollar. Die Produktionskosten in Deutschland fallen aber in Euro an – und auch die europäischen Zulieferer wollen in Euro bezahlt werden. Außerdem bilanziert das Unternehmen in Euro. Das betrachtete Unternehmen muss also die erzielten US-Dollar-Erlöse in Euro konvertieren.

Im Folgenden wird eine Menge von 1000 Fahrzeugen angenommen, deren Produktion 25 000 Euro je Stück kostet. Diese werden auf dem US-Markt zu Stückpreisen von 30 000 US-Dollar verkauft. Die Gesamteinnahmen belaufen sich somit auf 30 000 000 US-Dollar, die Produktionskosten betragen insgesamt 25 000 000 Euro. Spätestens zum Bilanzstichtag wird das Unternehmen die US-Dollars in Euro konvertieren.

Unterstellt man einen fixen Wechselkurs von 1 zwischen US-Dollar und Euro, ergibt sich somit ein Gewinn von 5 000 000 Euro. Verändert sich jedoch der Wechselkurs zwischen der Begleichung der Kosten in Euro, dem Erhalt der US-Dollar und der Konvertierung, so treten positive oder negative Effekte auf.

Ab einem EUR/USD-Kurs von 1,2000 bei gleich bleibenden Kosten und Erträgen würde das angesprochene Unternehmen nicht mehr profitabel arbeiten, die konvertierten US-Dollar-Einnahmen würden unter den Produktionskosten liegen. Fällt der Wechselkurs dagegen auf 0,8500, verdoppelt das Unternehmen seinen Gewinn gegenüber dem Paritätskurs.

Für das Unternehmen stellt sich das Problem, wann im Idealfall die Devisen konvertiert werden sollten. Um besser kalkulieren zu können, sichern viele Unternehmen bestehende oder erwartete Fremdwährungspositionen über Terminkontrakte ab (vgl. Kapitel II.5). Die negativen beziehungsweise positiven Effekte der Veränderung des Wechselkurses werden dadurch eliminiert. Einige Unternehmen sichern sich auch nur teilweise ab, um so wenigstens im geringeren Umfang an den („hoffentlich") positiven Effekten einer Wechselkursveränderung zu partizipieren. Die Frage, ob es sich bei einer solchen Spekulation um eine Kernkompetenz eines traditionellen Wirtschaftskonzerns handelt, ist an dieser Stelle berechtigt.

Abgesehen von der Konvertierung von Umsätzen und Erträgen lassen sich weitere Zahlungsströme, ausgelöst von nationalen wie internationalen Unternehmen, charakterisieren. Dazu zählen unter anderem Fusionen und Übernahmen, Beteiligungskäufe und -verkäufe sowie Investitionen im Ausland.

I.2.2 Geschäftsbanken

Die Banken stellen das Gros der Marktteilnehmer dar. Sie spielen im Devisenmarkt die zentrale Rolle, da sie in einem losen Netzwerk den so genannten Interbanken-Markt darstellen (weitere Infos dazu in Kapitel II.3). Die klassischen Anbieter und Nachfrager des Devisenhandels, die Wirtschaftsunternehmen, haben in der Regel keinen direkten Marktzugang, sondern müssen über eine Bank an dem Netzwerk teilnehmen. Neben den im Folgenden dargestellten handelsnahen Geschäften – dem Stellen eines Marktes, Ausführen von Aufträgen und dem Eigenhandel – hat eine Bank noch weitere Interessen, am Devisenmarkt teilzunehmen. Als weiteres Beispiel seien hier Fremdwährungskredite genannt.

Bis zum Ende des Agreements von Bretton Woods bestand die klassische Aufgabe der Devisenhandelsabteilungen der Banken in der Abwicklung der Währungskonvertierung. Mit Freigabe der Wechselkurse Anfang der siebziger Jahre entstanden die heute bekannten Handelsabteilungen. In Handelsräumen mit oft mehr als hundert Arbeitsplätzen – neben Devisen werden hier auch viele weitere Finanzprodukte gehandelt – konzentriert sich der eigentliche Devisenhandel, und es werden täglich unzählige Abschlüsse durchgeführt.

I.2.2.1 Market Maker

Market Maker stellen das Grundgerüst des Interbanken-Handels dar. Die zentrale Aufgabe eines Market Makers ist das Quotieren von Wechselkursen und somit das Bereitstellen von Liquidität. Diese wird sowohl von internen Abteilungen und internationalen Großkonzernen als auch – und vor allem – von dritten Banken nachgefragt. Der einzelne Market Maker stellt dabei anfragenden Parteien verbindliche Kurse (Geld- und Briefkurs), zu denen er bereit ist zu handeln.

Ein wesentlicher Vorteil der Market Maker sind die aus den Anfragen resultierenden Informationen über die Aufträge beziehungsweise die Orderlage („Flow"). Durch seine ständige Tätigkeit im Markt ist der Market Maker sehr stark in das Marktgeschehen integriert und kann aufgrund seiner Markt- und Kapitalmacht den Kurs bewegen.

Der Marker Maker profitiert in erster Linie von der Differenz zwischen den Quotierungen, die er im Interbanken-Markt erhält und die er an seine Kunden weitergibt. Neben dem Bereitstellen von Liquidität liegt ein weiteres Interesse der Market Maker in der Erzielung von zusätzlichen Erträgen durch kurzfristige Positionen und durch Arbitragegeschäft (Ausnutzung von Preisunterschieden).

Market Maker sind vor allem in den großen Banken zu finden. Die „Global Player" sind Citibank, Barclays, J.P. Morgan Chase, Union Bank of Switzerland (UBS) und Deutsche Bank, um nur einige zu nennen. In den so genannten „Non-Core"-Währungen (exotische Währungen, vor allem Osteuropa, Asien und Südamerika) haben sich mittlerweile aber auch einige Nischenplayer als Market Maker etabliert.

I.2.2.2 Proprietary Trader

Im Gegensatz zu dem bereits vorgestellten Market Maker besteht die Aufgabe eines strategischen Händlers (Proptrader) einzig und allein darin, eine möglichst hohe Rendite auf das eingesetzte Kapital zu erwirtschaften.

Der Proptrader ist mit einem privaten Händler vergleichbar. Anhand verschiedener Prognosemethoden bildet er sich eine Meinung über die künftige Kursentwicklung und baut dementsprechend Positionen auf. Der Horizont seiner Anlageentscheidung ist meist kurzfristig (einige Minuten bis zu einigen Tagen). Nur selten werden Positionen über einen längeren Zeitraum gehalten.

Im Gegensatz zu einem privaten Händler riskiert ein Proptrader allerdings nicht sein privates Kapital. Er arbeitet mit von der Bank zur Verfügung gestelltem Risikokapital. Weiterhin verfügt er meist über einen deutlich besseren Marktzugang, da er entweder selbst oder über die bereits angesprochenen Market Maker direkten Zugang zum Interbanken-Markt hat.

Bei seinem Handeln muss er sich allerdings an gewisse Risikoparameter halten. Übersteigt sein Verlust an einem Handelstag einen von der Bank vorgegebenen Höchstwert, kann er seinen Feierabend bereits verfrüht antreten. Auch muss er sich an Regeln, wie beispielsweise das eingeschränkt mögliche Halten von Positionen über das Wochenende, halten. In der Regel erhalten Proptrader ein festes Gehalt und eine Beteiligung an den Gewinnen. Verluste trägt dagegen die Bank im vollen Umfang.

I.2.2.3 Broker

Broker agieren als Mittelsmänner vor allem für Kunden, die keinen direkten Zugang zum Interbanken-Markt haben. Aber auch andere Banken nutzen häufig einen Broker, um schnell und unkompliziert große Volumen abzuwickeln. Broker treten lediglich als Vermittler auf und bringen gegen eine Maklergebühr Interessenten zusammen. In der Regel halten sie keine eigenen Positionen und spekulieren nicht auf eigene Rechnung. Das Interesse eines Brokers liegt einzig und allein in der Erzielung von Einnahmen durch Gebühren. Market Maker dagegen zielen vor allem darauf ab, Liquidität bereitzustellen. Der Gebührenaspekt steht bei ihrer Tätigkeit im Hintergrund. Je mehr interessierte Marktteilnehmer ein Broker verbinden kann, desto wettbewerbsfähiger sind in der Regel die Wechselkurse, die er seinen Kunden anbieten kann.

Broker können in zwei sich überschneidende Kategorien unterteilt werden: die klassischen Voice Broker, die einen Handelspartner über das Telefon vermitteln, und die elektronischen Broker, die auf das Internet oder auf Direktverbindungen zurückgreifen.

Ein Voice Broker stellt seinen Kunden ein großes Netzwerk von Kontakten zu anderen Banken zur Verfügung. Der Kunde muss nicht mehr (mit hohem Aufwand) eine Vielzahl von Geschäftspartnern beziehungsweise Banken gleichzeitig kontaktieren, um einen attraktiven Preis zu finden. In der Regel reicht eine Preisanfrage an zwei bis drei Broker aus, um einen guten Preis zu ermitteln und den Auftrag auszuführen. Im Gegensatz zum Aktienmarkt, wo der Broker lediglich die Aufträge an die Börse weiterleitet, muss der Broker beim Devisenhandel einen Handelspartner finden. Der Einfluss der Voice Broker nimmt seit einigen Jahren immer mehr ab, lediglich bei sehr großen Aufträgen können sie den Vorteil eines umfassenden Netzwerks an verbundenen Marktteilnehmern ausspielen.

Dem stehen die elektronischen Broker gegenüber, allen voran EBS und Reuters Dealing. Sie verbinden eine Vielzahl von Banken jeder Größenordnung und ermöglichen einen schnellen und direkten Handel per Computer. Im Jahr 2001 wurden bereits 50 bis 70 Prozent der Umsätze in den wichtigsten Währungspaaren elektronisch abgewickelt, 1995 lag der Anteil noch bei zehn Prozent.[2] Anfang 2004 betrug das von EBS vermittelte Transaktionsvolumen durchschnittlich 127 Milliarden US-Dollar je Handelstag.[3] Gegenüber dem Telefonhandel bieten diese Plattformen den Vorteil, dass sie das Verkaufs- und Kaufinteresse an einem Marktplatz zusammenführen. Telefonate, wie sie der klassische Interbanken-Handel erforderte, sind bei Einsatz dieser Handelsplattform obsolet geworden. Die dargestellten Preise sind verbindlich, das heißt zu den angezeigten Kursen gibt es tatsächlich Kauf- und Verkaufsinteresse. In der Regel reichen zwei bis drei Schritte aus, um einen Auftrag auszuführen. Die Kurse aus diesen Systemen gelten vor allem wegen der engen und permanenten Quotierung als Referenz für den gesamten Markt.

Broker, die den Handel im privaten Sektor anbieten, haben mit den hier vorgestellten Brokern, die im Interbanken-Markt agieren, nur den Namen gemeinsam. Der größte Unterschied zwischen ihnen liegt in der Ausführung: Die Broker im privaten Bereich treten in der Regel nicht als Vermittler wie die oben vorgestellten „professionellen, institutionellen" Broker auf, sondern als tatsächlicher Handelspartner. Weitere Informationen zu Brokern, die privaten Kunden den Devisenhandel ermöglichen, finden sich in Kapitel III.1.

I.2.3 Zentralbanken

Zu den aktiven Teilnehmern am Devisenmarkt sind auch die Notenbanken der einzelnen Währungsräume zu rechnen. Die einflussreichsten Teilnehmer sind die US-Notenbank FED (Federal Reserve Bank), die Europäische Zentralbank (EZB) und die Bank of Japan (BoJ).

Die Eingriffe der Zentralbanken in den Devisenmarkt spielen eine wichtige Rolle. Das Tagesgeschäft der Zentralbanken besteht aus der Abwicklung und Vermittlung der über sie laufenden Fremdwährungszahlungen und Devisengeschäfte. Diese kommerziellen Umsätze haben zum Teil beträchtliche Größenordnungen. Mit den im Folgenden beschriebenen Interventionen haben sie aber nichts zu tun. Die Unterscheidung zwischen beiden Aufgaben ist wichtig, da nicht jede Transaktion einer Notenbank einen zielgerichteten Eingriff in den Devisenmarkt darstellt.

Unter einer Intervention versteht man das Eingreifen einer Zentralbank in die Preisfindung auf dem freien Markt. Das Ziel einer Intervention ist die Beeinflussung des Marktpreises. Die gehandelten Summen sind hierbei so groß, dass sich ein deutlicher und beabsichtigter Einfluss auf den Wechselkurs ergibt.

Interventionen zielen darauf ab, den Wechselkurs der emittierten Währung gegenüber einer anderen Währung zu beeinflussen. In der Regel führen Zentralbanken Interventionen durch, wenn es zu deutlichen Abweichungen des

Marktpreises vom fundamental begründeten Preis einer Währung kommt. Häufig steht hinter den Interventionen aber auch die Absicht, den Wechselkurs dahingehend zu beeinflussen, dass die lokale Wirtschaft ein attraktives Wechselkursniveau vorfindet.

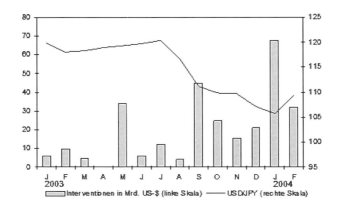

Abbildung I.3: Interventionen der Japanischen Zentralbank

Der Internationale Währungsfond (IWF) untersagt die „Manipulation" der Wechselkurse. Die Grenzen zwischen einer begründeten Interventionstätigkeit und einer Manipulation der Märkte sind allerdings fließend. Da die meisten großen Länder seit 1973 zum Floating übergegangen sind, sind Interventionen zur Beeinflussung der Kurse, wie sie im EWS vorgesehen waren, eigentlich nicht mehr nötig. Im IWF-Abkommen ist jedoch vereinbart worden, dass auf dem Devisenmarkt interveniert werden soll, um starke Abweichungen des Marktpreises vom Inneren Wert der Währung zu korrigieren. Hier war besonders die japanischen Zentralbank in den vergangenen Jahren sehr aktiv, die sowohl durch Ankündigungen („verbale Interventionen") als auch durch tatsächliche Interventionen zu Gunsten der heimischen Wirtschaft immer wieder Einfluss auf die Entwicklung des Yen nahm (vgl. Abbildung I.3[4]).

Die Erfolgsaussichten einer reinen Interventionspolitik sind allerdings begrenzt. Weicht der von der Zentralbank angestrebte Kurs zu weit vom eigentlichen, realen Marktpreis ab, muss der Kurs mit Hilfe von großem Summen künstlich „gestützt" oder „gedeckelt" werden. Die Krisen des Systems von Bretton Woods wie auch des EWS haben gezeigt, dass sich nachhaltige Markttendenzen nicht durch Interventionen unterdrücken lassen. Kurzfristig dagegen haben die Notenbanken einen enormen Einfluss auf die Wechselkurse und sind sehr wohl in der Lage, die Kurse zu bewegen.

Bei besonders ausgeprägten Abweichungen des Marktpreises vom Inneren Wert kann es vorkommen, dass einige Zentralbanken gemeinsam eine Intervention durchführen. Dies war zum Beispiel am 22. September 2000 der Fall. Neben der europäischen Zentralbank nahmen unter anderem die Notenbanken der USA und Japans an einer koordinierten Intervention teil, um den Euro zu stützen.

I.2.4 Kapitalanlagegesellschaften

Kapitalanlagegesellschaften – Investitions-, Versicherungs- und Trust-Gesellschaften sowie so genannte Hedge-Fonds – stellen eine weitere große Gruppe von Marktteilnehmern dar. Meist nehmen Kapitalanlagegesellschaften am Devisenmarkt teil, um Währungen zu konvertieren. Hedge-Fonds dagegen verfolgen häufig das Ziel, durch die Spekulation auf Wechselkursveränderungen einen Gewinn zu erwirtschaften. Bekannt wurde vor allem die Spekulation von George Soros auf eine Abwertung des britischen Pfundes, die das Ausscheiden der Bank of England aus dem Europäischen Wechselkurssystem zur Folge hatte. Schätzungen zufolge verdiente Soros bei diesem Geschäft eine Milliarde US-Dollar.

Der FX-Markt ist bei Hedge-Fonds vor allem wegen seiner stabilen, lang anhaltenden Trends, der hohen Liquidität und der geringen Margin-Anforderung beliebt.

I.2.5 Privatpersonen

Privatpersonen haben meist nur auf Reisen Kontakt mit Fremdwährungen. Ausnahmen wie Fremdwährungskredite oder Geldanlagen in Fremdwährungsländern sind im privaten Sektor selten anzutreffen.

Der aktive Handel mit Devisen war lange Zeit nur vermögenden Privatpersonen vorbehalten. Der Devisenhandel ist nach wie vor die Domäne der großen Banken, die überwiegend kein Interesse an den Privatkunden haben. Erst mit der Popularisierung des Internets und dem Aufstieg von elektronischen Handelsplattformen wie EBS konnten auch kleine Banken und Broker aktiv am Devisenmarkt partizipieren. Letztere bieten dem Privatanleger seit Mitte der neunziger Jahre die Möglichkeit, auch mit wenig Kapital Devisen zu handeln.

Kapitel II: Funktionsweise des Devisenhandels

II.1 Währungen

Bevor sich das Buch intensiv mit dem Devisenhandel auseinander setzt und auf begleitende Themen eingeht, soll an dieser Stelle erst einmal ein grundlegender Überblick geschaffen werden, welche Währungen existieren und welche für den Handel interessant sind.

Grundsätzlich muss zwischen Devisen und Sorten unterschieden werden. Letztere bezeichnen Münzen und Banknoten (Bargeld) in ausländischer Währung. Unter Devisen versteht man Guthaben und Forderungen in fremder Währung (überwiegend Buchgeld). Devisenhandel ist also der Handel mit Forderungen oder Verbindlichkeiten, die auf ausländisches Buchgeld lauten. Der Begriff Währung ist lediglich eine Bezeichnung für eine Instanz von Geld. Währungen werden von einer Zentralbank emittiert. Diese steuert die Verfügbarkeit der herausgegebenen Währung und nimmt somit indirekt auch Einfluss auf den Wert der Währung.

Ein Großteil der weltweit existierenden Währungen ist für den privaten Handel uninteressant, da der private Trader nur über einen indirekten und eingeschränkten Marktzugang verfügt. Broker, die Privatpersonen den Handel mit Währungen ermöglichen, bieten meist nur einige liquide Devisenpaare an. Selbst für institutionelle Trader sind nur einige Dutzend Währungen von Interesse, da die meisten Devisen im Handel kaum Liquidität aufweisen. Im Gegensatz zum privaten Trader können professionelle Trader über den Interbanken-Markt aber auch mit solchen Währungen handeln.

II.1.1 ISO-Codes

Um den weltweiten, problemlosen Ablauf von Devisentransaktionen zu gewährleisten, wurden von der „International Organization for Standardization" (ISO) genormte Abkürzungen zur eindeutigen Identifizierung von Währungen eingeführt. Die international einheitlichen Währungsbezeichnungen finden sich in der ISO-Norm 4217. Ohne diese standardisierte Namensgebung käme es aufgrund der unterschiedlichen Sprachen und Schreibweisen der Länder, die am Interbanken-Markt teilnehmen, häufig zu Problemen.

Gemäß der ISO-Norm setzt sich jede Währungsbezeichnung aus drei Buchstaben zusammen. Die ersten beiden Zeichen stehen für das emittierende Land (gemäß der ISO-Norm 3166-1), der letzte Buchstabe für den Namen der Währung. Ohne Berücksichtigung des Landes würden einige Währungsbezeichnungen mehrfach vorkommen, sodass eine Verwechslungsgefahr bestünde. So heißen beispielsweise die Währungen der USA und Kanadas beide Dollar, der Wert eines kanadischen Dollars weicht aber deutlich vom Wert eines US-Dollars ab. Für den US-Dollar ergibt sich laut ISO-Norm die Abkürzung USD (United Staates Dollar), für den kanadischen Dollar CAD (Canadian Dollar). Diese Abkürzungen erlauben nun eine eindeutige Zuordnung zu der Währung. Tabelle II-1 gibt einen Überblick über die wichtigsten Währungen mit ihrem Namen und den entsprechenden ISO-Codes. Die Aufzählung beschränkt sich auf die bedeutsamsten Währungen, an deren Entwicklung auch ein privater Trader mit den ihm zugänglichen Instrumenten teilhaben kann.

Im Sprachgebrauch zwischen Händlern gibt es neben den ISO-Codes auch einige Abkürzungen für einzelne Währungen. Hier haben sich im Laufe der Zeit Bezeichnungen etabliert, die auf bestimmte Eigenschaften oder Eigenarten der Währungen zurückgehen. Der Schweizer Franken wird häufig auch als „swissy" bezeichnet, das britische Pfund als „cable". Soweit es eine weit verbreitete und allgemein bekannte Bezeichnung gibt, ist diese in der Tabelle ebenfalls mit aufgeführt.

ISO-Code	Währung und Einheit	Spitzname
AUD	australischer Dollar ($A) = 100 Cents (c)	aussie
CAD	kanadischer Dollar (kan$) = 100 Cents (c)	can-dollar
CHF	Schweizer Franken (sfr) = 100 Rappen (Rp)/ Centimes(c)	swissy
EUR	Euro (€) = 100 Cent	
GBP	Pfund Sterling (£) = 100 Pence (p)	cable
JPY	Yen (¥) = 100 Sen (nicht verwendet)	
NZD	Neuseeland-Dollar (NZ$) = 100 Cents (c)	kiwi
USD	US-Dollar (US-$) = 100 Cents (c, ¢)	buck, greenback

Tabelle II-1: Währungen mit dem entsprechenden ISO-Codes

II.1.2 Währungspaare

Beim Handeln mit Devisen wird auf die Veränderung des Wechselkurses zweier Währungen spekuliert. Der Wechselkurs bezeichnet den Preis einer ausländischen Währung, ausgedrückt in Einheiten der eigenen Währung. Er stellt das Tauschverhältnis zwischen der inländischen und der ausländischen Währung da.

Viele Trader sind häufig nicht nur an Devisen, die gegenüber der eigenen Währung quotiert werden, interessiert, sondern auch an den Austauschverhältnissen zwischen zwei Fremdwährungen. Hier finden die ISO-Codes ebenfalls Anwendung, um die unterschiedlichen Währungspaare und die damit einhergehenden Wechselkurse eindeutig zu benennen. Das Wechselkursverhältnis des Euros gegenüber dem US-Dollar wird durch das Währungspaar

EUR/USD oder EURUSD dargestellt. Die beiden Währungen werden einfach durch einen Schrägstrich, der teilweise auch weggelassen wird, aneinander gehängt. In der Regel werden Währungen gegen den US-Dollar quotiert. Quotierungen gegen eine andere Währung werden im Fachjargon als Crossrates bezeichnet, unterscheiden sich aber ansonsten nicht von Quotierungen gegenüber dem US-Dollar. Kapitel II.2 beschäftigt sich näher mit den Hintergründen und dem Aufbau solcher Währungspaare.

Die erstgenannte Währung eines Währungspaars wird als Basiswährung bezeichnet, die an zweiter Stelle genannte als Gegenwährung oder variable Währung. In der Regel ist der US-Dollar die Basiswährung (zum Beispiel USD/JPY). Ausnahmen stellen das britische Pfund (GBP/USD), der Neuseeland-Dollar (NZD/USD), der australische Dollar (AUD/USD) und der Euro (EUR/USD) dar. Bei Quotierungen des US-Dollars gegen eine dieser Währungen ist der Dollar die variable (das heißt an zweiter Stelle genannte) Währung.

Der Wert der erstgenannten Währung – der Basiswährung – ist immer eins. Der Wechselkurs gibt den Wert der zweiten Währung, ausgedrückt in Einheiten der ersten Währung, an. Anders formuliert gibt der Wechselkurs an, wie viele Einheiten der variablen Währung einer Einheit der Basiswährung entsprechen. Beträgt der Wechselkurs des Euros gegenüber dem US-Dollar (EUR/USD) beispielsweise 1,2235, ist ein Euro 1,2235 US-Dollar wert. Ist man an dem Wert der Gegenwährung – ausgedrückt in Einheiten der Basiswährung – interessiert, muss man den Wechselkurs invertieren. Ein US-Dollar ist somit 1/1,2235 = 0,8173 Euro wert.

EUR/USD: 1,2235   ➡ 1 Euro   = 1,2235 US-Dollar

    ➡ 1 US-Dollar   = 0,8173 Euro

Der Devisenhandel ist im Prinzip somit lediglich ein Wechselgeschäft. Man tauscht die Euros gegen die US-Dollars in einem bestimmten Verhältnis, dem Wechselkurs. Die Basiswährung ist immer die gehandelte Währung. Aussagen, wie beispielsweise „EUR/USD kaufen" oder „Long EUR/USD", beziehen sich auf die erstgenannte Währung, in diesem Fall also auf den Euro.

Bei der Notierung muss zwischen der so genannten Mengennotierung (EUR/USD) und der Preisnotierung (USD/EUR) unterschieden werden. Die Mengennotierung gibt an, wie viele Einheiten einer fremden Währung man für eine Einheit der inländischen Währung erhält beziehungsweise zahlen muss. Sie ist die gängige Notierungsform im internationalen Devisengeschäft. Dagegen gibt die Preisnotierung an, wie viele Einheiten der inländischen Währung man je Einheit der ausländischen Währung zahlen muss beziehungsweise erhält. Bei der Mengennotierung ist somit immer die inländische Währung fix, wogegen sie bei der Preisnotierung variabel ist. Ein mengennotierter (preisnotierter) Wechselkurs lässt sich in eine Preisnotierung (Mengennotierung) konvertieren, indem der Wechselkurs invertiert wird.

Üblicherweise werden bei der Quotierung von Wechselkursen so viele Dezimalstellen angegeben, wie die Anzahl der Nachkommastellen der beiden Währung addiert ergeben. In der Regel werden Wechselkurse daher mit vier Nachkommastellen angegeben (zum Beispiel EUR/USD 1,2235). Der japanische Yen verfügt – im Gegensatz zu den meisten Währungen – über keine kleinere Einheit (Untereinheit). Wechselkurse gegen den japanischen Yen werden daher auch nur mit zwei Dezimalstellen quotiert (zum Beispiel USD/JPY 110,87).

Die kleinste mögliche Bewegung, die ein Wechselkurs vollziehen kann, wird im Fachjargon auch als Pip bezeichnet. Diese unterscheidet sich je nach Devisenpaar, da die Anzahl der gehandelten Nachkommastellen unterschiedlich ist. So entspricht im USD/JPY ein Pip einer Bewegung um 0,01. Im EUR/USD dagegen, der wie die meisten Währungspaare bis auf vier Nachkommastellen genau quotiert wird, ist ein Pip 0,0001. Eine Bewegung von 1,2235 auf 1,2200 entspricht somit einer Bewegung von 35 Pips.

Die Größenordnung, in der gehandelt wird, wird auch als Big Figure bezeichnet. Diese entspricht der um zwei Dezimalstellen gekürzten Quotierung. Bei einem US-Dollar-Stand von 1,2235 gegenüber dem Euro entspricht die Big Figure dementsprechend 1,22, bei einer Quotierung des US-Dollars gegenüber dem Yen von 110,87 lautet die Big Figure 110. In normalen Marktphasen ändert sich die Größenordnung des Wechselkurses nur gemächlich, sodass man davon ausgehen kann, dass der Handelspartner diese ebenfalls kennt. Statt den gesamten Wechselkurs wiederzugeben (1,2127 zu

1,2132), wird daher häufig die Big Figure als bekannt vorausgesetzt, und es werden lediglich die letzten beiden Ziffern angegeben (27 zu 32 oder 1,2127 zu 32). Dieses Phänomen ist vor allem in hektischen Situationen im institutionellen Handel über das Telefon zu beobachten.

> **Anekdote**
>
> Zu Zeiten, als die meisten Geschäftsabschlüsse noch per Telefon oder über einen Broker liefen, soll einmal folgendes Geschäft getätigt worden sein:
>
> Ein Frankfurter Händler soll spät abends eine Londoner Bank angerufen und einen Preis für das Pfund Sterling gegenüber dem US-Dollar angefragt haben. Der Gesprächspartner in London antwortete in leicht entrüstetem Ton (der späten Stunde wegen, zu der in Europa kein regulärer Handel mehr stattfand): „Sir, it´s five to seven" und meinte damit die Uhrzeit. Der Frankfurter Händler, diesen Sinn der Antwort nicht wahrnehmend, antwortete: „I give you three at five".
>
> Das Geschäft soll trotz des offensichtlichen Dissens zustande gekommen sein. (Das Thema Telefonhandel wird im Kapitel III.5 „Exkurs: Handel über das Telefon" näher erläutert.)

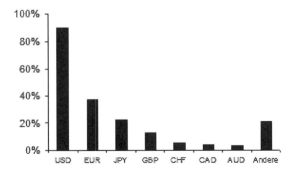

Abbildung II.1: Anteil der einzelnen Devisen am Gesamtumsatz

Untersuchungen der „Bank for International Settlements"[5] vom April 2001 haben gezeigt, dass der US-Dollar mit Abstand die am meisten gehandelte Währung ist (vgl. Abbildung II.1). In 90,4 Prozent aller Transaktionen aus dem betrachteten Zeitraum war der US-Dollar involviert. Der Euro war an 37,6 Prozent aller Transaktionen beteiligt, der Yen an 22,7 Prozent und das britische Pfund an 13,2 Prozent.[6]

Transaktionen zwischen Währungen, die ohne Beteiligung des US-Dollars getätigt werden, so genannte Crossrates, machen lediglich 9,6 Prozent des gesamten getätigten Umsatzes aus.

Betrachtet man die Umsätze in den gehandelten Währungspaaren, bestätigt sich die dominierende Rolle des US-Dollars (vgl. Abbildung II.2). Das Währungspaar EUR/USD verbucht 30 Prozent der gesamten, am Devisenmarkt im Spot-Handel getätigten Umsätze. USD/JPY (20 Prozent) und GBP/USD (elf Prozent) weisen ebenfalls außerordentlich hohe Umsätze auf.

In der Abbildung II.2 sind Transaktionen, an denen der US-Dollar beteiligt war, schwarz eingefärbt. Umsätze unter Beteiligung des Euros sind grau getönt.

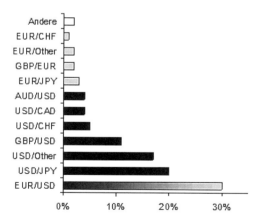

Abbildung II.2: Anteil der Währungspaare am Gesamtumsatz

Die am aktivsten gehandelten Währungen (US-Dollar, Euro, japanische Yen, britische Pfund und Schweizer Franken) werden im Fachjargon auch als „Majors" bezeichnet. Der kanadische, australische und der Neuseeland-Dollar werden zu der Gruppe der „Minors" gezählt. Zu den Geschäftszeiten der jeweiligen Handelszentren weisen diese Währungen ebenfalls ein hohes Volumen auf. Alle verbleibenden Währungen werden als „Exotics" bezeichnet. Diese weisen in der Regel nur eine geringe Liquidität auf und sind daher meist im privaten Handel über einen FX-Broker nicht verfügbar. Häufig wird die Währung auch nur gegen den US-Dollar quotiert.

II.1.3 Bid/Ask

Viele Einsteiger kommen beim Devisenhandel zum ersten Mal mit den Begriffen Bid und Ask in Berührung, obwohl das dahinter stehende Konzept genauso beim Aktienhandel existiert. Häufig wird es beim Handeln mit Aktien allerdings nicht wahrgenommen, da hier meist vor allem der letzte gehandelte Kurs betrachtet wird. Da der Devisenhandel nicht organisiert ist, gibt es hier keinen offiziellen, letzten Kurs (Mehr dazu in den Kapitel II.3 und III.2.3.). Vielmehr ist man darauf angewiesen, zu welchen Preisen der/die angesprochene(n) Handelspartner Interesse haben, mit einem zu handeln.

Market Maker agieren nach dem Motto „Billig kaufen und teuer verkaufen". Sie haben in der Regel kein Interesse daran, auf die Entwicklung eines Wechselkurses zu spekulieren (wie zum Beispiel die Geldanlage in ein Gemälde), sondern agieren als Händler (Betreiben einer Galerie). Sie kaufen die Bilder günstig den Anbietern von Gemälden ab (Künstlern) und verkaufen sie mit einem Preisaufschlag an Interessenten (Kunstliebhaber) weiter. Dieses Beispiel resultiert in zwei unterschiedlichen Preisen, einen für den Ankauf von Bildern und einen für den Verkauf von Bildern, und lässt sich gut auf den Devisenmarkt übertragen. Kauft der Trader einem Market Maker eine Devise ab, muss er in der Regel mehr bezahlen, als er erhalten würde, wenn er ihm die Devisen verkaufen würde. Devisenquotierungen sind daher zweiseitige Kurse, das heißt es gibt zwei unterschiedliche Kurse: einen für den Ankauf von Devisen (den so genannten Geldkurs oder auch „Bid") und einen für den Verkauf (Briefkurs oder „Ask"). Die Quotierung eines Market Makers (MM) für ein Devisenpaar könnte also lauten: 1,2127 zu 1,2132. Aus Sicht eines anfragenden Marktteilnehmers – im Fachjargon auch als Market User bezeichnet – ergibt sich somit folgendes Bild:

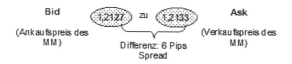

Abbildung II.3: Bid- und Ask-Kurs

Der Geldkurs (Bid) ist der Wechselkurs, zu dem der quotierende Händler die benannte Währung ankaufen würde. In dem Beispiel wäre der Market Maker also bereit, zu einem Wechselkurs von 1,2127 die Währung anzukaufen. Übertragen auf das obige Beispiel würde dies bedeuten, dass die Galerie zum Bid Bilder ankauft, das heißt den Künstlern für ein Bild diesen Betrag anbietet. Der Preisnehmer – die Marktteilnehmer, in diesem Beispiel also die Künstler oder Besitzer von Bildern – können zu dem Geldkurs ihre Bilder verkaufen.

Zum Briefkurs (Ask) dagegen ist der Markt Maker bereit, die Währung zu verkaufen. Einem anfragenden Marktteilnehmer würde der Market Maker somit bei Interesse zu einem Preis von 1,2132 die Währung verkaufen. In dem vorangegangenen Galeriebeispiel bedeutet dies für Interessenten, dass sie den Briefkurs bezahlen müssen, um ein Bild zu kaufen.

Die Differenz zwischen Bid- und Ask-Kurs stellt eine Art Risikoprämie für den Market Maker als Ausgleich für die Bereitstellung von Liquidität da. Sie wird auch als Geld- und Briefspanne oder üblicherweise einfach nur als Spread bezeichnet.

Der private Marktteilnehmer wird in der Regel als Market User auftreten, das heißt er wird seinen Broker nach Quotierungen fragen und nach diesen handeln. Er wird daher immer zum Ask (1,2132) kaufen und immer zum Bid (1,2127) verkaufen. Das Auftreten als Market Maker, das heißt das Stellen von Kursen, ist als privater Trader beim Handel über einen Spot-Broker nicht möglich. Würde man eine Position eröffnen (zum Beispiel Kauf zum Bid bei

1,2132) und diese gleich im Anschluss durch eine gegenteilige Order wieder schließen (Verkauf zum Ask bei 1,2127), verbliebe am Ende ein negativer Saldo in Höhe des Spreads (0,0005). Eine Position die man eröffnet, weist am Anfang daher immer ein Minus aus. Der Spread fällt somit je Round Turn (Kauf und Verkauf einer Position) einmal als indirekte Kosten an.

Die Erläuterung des Bid- und Ask-Kurses anhand einer Galerie lassen sich nur beschränkt auf den Devisenhandel übertragen, da es sich bei Kunst nicht um ein homogenes Gut, wie es Devisen sind, handelt. Um die Preisstellung eines Market Makers und die Ursache für den Spread besser zu verstehen, soll im Folgenden der Handel mit Hamburgern zur besseren Erklärung dargestellt werden.

Der Hamburger-Markt ist ebenso wie der Devisenmarkt ein transparenter und liquider Markt, bei dem ständig Kauf- (hungrige Menschen) und Verkaufsinteresse (diverse Fast-Food-Ketten) besteht. Im Folgenden wird von einem Einheitspreis (durchschnittlicher Marktpreis) von 2,00 Euro und einem Spread von 0,10 Euro ausgegangen. Müsste man auf diesem Markt nun als Market Maker auftreten, dass heißt sowohl Hamburger an- als auch verkaufen, würde eine neutrale Quotierung 1,95 Euro zu 2,05 Euro lauten. Der Market Maker wäre also bereit, Hamburger zu einem Preis von 2,05 Euro zu verkaufen und zu einem Preis von 1,95 Euro anzukaufen.

Hat der Market Maker kein Interesse, Hamburger zu liefern, da er selbst keine mehr besitzt, würde er beispielsweise einen Preis von 2,05 Euro zu 2,15 Euro stellen. Für einen Käufer wäre es nun wenig attraktiv, den Hamburger bei ihm zu kaufen, da er sie woanders deutlich günstiger bekommen kann. Auf der anderen Seite ist der Geldkurs nun aber recht attraktiv. Es ist somit sehr wahrscheinlich, dass er Hamburger angedient bekommt (das heißt, dass ihm jemand Hamburger verkauft) und er seinen Bestand wieder auffüllen kann.

Wenn er dagegen bereits in den letzten Tagen eine recht einseitige Ernährung hatte und kein Interesse an der Andienung von Hamburgern hat, wird er einen entsprechenden „Abwehrpreis" quotieren (zum Beispiel 1,85 Euro zu 1,95 Euro). Nun ist es für den Verkäufer von Hamburgern uninteressant, diese an den Market Maker zu verkaufen, da er woanders einen besseren Preis erhalten kann. Sollte ihm dennoch jemand Hamburger verkaufen, kann er diese problemlos an einen Dritten zu einem wahrscheinlich deutlich besseren Preis verkaufen. Eine Quotierung von 1,85 Euro zu 1,95 Euro ist dagegen ein attraktiver Kaufkurs für Hungrige.

Ein Market Maker, der stets einen beidseitigen Wechselkurs quotiert, läuft also permanent Gefahr, Geschäfte zu tätigen und den daraus resultierenden Verpflichtungen nachkommen zu müssen. Diese Gefahr besteht als Market User nicht. Allerdings muss man in diesem Fall den Spread zahlen. Durch die hohe Liquidität, die Transparenz und den Einsatz von elektronischen Handelsplattformen sind die Spreads im Devisenhandel mittlerweile sehr eng. Vor allem in den großen Haupthandelswährungen EUR, USD, GBP, CHF und JPY betragen sie oft nur wenige Basispunkte.

Folgendes Beispiel zeigt die unterschiedlichen Ausprägungen von zweiseitigen Quotierungen und wie sie zu interpretieren sind. Unterstellt ist ein durchschnittlicher Kassa-Kurs von aktuell 1,0580 – 83.

Die Quotierungen anderer Marktteilnehmer lauten:

Quotierung	Interesse des Marktteilnehmers
1,0579 – 84	Weist auf Unsicherheit oder mangelndes Interesse des Quotierenden hin, da der Spread deutlich „breiter" ist
1,0582 – 84	Kaufinteresse, da die Geldseite attraktiv quotiert wird
1,0578 – 81	Verkaufsinteresse, da die Briefseite attraktiv quotiert wird
1,0580 – 83	Marktgerechter Kurs ohne ausgesprochene Meinung
1,0580 – 82	Enge Quotierung

Tabelle II-2: Quotierungen und die Interessen anderer Marktteilnehmer

II.2 Crossrates

Crossrates sind jene Quotierungen, bei denen keine der beiden involvierten Währungen der US-Dollar ist (zum Beispiel GBP/JPY). Die Bezeichnung stammt aus den Zeiten, in denen Währungen beinahe ausschließlich gegen den US-Dollar quotiert wurden. Wechselkurse gegen dritte Währungen – wie das genannte Devisenpaar GBP/JPY – wiesen in der Regel kaum Liquidität auf und waren daher kaum oder nur mit hohen Spreads handelbar. Die Liquidität konzentrierte sich vielmehr auf die Quotierungen gegen den US-Dollar (in diesem Fall also auf GBP/USD und USD/JPY).

Beim Tausch britischer Pfund in japanische Yen mussten entweder die hohen Spreads akzeptiert werden, oder man musste einen Umweg über den US-Dollar machen. Hierbei wurden die Währungen jeweils gegen den US-Dollar gehandelt. Die US-Dollar-Geschäfte heben sich gegenseitig auf, sodass am Ende nur die Positionen im britischen Pfund und im japanischen Yen übrig bleiben. Obwohl bei dieser Lösung zwei Mal der Spread gezahlt werden musste, war der erzielte Preis in der Regel dennoch deutlich attraktiver. Auch steht in den Quotierungen gegen den US-Dollar meist rund um die Uhr ausreichend Liquidität bereit.

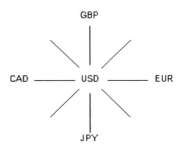

Abbildung II.4: USD als Vehikel-Währung

Im Zuge der Globalisierung, des technologischen Fortschritts in Bezug auf den Devisenhandel und schließlich mit der Einführung des Euros haben auch einige Crossrates an Liquidität gewonnen. In der Folge sind in diesen Wechselkursen auch die Spreads deutlich geringer geworden. Der Umweg über den US-Dollar ist in diesen Währungspaaren somit nicht mehr notwendig. Vor allem Quotierungen gegenüber dem Euro haben sich zum Teil als bedeutende Cross-Märkte etabliert und unterstreichen damit die zunehmende Bedeutung der europäischen Gemeinschaftswährung. Neben dem EUR/CHF-, EUR/GBP- und EUR/JPY-Cross gehören hierzu vor allem Quotierungen gegen die skandinavischen und osteuropäischen Währungen. Nach wie vor weisen aber die Quotierungen der meisten Notierungen gegen den US-Dollar die höchste Liquidität und die geringsten Spreads auf. Daher wird der US-Dollar häufig auch als Vehikel-Währung bezeichnet.

Die Vorgehensweise zur Berechnung einer Crossrate wird an einem fiktiven Beispiel dargestellt: Ein deutsches Unternehmen möchte seine Exporterlöse – 100 000 000 mexikanische Peso – in Euros wechseln und erfragt bei seiner Bank einen Wechselkurs. Da der Markt für EUR/MXN nicht liquide ist, muss die Bank die mexikanischen Pesos zuerst in US-Dollar tauschen und die US-Dollar anschließend in Euro. Von Interesse sind somit die Wechselkurse des mexikanischen Pesos und des Euros jeweils gegenüber dem US-Dollar.

Die Bank A – die Hausbank des betrachteten Unternehmens – würde im Falle eines Geschäftsabschlusses mexikanische Pesos erhalten und müsste im Gegenzug Euros liefern. Da die Bank kein Interesse daran hat, eine offene Position zu halten – also long in mexikanischen Pesos und short in Euros zu sein –, möchte sie sich im Interbanken-Markt glattstellen. Dafür muss sie Euros kaufen und mexikanische Pesos verkaufen. Da es aber in diesem Beispiel keinen liquiden Markt für dieses Währungspaar gibt, muss sie den Umweg über den US-Dollar machen. Sie wird also die mexikanischen Pesos verkaufen und dafür US-Dollar erhalten. Diese wird sie im Anschluss daran gegen Euros wechseln.

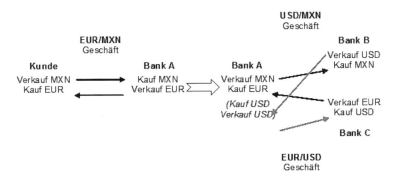

Abbildung II.5: Preisbildung einer Crossrate

Der Dollar dient hier also nur als Intermediär. Die Bank hat nach Durchführung der beschriebenen Transaktionen alle bestehenden Währungspositionen und -verpflichtungen vollständig ausgeglichen.

II.2.1 Berechnung

Diese Überlegung kann nun zur Berechnung sämtlicher Crossrates herangezogen werden. Für das vorangegangene Beispiel werden folgende Marktpreise unterstellt:

EUR/USD 1,2418 und USD/MXN 11,0630

Somit gelten folgende drei Gleichungen:

1 Euro = 1,2418 US-Dollar

1 US-Dollar = 11,0630 mexikanische Peso

1 Euro = X mexikanische Peso

Da es sich bei diesem Gleichungssystem um einen Dreisatz mit nur einer Unbekannten handelt, lässt sich das System problemlos auflösen. Der Wechselkurs des Euros gegenüber dem mexikanischen Peso (EUR/MXN) ergibt sich zu

13,7380 (1,2418 $\star$ 11,0630). Mit anderen Worten: Ein Euro ist 13,7380 mexikanische Peso wert.

Mit Hilfe des dargestellten Dreisatzes lassen sich grundsätzlich alle Crossrates berechnen. Ziel ist immer, den US-Dollar aus der Berechnung „herauszukürzen". Dabei muss beachtet werden, ob der Wechselkurs preis- oder mengennotiert ist (vgl. Kapitel II.1.2 Währungspaare). Sind beide Wechselkurs preis- oder mengennotiert, müssen die einzelnen Wechselkurse dividiert werden. Ist einer der beiden Wechselkurse mengen- und der andere preisnotiert, ergibt sich der Wechselkurs der Crossrate aus der Multiplikation der beiden Wechselkurse.

Beispiel EUR/GBP → EUR/USD (preisnotiert) und GBP/USD (preisnotiert) → Division

$$EUR/GBR = \frac{EUR/USD}{GBP/USD} = \frac{1,2124}{1,8146} = 0,6681$$

Beispiel EUR/CHF → EUR/USD (preisnotiert) und USD/CHF (mengennotiert) → Multiplikation

EUR/CHF = EUR/USD $\star$ USD/CHF = 1,2124 $\star$ 1,2846 = 1,5574

Beispiel CHF/JPY → USD/JPY (mengennotiert) und USD/CHF (mengennotiert) → Division

$$CHF/JPY = \frac{USD/JPY}{USD/CHF} = \frac{105,99}{1,2846} = 82,51$$

Die vorangegangenen Beispiele stellen lediglich eine Annäherung an den tatsächlichen Marktpreis dar, da die Berechnungen mit einem Mittel-Kurs durchgeführt wurden. In der Realität müssen dagegen die Bid- und Ask-Quotierungen berücksichtigt werden. Möchte man den Bid-Preis der Crossrate ermitteln, muss in die Formel der Bid-Preis der zugrunde liegenden Quotierungen gegen den US-Dollar genutzt werden.

$$\text{EUR/GBP} \rightarrow \frac{\boxed{EUR}}{\boxed{GBP}} = \frac{\boxed{EUR}}{USD} \times \frac{\boxed{GBP}}{USD} \Big\rangle$$

$$= \frac{\boxed{EUR}}{USD} \times \frac{USD}{\boxed{GBP}}$$

$$= 1{,}2124 \times \frac{1}{1{,}8146}$$

$$= 0{,}6681$$

Alternativ zur vorangegangenen Berechnungsweise lässt sich die Crossrate auch mit folgender (anschaulicheren) Methode ermitteln. Die beiden Quotierungen gegen den US-Dollar werden invertiert, bis sie der gewünschten Notierung entsprechen. Der US-Dollar „kürzt" sich nun aus der Berechnung „heraus". Die Crossrate ergibt sich durch Multiplikation der beiden Notierungen.

II.2.2 Handel mit Crossrates

Crossrates zwischen den Majors – so nennt man die bedeutendsten Währungen – lassen sich inzwischen genau so handeln wie Quotierungen gegenüber dem US-Dollar. Da mittlerweile auch in diesen Währungspaaren ausreichend Liquidität gegeben ist, entfällt der Umweg über den US-Dollar. Auch die Abwicklung und der Handel an sich unterscheiden sich nicht vom Handel mit Quotierungen gegen den US-Dollar.

Bei der Analyse sollten stets die Wechselkurse und die Situation der einzelnen Währungen gegenüber dem US-Dollar berücksichtigt und in die Entscheidung mit einbezogen werden. In der Regel ist dies der primäre Markt der jeweiligen Währung, auf dem der Preis „gemacht" wird. Diese Aussage trifft vor allem auf Trader zu, die die Technische Analyse einsetzen, um eine Prognose für die Zukunft zu erstellen.

Die Abbildung II.6 zeigt die Entwicklung der Wechselkurse des US-Dollars gegenüber dem Euro und dem britischen Pfund sowie die Crossrate EUR/GBP. Die eingezeichneten Trendlinien geben die tendenzielle Entwicklung der Wechselkurse an.

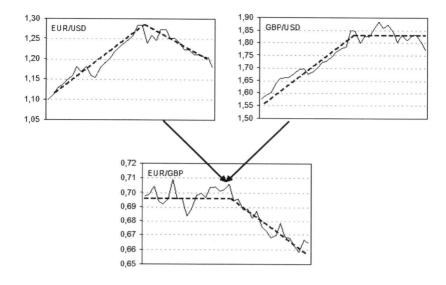

Abbildung II.6: Entwicklung der Wechselkurs gegenüber dem US-Dollar und als Crossrate (September 2003 bis April 2004, Wochencharts)

II.3 Interbanken-Markt

Es ist ein weit verbreiteter Irrglaube, dass es sich bei dem Begriff Forex um eine Börse im klassischen Sinn, wie beispielsweise die New York Stock Exchange, handelt. Dies ist nicht der Fall. Vielmehr ist Forex – häufig auch mit FX abgekürzt – lediglich die Abkürzung für Foreign Exchange, was übersetzt so viel wie der „Tausch von Devisen" bedeutet. Forex ist also nichts weiter als eine Bezeichnung für den Devisenhandel, wird häufig aber auch als Synonym für den Devisenmarkt im Ganzen genutzt.

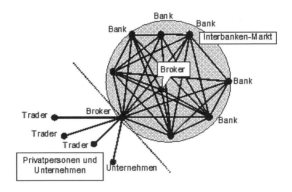

Abbildung II.7: Foreign Exchange Market

Im Gegensatz zu den großen Aktien- und Futures-Märkten ist der Devisenhandel nicht zentralisiert – es gibt weder eine physische Börse noch ein Clearing-Haus. Der Devisenmarkt besteht vielmehr aus einem losen Netzwerk aus Banken und Brokern, die untereinander handeln. Dieses Netzwerk wird auch als Interbanken-Markt bezeichnet. Die Teilnehmer dieses Netzwerkes handeln direkt und ohne Zwischeninstanz – wie es die Börse ist – untereinander. Ein FX-Trade ist somit eine private Transaktion zwischen zwei Parteien, ohne dass eine Börse zwischengeschaltet ist. Es gibt keinen dritten Teilnehmer, der den Prozess überwacht oder die Abwicklung organisiert. Im Devisenmarkt gibt es aufgrund seiner Struktur keine verbindlichen Regulierungen. Ein nicht verbindlicher, aber allgemein akzeptierter und anerkannter Verhaltenskodex („Model Code") regelt daher das Verhalten der Marktteilnehmer.

Der Devisenmarkt ist durch den OTC-Handel („Over the Counter") geprägt. Im Gegensatz zur Börse, an der lediglich standardisierte Produkte gehandelt werden können, erlauben OTC-Geschäfte auch den Handel mit nicht genormten Produkten. Die Bedingungen des Austauschs werden dabei zwischen den beiden Handelsparteien direkt vereinbart. Inzwischen lassen sich Devisen aber auch an einigen Börsenplätzen handeln. Hier werden allerdings keine Devisen per Kasse gehandelt, sondern lediglich Devisen auf Termin. Eine Übersicht über die unterschiedlichen Geschäftsarten gibt Kapitel II.5.

Möchte ein Marktteilnehmer ein Geschäft durchführen, stehen ihm prinzipiell zwei Möglichkeiten zur Verfügung: Er kann sich entweder direkt an eine andere Bank wenden, die ebenfalls am Interbanken-Markt teilnimmt, oder er kann einen Broker beauftragen.

Im ersten Fall wird er entweder per Telefon oder über ein Handelssystem, das mit den weit verbreiteten Instant Messengern vergleichbar ist, mit einer anderen Bank Kontakt aufnehmen. Sobald er mit der anderen Bank verbunden ist, wird der Anrufer seinem Gesprächspartner mitteilen, was (zum Beispiel EUR/USD) und wie viel er handeln möchte (zum Beispiel fünf Millionen). Er wird allerdings keine Aussage darüber machen, ob er kaufen oder verkaufen möchte. Der Angerufene wird ihm daraufhin einen zweiseitigen Preis nennen, zu dem er bereit ist anzukaufen beziehungsweise zu verkaufen, Nachdem der Anrufer bekannt gegeben hat, ob er kaufen, verkaufen oder lieber nicht handeln möchte, ist das Geschäft abgeschlossen. In der Regel werden die beiden Parteien nun noch die Zahlungsinformationen austauschen, das heißt wohin das Geld überwiesen werden soll. Im Anschluss wird der Trader die Details des Geschäfts an das Backoffice weiterleiten, das sich um die Abwicklung des Geschäfts kümmert.

Der Handel über einen Broker läuft anders ab. Bei einem „Voice Broker" – dem klassischen Devisen-Broker – vermittelt der Broker eine Gegenpartei. Die elektronischen Broker verfügen über eine Art Order-Buch. Hier können teilnehmende Banken Preise stellen, zu denen sie zum Handeln bereit sind. Natürlich können zu den dargestellten Preisen auch Geschäfte abgewickelt werden.

II.4 Unterschiede Aktien-/Devisenmarkt

Der Devisenmarkt unterscheidet sich in einigen Aspekten deutlich vom Aktienmarkt. Da viele Trader, die sich für den Handel mit Devisen interessieren, bereits mit dem Aktienmarkt vertraut sind, werden nachfolgend die bedeutsamsten Unterschiede zwischen beiden Märkten aufgelistet.

II.4.1 Long und Short

Der Devisenhandel ist – vereinfacht ausgerückt – ein Tausch: Man wechselt eine Währung gegen eine andere Währung in einem bestimmten Tauschverhältnis. Auch der Aktienkauf ist eine Tauschaktion: Geld gegen Aktien oder umgekehrt.

Gegenüber dem Handel mit Aktien bietet der Devisenhandel einen nicht zu unterschätzenden Vorteil: Der Anleger kann sowohl auf steigende als auch auf fallende Notierungen setzen. Beim Aktienhandel ist dies in der Regel nicht ohne weiteres durchführbar. Das so genannte Leerverkaufen („shorten") ist zwar inzwischen auch für Privatpersonen möglich, allerdings bietet es bei weitem nicht jeder Broker an. In der Regel können auch nur Werte mit einer hohen Marktkapitalisierung leerverkauft werden. Am Aktienmarkt lassen sich daher meist nur positive Analysen problemlos umsetzen.

In diesem Zusammenhang spricht man auch von Long- und Short-Positionen. Spekuliert man auf eine positive Entwicklung der an erster Stelle genannten Währung und kauft diese, baut man eine Long-Position auf. Wird erstgenannte Währung stattdessen verkauft, handelt es sich um eine Short-Position. Nachdem man alle Zahlungsverpflichtungen ausgeglichen hat und über keinen Devisenbestand mehr verfügt, ist man glatt (flat).

Im FX-Handel kann ein Marktteilnehmer sowohl von steigenden als auch von fallenden Märkten gleichermaßen profitieren. So kann problemlos auf einen schwächeren (oder auch stärkeren) US-Dollar gegenüber dem Euro spekuliert werden. Eine Transaktion besteht dabei immer aus dem gleichzeitigen Kaufen einer Währung und dem Verkaufen einer anderen Währung. Geht man von einem schwächeren US-Dollar aus (das heißt man verkauft US-Dollars), geht man gleichzeitig eine Long-Position im Euro ein (das heißt man kauft Euros). Diese Transaktion lässt sich auch wie folgt ausdrücken: Man bezahlt die Euros mit den Dollars, das heißt man gibt Dollars weg und erhält dafür Euros.

Überträgt man dieses Beispiel auf den Aktienmarkt, setzt sich eine Transaktion aus dem Erhalt der Aktien und dem „Verlust" des Geldes zusammen. Im Aktienhandel besteht das Risiko einer Position primär in dem Wert der Aktie. Die entgangenen Einnahmen aus den Zinsen, die man erhalten würde, wenn man das Geld nicht in Aktien investiert hätte, können beim Traden in der Regel bedenkenlos vernachlässigt werden. Das Risiko beim Aktienhandel wird somit vor allem durch die Schwankungen der Aktie und nur im geringen Umfang durch steigende beziehungsweise sinkende Zinssätze charakterisiert. Beim Devisenhandel sind dagegen zwei eigenständige Währungen involviert, die beide mit Risiko verbunden sind. Daher sollten auch beide Risiken stets betrachtet und gegeneinander abgewogen werden.

Der Anleger sollte beim Handel mit Währungen somit immer zwei Seiten betrachten. Rechnet er mit einem stärkeren Euro, weil sich die europäische Wirtschaft gut entwickelt, sollte auch die andere Währung des zu handelnden Paares beachtet werden (zum Beispiel der US-Dollar). Entwickeln sich die USA im Vergleich zu Europa vorteilhafter, sollte er besser in den US-Dollar investieren und Euros verkaufen, obwohl die Aussichten für Europa ebenfalls gut sind. Erwartet er für die Zukunft eine schwache japanische Wirtschaft, würde es sich in diesem Beispiel empfehlen, auf einen steigenden US-Dollar gegenüber dem Yen zu spekulieren (das heißt US-Dollars kaufen, Yen verkaufen; Long USD/JPY).

Im Gegensatz zum Aktienmarkt, auf dem bei Kurssteigerungen einer Aktie alle verdienen (Leerverkäufe bleiben hierbei unberücksichtigt), kommt beim Devisenhandel auf jeden Gewinn ein Verlust – in gleicher Höhe. Die Gewinne eines Händlers entsprechen den Verlusten eines anderen Marktteilnehmers – und umgekehrt. Das Geld wird im Kreislauf somit immer lediglich hin- und herbewegt. Es geht weder Geld verloren (wie bei dem Kursverfall einer Aktie) noch entsteht „neues" (Kurssteigerung einer Aktie). Diese Betrachtung geht natürlich nicht auf die Tatsache ein, dass dem Kreislauf ständig Geld entzogen und zugefügt wird. Die Börsenweisheit „Geld geht nicht verloren, es hat nur ein anderer" trifft auf den Devisenmarkt deutlich besser zu als auf den Aktienmarkt.

II.4.2 24-Stunden-Handel

Der Devisenmarkt bietet gegenüber den Aktienmärkten den Vorteil, dass rund um die Uhr gehandelt werden kann. Das Handeln mit Devisen bietet sich somit auch für private Trader an, die einem Beruf nachgehen und sich nicht nach den Börsenöffnungszeiten richten können.

Möchte man das Übernacht-Risiko – die Eröffnung am nächsten Tag mit einer Kurslücke gegen die gehaltene Position (das heißt der Eröffnungskurs weicht stark vom Vortagesschlusskurs ab) – vermeiden, muss man an traditionellen Börsen zu Handelsschluss seine Positionen glattstellen. Da im FX-Markt mit Ausnahme des Wochenendes ständig Kurse quotiert werden und ohne Unterbrechung gehandelt wird, kommt es im Devisenhandel in der Regel nicht zu so genannten Kurslücken (Gaps). Zur Kurssicherung eingesetzte Stop-Aufträge werden im FX-Markt für gewöhnlich ohne Slippage ausgeführt (Erläuterung zu den unterschiedlichen Order-Arten im Kapitel III.4). Bei Aktien- oder Futures-Märkten, wo die Ausführung erst am nächsten Tag bei Börseneröffnung stattfindet, kann diese Slippage beträchtlich sein.

Zwar gibt es auch bei den Aktien- und vor allem bei den Futures-Märkten Bestrebungen, den Handel rund um die Uhr anzubieten, außerhalb der Haupt-Trading-Zeiten ist aber praktisch kein Handel möglich. Die Spreads sind aufgrund der mangelnden Liquidität enorm. Am Devisenmarkt ist dagegen rund um die Uhr ausreichend Liquidität vorhanden. Lediglich am Wochenende ist der Devisenmarkt „geschlossen". Grundsätzlich ist es aufgrund der dezentralen Struktur zwar auch hier möglich zu handeln. Aufgrund der geringen Liquidität sind die Quotierungen aber meist sehr „breit", das heißt die Differenz zwischen Bid und Ask ist unverhältnismäßig groß. Aus diesem Grund wird der Handel am Wochenende auch von den meisten Brokern nicht angeboten.

Da der Devisenmarkt nicht reguliert ist, sondern aus einem losen Netzwerk von teilnehmenden Banken besteht, gibt es keine einheitlichen Öffnungszeiten. Der Handel ist theoretisch jederzeit – auch am Wochenende – möglich. In der Regel wird vor allem zu den Zeiten gehandelt, die in dem jeweiligen Finanzzentrum, in dem sich die Bank befindet, Geschäftszeiten sind. Da Devisen weltweit gehandelt werden, findet auch der Handel rund um die Uhr statt. Das Aktivitätszentrum allerdings „folgt der Sonne". Eine Handelswoche beginnt in der Regel sonntags um 22.00 Uhr und endet am Freitagabend um 21.30 Uhr koordinierter Weltzeit (UTC).

Der Handel mit Devisen findet vor allem in den großen Finanzzentren statt. Mit Abstand der wichtigste Devisenhandelsplatz ist London. Dort werden mehr als 30 Prozent des gesamten Volumens umgeschlagen. Danach folgen New York, Tokio und Frankfurt. Natürlich wird nicht an allen Handelsplätzen gleichzeitig rund um die Uhr gehandelt. Die Aktivität konzentriert sich vielmehr auf die üblichen Geschäftszeiten in den einzelnen Ländern. Sobald aber beispielsweise in Europa am späten Nachmittag weniger gehandelt wird, verschiebt sich der Fokus nach New York. Da der Handel aber vor allem über Telefon, Internet und Direktverbindungen abgewickelt wird, ist er im Prinzip standortunabhängig.

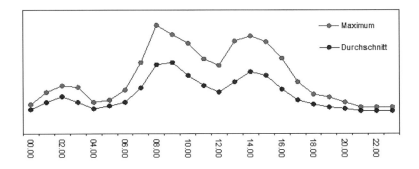

Abbildung II.8: Handelsaktivität in Abhängigkeit der Uhrzeit am Devisenmarkt (Zeitangaben in koordinierter Weltzeit (UTC))

Quelle: Reuters

Die Hauptwährungen werden permanent quotiert, der Spread variiert nur geringfügig während eines Handelstages. Währungen aus der zweiten Reihe, wie beispielsweise die dänische Krone, werden vor allem zu den Zeiten gehandelt, in denen das jeweilige Finanzzentrum aktiv ist. Zu anderen Zeiten ist ein Handel natürlich auch möglich, der Spread wird in der Regel allerdings deutlich „breiter". Aber auch bei den Majors nimmt die Aktivität zu den anderen Zeiten ab. Der Yen ist beispielsweise in ungefähr drei von vier Transaktionen in Japan involviert. In der Schweiz liegt sein Anteil bei gerade einmal knapp 15 Prozent.

II.4.3 Liquidität und ihre Auswirkungen

Neben der Möglichkeit, rund um die Uhr zu handeln, ist die hohe Liquidität einer der größten Vorteile des Devisenhandels.

Mit einem durchschnittlichen Tagesumsatz von 1200 Milliarden US-Dollar[7] ist der Devisenmarkt der weltweit größte und liquideste Markt. An den deutschen Aktienmärkten werden dagegen lediglich vergleichsweise geringe 14,1 Milliarden US-Dollar je Handelstag umgesetzt.[8]

Die hohe Liquidität hat eine Reihe positiver Folgen. Marktmanipulationen sind zwar auch am Devisenmarkt möglich. Das benötigte Volumen, um einen tatsächlichen, nachhaltigen Effekt auf den Preis hervorzurufen, dürfte sogar den Kapitalstock der meisten Zentralbanken übersteigen. Manipulationsversuche haben daher in der Regel kaum und meist nur zeitlich sehr beschränkten Einfluss auf die Preisfindung. Insider-Wissen spielt am Devisenmarkt kaum eine Rolle, da es nur wenige Ereignisse gibt, die direkten Einfluss auf den Marktpreis haben, und diese allen Marktteilnehmern in der Regel zur gleichen Zeit zur Verfügung stehen (zum Beispiel Zinsentscheidungen der FED oder der EZB). Skandale mit desolaten Auswirkungen auf den Preis, wie der Enron- oder der Worldcom-Skandal am Aktienmarkt, sind am Devisenmarkt äußerst unwahrscheinlich.

Ein weiterer, positiver Effekt des hohen Volumens sind die Trading-Kosten. Zwischen dem Ankauf- und dem Verkaufskurs besteht auf allen Märkten eine

Differenz, der so genannte Spread. Je mehr Marktteilnehmer an einem Markt partizipieren, desto geringer wird in der Regel dieser Spread.

Beispiel

Der Euro wird zum aktuellen Zeitpunkt mit 1,2356 zu 1,2361 quotiert, der Spread beträgt somit 5 Pips. Bei einem Handelvolumen von 100 000 Euro verursacht der Spread bei dieser Quotierung indirekt Kosten in Höhe von 40,47 Euro. Dies entspricht einem prozentualen Betrag in Höhe von 0,04 Prozent des gehandelten Gesamtbetrages. Eröffnet man eine Position und stellt diese im Anschluss sofort wieder glatt, würde man diesen Betrag als Verlust verbuchen. (Eine Erläuterung, wie man die Kosten und Erträge berechnet, findet sich in Kapitel III.6 Erfolgsberechnung.)

Vergleicht man diese Kosten mit den Spread-Kosten beim Aktienkauf, werden die herausragende Liquidität und die daraus resultierenden geringen Spreads im Devisenhandel deutlich. Die 100 000 Euro werden in diesem Fall in eine Aktie investiert, die bei zehn Euro notiert. Man erhält für sein Geld also 10 000 Aktien. Sollten die gesamten Spread-Kosten bei dieser Aktientransaktion nicht höher sein als bei der oben durchgeführten Devisentransaktion, dürfte der Spread der Aktie lediglich bei 0,004 Euro beziehungsweise 0,4 Cent je Aktie liegen. Selbst die liquidesten Werte haben in der Regel einen deutlich höheren Spread.

In diesem Beispiel wurden lediglich die indirekten Kosten, die aus dem Spread resultieren, betrachtet. Werden zusätzlich noch die Transaktionskosten – die Gebühren für den Broker – in die Betrachtung mit einbezogen, so fällt das Ergebnis noch eindeutiger zu Gunsten des Devisenhandels aus. Im Interbanken-Handel sowie bei den privaten Brokern fallen in der Regel keine Transaktionsgebühren an. Der Aktienmarkt bietet im Gegensatz zum Devisenmarkt allerdings den Vorteil, dass man auch als Market Maker auftreten kann und somit nicht zwingend den Spread „zahlen" muss.

Die hohe Liquidität und die Struktur des Devisenmarktes sorgen dafür, dass man meist den Ausführungspreis erhält, den man sieht. Bei Aktien oder Futures kann es in schnellen Märkten häufig passieren, dass die eigene Order gar nicht (bei limitierten Aufträgen) oder erst zu einem deutlich schlechteren Preis (Market-Orders) ausgeführt wird, da man in der so genannten „Orderschlange" weit hinten steht. Diese Slippage tritt am Devisenmarkt nicht oder nur in sehr geringen Maßen auf, da man nicht in der Orderschlange wartet, sondern einen direkten Handelspartner hat.

II.5 Geschäftsarten des Devisenhandels

Im Devisenhandel gibt es eine Vielzahl von unterschiedlichen Geschäftsarten. Diese lassen sich in zwei Kategorien aufteilen: Produkte (beziehungsweise Geschäftsarten) im institutionellen und Produkte im privaten Handel.

Diese Unterscheidung ist auf den unterschiedlichen Marktzugriff und die Kapitalstärke der Marktteilnehmer zurückführen, wobei es auch hier zu Überscheidungen kommt. Zu der erstgenannten Gruppe – Geschäftsarten im institutionellen Handel – gehören alle Geschäfte, die über das Interbanken-Netzwerk durchgeführt werden (mehr zum Interbanken-Netzwerk in Kapitel II.3). Dies sind vor allem Spot-, Outright- und Swap-Geschäfte. Sie machen den „klassischen" Devisenmarkt aus.

Für Privatpersonen gibt es ebenfalls eine Reihe von Möglichkeiten, an Devisenbewegungen zu partizipieren. Zu den am weitesten verbreiteten Produkten gehören der Spot-Handel für Private, Futures, Optionen, Optionsscheine und Hebelprodukte.

Da sich dieses Buch vor allem an den privaten Trader richtet, liegt der Schwerpunkt dieses Kapitels auf den Produkten, die für Privatpersonen zugänglich sind. Die klassischen, institutionellen Geschäftsarten wie Swaps oder Outrights werden zwar ebenfalls angesprochen, doch die Details dieser (teilweise außerordentlich komplexen) Geschäftsarten werden an dieser Stelle vernachlässigt.

II.5.1 Institutioneller Handel

Der FX-Markt setzt sich aus zwei Bereichen zusammen: dem Spot- und dem Forward-Markt. Dem Spot-Markt werden alle Transaktionen zugerechnet, die innerhalb von zwei Tagen abgeschlossen werden. Transaktionen, deren Erfüllungsdatum weiter als zwei Werktage in der Zukunft liegen, werden dagegen als Forwards bezeichnet. Dies sind im klassischen Devisenmarkt so genannte Outrights und Swaps.

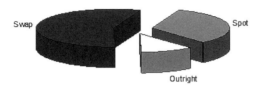

Abbildung II.9: Anteil der Geschäftsarten

Der Hauptanteil des Umsatzes des „traditionellen" Devisenhandels entfällt mit einem durchschnittlichen Umschlag von 656 Milliarden US-Dollar auf die Swaps (vgl. Abbildung II.9). Im Spot-Handel werden im Durchschnitt täglich Devisen im Wert von 387 Milliarden US-Dollar bewegt. Der Umsatz in Outrights beträgt weitere 131 Milliarden US-Dollar.[9]

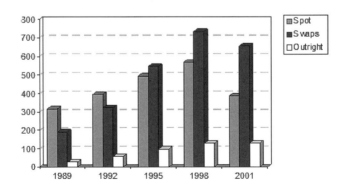

Abbildung II.10: Anteil der Geschäftsarten im historischen Vergleich

Noch vor nicht allzu langer Zeit war der Spot-Markt der dominierende Markt im Devisenhandel. Dieses Bild hat sich seit Anfang der neunziger Jahre stark gewandelt (vgl. Abbildung II.10). Geschäfte mit Swaps haben seitdem stark an Einfluss gewonnen. Inzwischen macht der Swap-Handel mehr als die Hälfte des gesamten Umsatzes aus. Diese Rolle war bis Anfang der neunziger Jahre dem Spot-Handel vorbehalten.

II.5.1.1 Spot

Die ursprüngliche Form des Devisenhandels ist das Kassa-Geschäft, im Fachjargon auch als Spot-Geschäft bezeichnet. Eine Devisen-Kassa-Transaktion ist der zeitgleiche Kauf oder Verkauf einer Währung gegen eine andere Währung, vergleichbar einer Tauschhandlung unter einem bestimmten Verhältnis. Der Wechselkurs, zu dem die Transaktion getätigt wird, wird auch als Kassa-Kurs oder als Spot-Rate bezeichnet. Aussagen in den Medien zur Wechselkursentwicklungen beziehen sich fast immer auf den Kassa-Kurs.

Die Erfüllung des Geschäftes – das heißt die Andienung (Lieferung) der Devisen – muss zwei Werktage nach Abschluss des Geschäftes stattfinden. Eine Ausnahme stellen Abschlüsse im USD/CAD dar. Diese als „Funds" bezeichnete Transaktion wird bereits am nächsten Handelstag erfüllt. Die beidseitige Kontrakterfüllung wird auch als Valutierung bezeichnet.

Das Datum, an dem ein Geschäft zum Abschluss kommt, wird als Handelstag bezeichnet. Zum Zeitpunkt des Geschäftsabschlusses werden die gehandelte Summe und das Wechselkursverhältnis vereinbart. Der Austausch (beziehungsweise die „Lieferung") der Währungen dagegen findet erst am Liefertag – beim Spot-Handel meist zwei Werktage nach dem Handelstag – statt; er wird auch als Erfüllung bezeichnet. Dieser Zeitraum wurde früher benötigt, um den administrativen Aufgaben nachzukommen und den fristgerechten Transfer des Geldes zum Handelspartner garantieren zu können. Auch wenn dieser Aspekt heutzutage an Bedeutung verloren hat, so wurde die Regelung bisher beibehalten.

Wird ein Kassa-Geschäft an einem Dienstag abgeschlossen, so ist der darauf folgende Donnerstag der Liefertag (vgl. Abbildung II.11). Fällt der Valuta-Tag – der Tag, an dem die Wertstellung der Position auf dem Konto erfolgt – auf ein Wochenende oder auf einen gesetzlichen Bankfeiertag in einer der beiden involvierten Währungen, so wird der nächste Werktag als Valuta angesetzt. Bei einer Transaktion, die an einem Freitag stattfindet, wäre der normale Valuta-Tag somit ein Sonntag. Da aber sonntags generell nicht gehandelt wird, verschiebt sich die Valuta um einen Handelstag nach hinten, das heißt auf den Montag. Sollte der Montag ein Feiertag in einem der beiden Ländern sein, verschiebt sich der Valuta-Tag so weit nach hinten, bis er wieder auf einen Handelstag fällt.

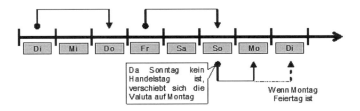

Abbildung II.11: Valuta-Tag

Der Spot-Handel im Interbanken-Markt ist den institutionellen Marktteilnehmern vorenthalten. Es gibt inzwischen aber viele Broker, die auch privaten Tradern den Handel mit Währungen per Kasse erlauben. Hierauf wird im noch folgenden Kapitel II.5.2.1 genauer eingegangen.

II.5.1.2 Outright Forwards

Bei Devisengeschäften auf Termin – so genannten Outright Forwards – erfolgt der Kauf oder der Verkauf der gehandelten Währung auf einen bestimmten Termin. Der Betrag und der Wechselkurs werden im Voraus verbindlich fixiert, die Erfüllung des Geschäfts (das heißt der Austausch der Währungen) wird aber erst zu dem definierten Termin fällig. Ein Termingeschäft unterscheidet sich von einer Spot-Transaktion somit lediglich durch einen weiter in der Zukunft liegenden Valuta-Tag.

Aufgrund des unregulierten Handels am Interbanken-Markt (OTC-Handel, Over the Counter) ist jede beliebige Laufzeit denkbar. Für gewöhnlich werden Outrights mit einer Laufzeit zwischen einer Woche und einem Jahr gehandelt. Gebräuchliche Laufzeiten sind vor allem eine Woche und ein, zwei, drei und sechs Monate. Aber auch deutlich längere Laufzeiten wie fünf Jahre sind durchaus möglich und kommen in der Praxis vor.

Quotierungen für Outrights unterscheiden sich je nach Währungspaar und Laufzeit mehr oder weniger stark vom Kassa-Kurs des Währungspaars. Sie stellen aber keine Prognose für die künftige Kursentwicklung dar. Notieren beispielsweise der EUR/USD-Forward (Valuta ein Monat) bei 1,2206 und der Kassa-Markt bei 1,2217, bedeutet das nicht, dass der Markt den Kassa-Kurs in einem Monat bei 1,2206 erwartet. Der Unterschied von elf Pips ist vielmehr auf die Zinsdifferenz zwischen den beiden Währungsräumen zurückzuführen. Diese Zinsdifferenz wird bei der Quotierung von Outrights durch den so genannten Swap-Satz berücksichtigt, der das Zinsgefälle quantifiziert. Ist der Swap-Satz positiv, spricht man von einem Aufschlag („premium"), ist er negativ, von einen Abschlag („Discount"). Der Absolut-Betrag des Swaps wird mit zunehmender Laufzeit größer.

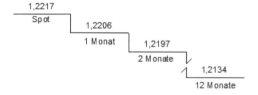

Abbildung II.12: Preisbildung eines Outrights

Grundlage für die Berechnung einer Outright-Quotierung ist der Spot-Kurs. Der Kurs eines Termingeschäftes ergibt sich somit wie folgt: Terminkurs = Kassa-Kurs ± Swap-Satz

Outrights werden ebenfalls mit einem Spread quotiert. Dieser orientiert sich an den Spreads des Kassa-Kurses und der Swap-Quotierung. Je länger die Laufzeit des Outrights ist, desto breiter ist in der Regel auch der Spread.

Forward Outrights entsprechen näherungsweise den in Kapitel II.5.2.2 vorgestellten Futures. Futures sind ebenfalls Termingeschäfte, werden aber an einer Börse gehandelt.

II.5.1.3 Swaps

Nicht zu trennen vom Termingeschäft ist das Swap-Geschäft. Bereits im vorangegangenen Kapitel wurde angesprochen, dass der Swap-Satz die Zinsdifferenz zwischen zwei Währungsräumen widerspiegelt. Swaps sind eigenständige Handelsinstrumente, die mehr als die Hälfte des Volumens im Interbanken-Markt ausmachen. Sie werden ebenfalls mit einem zweiseitigen Kurs (Bid- und Ask-Kurs) quotiert.

Ein Swap-Geschäft ist eine Kombination aus in der Regel einer Devisenkassa- und einer entgegengerichteten Termintransaktion. Der per Kasse gekaufte (verkaufte) Betrag wird per Termin wieder verkauft (zurückgekauft). Der Handelspartner und der gehandelte Betrag sind dabei jeweils identisch. Eine Swap-Transaktion ist somit nichts anderes als eine Vereinbarung, eine Währung für eine bestimmte Laufzeit zu „tauschen". Am Ende der Laufzeit verfügen beide Handelspartner wieder über ihre ursprüngliche Position.

Im Prinzip ist ein Swap-Geschäft somit ein befristetes Leihgeschäft, an dessen Ende wieder die Ausgangssituation herrscht. Allerdings hat derjenige Handelspartner, der während der Laufzeit die höheren Zinsen auf die „geliehene" Währung erhalten hat, einen finanziellen Vorteil. Daher erfolgt eine Kompensation eventueller Zinsdifferenzen.

Ein Swap-Geschäft setzt sich aus folgenden zwei Bestandteilen zusammen:

1) Kassa-Transaktion
    Kauf Euro/Verkauf US-Dollar zum Kassa-Kurs 1,2217
2) Outright-Transaktion
    Verkauf Euro/Kauf US-Dollar zum Terminkurs 1 Monat 1,2206

Wenn man die andere Währung erst in der Zukunft benötigt, den Preis aber jetzt schon fixieren möchte, kann das Kassa-Geschäft auch durch eine Outright-Transaktion ersetzt werden. Diese muss eine kürzere Laufzeit als die zweite Outright-Transaktion haben.

Da sowohl Kassa- als auch Outright-Transaktion auf dem gleichen Kassa-Kurs basieren, spielt dieser nur eine untergeordnete Rolle. Daher wird nur die Differenz zwischen dem Kassa- und dem Outright-Kurs – der so genannte Swap-Satz – angegeben. Der Swap-Satz, der je nach Zinsgefälle positiv oder negativ sein kann, gleicht die unterschiedlichen Zinsniveaus zwischen den beiden Währungsräumen aus und spiegelt die Differenz der Zinseinnahmen wider. Würde der Zinsertrag der einen Währung über der anderen Währung liegen, ließe sich sonst ein risikofreier (Zins-)Gewinn realisieren.

Swaps erfüllen im Devisenhandel eine Reihe von Aufgaben. Sie werden beispielsweise zur Prolongation von Kassa-Positionen („Verschieben" des Valuta-Tags – siehe Kapitel III.8 Rollover) und zur Kurssicherung von Exportguthaben genutzt.

II.5.2 Geschäftsarten im privaten Handel

Der Kassa- und Forward-Handel (Outrights und Swaps) ist den Teilnehmern am Interbanken-Markt vorbehalten. Privatpersonen haben die Möglichkeit, entweder über einen Broker indirekt am Interbanken-Markt teilzunehmen oder über regulierte, an einer Börse gelistete Instrumente, die sich am Spot-Kurs orientieren oder an diesen gebunden sind, an Wechselkursschwankungen zu partizipieren. Die Broker im privaten Segment bieten meist nur den Kassa-Handel mit Devisen an. Dagegen gibt es eine breite Palette an unterschiedlichen börsennotierten Produkten.

In den folgenden Produkt-Vorstellungen wird weitestgehend auf eine ausführliche Schilderung des Aufbaus und der Arbeitsweise der Produkte verzichtet, da diese Themengebiete bereits von einer ausreichenden Anzahl an Büchern abgedeckt werden. Stattdessen werden die Besonderheiten der Produkte beim Devisenhandel beleuchtet sowie die Vor- und Nachteile der Instrumente aufgelistet.

II.5.2.1 Spot

Einige Broker haben sich darauf spezialisiert, Privatpersonen den Handel mit Produkten, die normalerweise im Interbanken-Markt gehandelt werden, zu ermöglichen. Aufgrund ihrer einfachen Struktur und des spekulativen Charakters werden vor allem Spot-Transaktionen angeboten; nur wenige Broker offerieren auch den Handel mit Forwards oder Swaps.

Möchte man an Wechselkursschwankungen mit Hilfe von Spot-Transaktionen partizipieren, kommt der Wahl des Brokers besondere Bedeutung zu. Kapitel III.1 beschäftigt sich daher eingehend mit der Entscheidung für einen Broker beim Spot-Handel.

Der Spot-Handel im privaten Sektor ist ebenfalls ein OTC-Geschäft und mit dem institutionellen Spot-Handel vergleichbar. Unterschiede beziehungsweise Einschränkungen gibt es vor allem bei der Abwicklung der Geschäfte.

Im Gegensatz zu den klassischen Brokern, wie sie am Aktienmarkt zu finden sind, leitet ein FX-Broker den Auftrag nicht weiter, sondern tritt als Handelspartner/Gegenpartei auf. Der Auftrag wird nicht – wie man es eigentlich von einem Broker erwartet – an den Interbanken-Markt weitergeleitet, wo die Ausführung gegen einen unbekannten Dritten stattfindet, sondern der Broker nimmt erst einmal die Gegenposition zu der eigenen Position ein. Die Aufgabe des Brokers ist es somit, ständig Kurse zu stellen, zu denen er bereit ist, Währungen anzukaufen und zu verkaufen. Der FX-Broker entspricht somit nicht dem klassischen Bild eines Vermittlers.

In der Wahl der zu handelnden Währungen ist der Trader auf das Angebot des Brokers beschränkt. Im Gegensatz zum Spot-Handel im Interbanken-Markt ist beim Handel über einen FX-Broker die Hinterlegung einer so genannten Margin (Sicherheitsleistung, mehr dazu in Kapitel III.7) Voraussetzung für das Eingehen einer Position.

Die folgende Liste gibt einen Überblick über die Vor- und Nachteile des Spot-Handels über einen FX-Broker. Die Aussagen sind stark verallgemeinert, da viele Kriterien von dem gewählten Broker abhängen.

Vorteile:

• Konstanter Spread

• Handel rund um die Uhr

• Niedrige Sicherheitsleistung (Margin)

• Garantierte Liquidität (da der Broker auch der Handelspartner ist und stets die Gegenposition einnimmt)

• Bei einigen Brokern Preisgarantie auf Stop-Aufträge

• Variable Positionsgrößen (meist bis auf 10 000 genau)

Nachteile:

• Broker verwaltet das eingesetzte Kapital und ist gleichzeitig Handelspartner

• Teilweise fehlende Regulierung

• Immer Market User, das heißt der Anleger muss immer den Spread zahlen

II.5.2.2 Futures

Der Handel mit Devisen-Futures – standardisierten Terminkontrakten auf Währungen – erfreut sich seit einigen Jahren zunehmender Beliebtheit. Im Gegensatz zu den im Interbanken-Markt gehandelten Termingeschäften – den Outright Forwards – sind bei den Futures auf Devisen die Ausstattungsmerkmale wie Kontraktgröße und Fälligkeitszeitpunkt genormt. Diese werden von der Börse, an der die Futures gehandelt werden, vorgegeben. Devisen-Futures unterscheiden sich von Futures auf Aktienindizes oder auf Commodities im Prinzip nur durch das Underlying.

Ein Großteil aller Devisen-Futures-Geschäfte wird in Kontrakten verbucht, die an der „Chicago Mercantile Exchange" (CME) notierten. Der Umsatz im Jahr 2003 steigerte sich um 40 Prozent gegenüber dem Vorjahr und lag bei insgesamt 3700 Milliarden US-Dollar. (Zum Vergleich: Im Interbanken-Markt werden im Durchschnitt 1200 Milliarden Dollar je Handelstag umgesetzt.)

Euro FX	
Underlying	EUR/USD
Kontraktgröße	125 000 Euro
Tick-Size	0,0001 = 12,50 US-Dollar

Tabelle II-3: Euro-Kontrakt

Der Handel in den elektronisch gehandelten Kontrakten ist inzwischen fast rund um die Uhr möglich; der Handel ruht lediglich für eine Stunde je Handelstag. Die meisten Kontrakte werden mit sechs Laufzeiten angeboten, wobei der Verfall in der Regel auf die Monate März, Juni, September und Dezember festgelegt wurde. Der Kontrakt des Front-Monats – das heißt der am ehesten auslaufende Kontrakt – weist meist die höchste Liquidität auf. Im Gegensatz zum Handel mit Futures auf Aktien-Indizes erfolgt beim Handel mit Devisen in den meisten Währungen kein Cash-Settlement. Wird ein Kontrakt über den letzten Handelstag hinaus gehalten, erfolgt eine effektive Andienung. Dies lässt sich durch ein Rollen auf den nächsten Kontrakt aber verhindern, sodass auch langfristige Positionen problemlos mit den Futures umgesetzt werden können.

Neben den Kontrakten auf Währungen gegenüber dem US-Dollar gibt es inzwischen auch Kontrakte auf einige Crossrates, zumeist gegen den Euro. Die Liquidität der einzelnen Kontrakte differiert sehr stark. In einigen Währungspaaren sind die Spreads teilweise deutlich geringer als im für Privatkunden zugänglichen Spot-Handel über einen Broker. Bei hoher Handelsaktivität liegt der Spread der Hauptwährungen gegenüber dem US-Dollar meist zwischen ein und fünf Pips. Als Marktteilnehmer sollte der private Trader beachten, dass einige Kontrakte gegenüber der gewöhnlichen FX-Quotierung invers notiert werden.

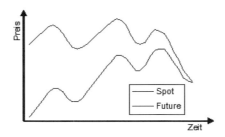

Abbildung II.13: Preisentwicklung Futures

Da es sich bei Futures ebenso wie bei Forward Outrights um Termingeschäfte handelt, fließt die Zinsdifferenz in den Preis mit ein. Ansonsten würde es zu einer risikofreien Arbitrage-Möglichkeit kommen. Der Preis des Futures-Kontrakts wird sich somit mit abnehmender Restlaufzeit immer weiter an den Spot-Preis annähern (vgl. Abbildung II.13). Bei langer Restlaufzeit eines Kontrakts kann es zu teilweise deutlichen Abweichungen zwischen dem Termin- und dem Kassa-Markt kommen. Bei der Analyse sollte daher stets auf den Spot-Markt zurückgegriffen werden, da dieser der „Leitmarkt" ist.

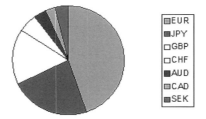

Abbildung II.14: Zusammensetzung des CME$Index

Für Anleger, die auf die allgemeine Entwicklung des US-Dollars und nicht auf seine Entwicklung gegenüber einer anderen Währung spekulieren wollen, bietet die CME ein weiteres, interessantes Produkt an: den CME$INDEX™. Das Underlying ist ein Korb aus mehreren Währungen, die entsprechend dem Anteil am Außenhandel der USA gewichtet werden (vgl. Abbildung II.14).[10] Die Gewichtung wird einmal im Jahr angepasst, um der aktuellen Entwicklung Rechnung zu tragen.

Vorteile:

• Teilweise sehr geringer Spread

Nachteile:

• Einfluss des Zinses

• Geringe Auswahl an (liquiden) Crossrates

• Kontraktgröße für Einsteiger meist zu groß

• Handelszeiten nicht komplett rund um die Uhr

II.5.2.3 Optionen

Optionen sind – ähnlich den bereits vorgestellten Termingeschäften – eine vertragliche Vereinbarung zwischen zwei Parteien über den Austausch von Währungen in der Zukunft. Im Gegensatz zu den bereits vorgestellten Termingeschäften (Swaps, Outrights und Futures) ist der Inhaber der Option aber nicht zur Erfüllung verpflichtet. Der Käufer erwirbt vielmehr vom Verkäufer der Option das Recht (eine „Option"), die Währung bis zu (oder an) einem gewissen Tag in der Zukunft („Verfallsdatum") zu einem bereits heute vereinbarten Preis zu kaufen oder zu verkaufen. Der Käufer kann von seinem Recht, die Option auszuüben, Gebrauch machen. Er kann das Recht aber auch verfallen lassen. Optionen sind also keine zweiseitig bindenden Verträge.

Da sich der Optionspreis aus mehreren Komponenten zusammensetzt – vor allem dem Ausführungspreis, der Restlaufzeit und der Volatilität –, sind neben der Spekulation auf Wechselkursveränderungen auch Spekulationen auf ein wertloses Verfallen oder auf eine Änderung der Volatilität denkbar. Optionen erlauben somit ein deutlich breiteres Spektrum an Möglichkeiten beziehungsweise Handelsstrategien als die bereits vorgestellten Produkte. Auch das profitable Spekulieren, beispielsweise auf eine Seitwärtsbewegung, ist mit Optionen möglich. Häufig werden Optionen auch zur Absicherung von Devisenbeständen genutzt.

Optionen werden sowohl direkt zwischen Banken (Over the Counter, OTC) als auch an mehreren Börsenplätzen gehandelt. Inzwischen gibt es einige FX-Broker, die neben dem Spot-Handel auch den Handel mit Optionen als OTC-Geschäft anbieten. Neben den bereits erwähnten Futures-Kontrakten sind an der CME auch Optionen auf diverse Währungspaare gelistet.

Vorteile:

• Vielzahl von Strategien möglich

• Verluste begrenzt auf Einsatz bei hohen Gewinnmöglichkeiten (als Käufer einer Option)

Nachteile:

• Unbegrenztes Verlustrisiko bei begrenzten Gewinnen (als Verkäufer einer Option)

• Preisfindung durch den Einfluss von Volatilität und Restlaufzeit für Einsteiger nur bedingt transparent

• Teilweise hohe Spreads

• Teilweise geringe Liquidität

• Eingeschränkte Handelszeiten

II.5.2.4 Optionsschein

Optionsscheine – häufig auch als Warrants bezeichnet – sind von Geschäftsbanken oder Broker-Häusern ausgegebene Wertpapiere. Sie ähneln in der Preisentwicklung den Optionen, richten sich aber vor allem an private Anleger, die nur wenig Kapital riskieren wollen oder können. Da die Optionsscheine meist von einer Bank emittiert werden, kann man nur als Käufer der Optionsscheine auftreten (Long Call oder Long Put). Das so genannte Schreiben – das heißt das Eingehen einer Stillhalterposition – ist mit Optionsscheinen nicht möglich. Die vielfältigen Trading-Strategien, die mit Optionen möglich sind, lassen sich mit Optionsscheinen daher häufig nicht nachvollziehen.

Optionsscheine kann man entweder direkt mit dem Emittenten oder über eine Börse handeln. Der Direkthandel bietet den Vorteil, dass die Handelszeiten gegenüber den Börsenöffnungszeiten teilweise verlängert wurden.

Vorteile:

• Verluste begrenzt auf Einsatz und hohe Gewinnmöglichkeiten (als Käufer einer Option)

• Stets liquide durch Direkthandel mit Emittent

• Je nach Währungspaar große Auswahl

Nachteile:

• Preisfindung durch den Einfluss von Volatilität und Restlaufzeit für Einsteiger nur bedingt transparent

• Teilweise hohe Spreads

• Eingeschränkte Handelszeiten

II.5.2.5 Hebelprodukte

Hebelprodukte sind eine noch recht junge Finanzinnovation, die es dem Anleger ermöglicht, sowohl von fallenden als auch von steigenden Notierungen zu profitieren. Der Vorteil der Hebelprodukte liegt in ihrer transparenten Preisgestaltung. Dem Trader wird eine Hebelwirkung auf sein eingesetztes Kapital geboten, ohne dass die Preisbildung wie bei Optionen oder Optionsscheinen von der Volatilität beeinflusst wird. Auch der Zeitwertverlust spielt eine untergeordnete Rolle. Hebelprodukte werden daher häufig auch als Verwandte der Futures bezeichnet. Im Gegensatz zu ihnen besitzen Hebelprodukte aber ein so genanntes Knock-out-Level. Über- beziehungsweise unterschreitet der Basiswert dieses Niveau, verfällt das Papier wertlos oder zu einem vorher definierten Preis. Das Risiko ist somit auf den Einsatz beschränkt.

Als Anleger sollte man beachten, dass die Emittenten bisher keine einheitliche Namensgebung gefunden haben. So versieht (beinahe) jede Geschäftsbank ihre Hebelprodukte mit einem unterschiedlichen Namen. Auch die Rahmenbedingungen wie der Verfallspreis sind von Emittent zu Emittent unterschiedlich.

Einer der größten Nachteile der Hebelprodukte sind die eingeschränkten Handelszeiten. Der Handel rund um die Uhr – wie er am Interbanken-Markt stattfindet – ist mit diesen Produkten nicht möglich. Häufig kommt es somit vor, dass ein Schein über Nacht wertlos verfällt.

Ein weiterer Nachteil sind die teilweise recht hohen Spreads. Möchte man lediglich auf kleine Kursbewegungen spekulieren, lohnen sich Hebelzertifikate nur bedingt. In volatilen Märkten können Hebelprodukte dagegen Tagesgewinne von über 100 Prozent aufweisen.

Vorteile:

• Einfache Handelsweise

• Hohe Gewinnmöglichkeiten

• Verlust auf den Einsatz beschränkt

Nachteile:

• Hoher Spread

• Eingeschränkte Handelszeiten

II.5.3 Charakteristik der Produkte

Für die meisten Einsteiger stellt sich aufgrund der vielfältigen Möglichkeiten das Problem, wie man an Wechselkursschwankungen partizipieren soll. So kann der private Trader entweder direkt die entsprechende Währung handeln (Spot) oder mit Hilfe von Produkten, die sich am Kursverlauf des Spot-Handels orientieren, von Wechselkursschwankungen profitieren. Bei der Wahl des geeigneten Produkts gibt es eine Reihe von Aspekten zu beachten, vor allem die gehandelte Strategie und das zur Verfügung stehende Risikokapital.

Hebelprodukte und Optionsscheine

Viele private Trader haben bereits Erfahrungen im Handel mit Optionsscheinen oder Hebelprodukte gesammelt und verfügen über ein Konto bei einem Broker, der den Zugang zu den Deutschen Börsen (allen voran die Euwax in Stuttgart) sowie den Direkthandel mit den Emittenten anbietet. Der Umstieg auf den Devisenhandel mit Hilfe dieser Produkte ist problemlos und erfordert meist nur eine kurze Orientierungsphase.

Ein Nachteil von Optionsscheinen ist die für Einsteiger nicht transparente Preisentwicklung. Einflussfaktoren wie eine rückläufige Volatilität können den Schein trotz einer an sich positiven Entwicklung der Währung verbilligen. Dieser Nachteil entfällt bei Hebelprodukten. Einsteiger sollten daher eher zu den Hebelprodukten greifen. Nachteile beider Produkte sind die eingeschränkten Handelszeiten sowie die teilweise hohen Spreads.

Durch die steigende Popularität des Devisenhandels im privaten Sektor werden von den Emittenten in zunehmendem Umfang sowohl Hebelprodukte als auch Optionsscheine auf Devisen herausgegeben. Das Angebot an „Scheinen" auf die unterschiedlichen Underlyings ist außerordentlich hoch, teilweise stehen weit über 100 Möglichkeiten zur Partizipation am Wechselkurs zur Auswahl.

Der Handel mit Hebelprodukten und Optionsscheinen empfiehlt sich primär für Anleger, die erste Erfahrungen im Devisenhandel sammeln möchten oder ohne Eröffnung eines weiteren Kontos erst einmal ausprobieren wollen, ob sich der Devisenhandel für sie eignet.

Futures

Futures auf Devisen erleben seit einigen Jahren einen Höhenflug – nicht zu Unrecht. Sie bieten dem Privatanleger teilweise deutlich engere Spreads als im Spot-Handel über einen FX-Broker. Dabei darf nicht vergessen werden, dass beim Handel mit Futures neben dem Spread die Gebühren des Brokers anfallen.

Für viele Einsteiger stellt sich aber die Kontraktgröße als zu hoch dar. Auch die Auswahl an liquiden Underlyings ist vergleichsweise gering. Im Gegensatz zu den übrigen Termingeschäften ist die Preisentwicklung äußerst transparent. Je Pip gewinnt beziehungsweise verliert der Trader einen gewissen Betrag.

Futures eignen sich vor allem für ausreichend kapitalisierte Trader, die hauptsächlich in den liquiden Kontrakten handeln und somit von den geringen Spreads profitieren.

Optionen

Optionen sind das vielseitigste der vorgestellten Handelsinstrumente und erlauben ein breites Spektrum an Strategien. Sie bieten dem Trader große Chancen, bergen aber auch hohe Risiken. Optionen eignen sich sowohl für Trader, die auf eine Veränderung des Wechselkurses spekulieren wollen, als auch für diejenigen, die auf den Zeitwertverfall der Option spekulieren. Der

Handel mit Optionen – vor allem das Schreiben von Optionen – verlangt eine genaue Kenntnisse der Materie.

Nachteile der (regulierten) Optionen sind die beschränkten Handelszeiten, die hohen Spreads und die geringe Liquidität.

Voraussetzung für den Handel mit Optionen ist – genauso wie beim Handel mit Futures – ein Margin-Konto bei einem Broker, der den Zugang zu der Börse offeriert, an der die Optionen gelistet sind.

Spot

Seit einigen Jahren haben private Trader auch die Möglichkeit, Devisen per Kasse über einen FX-Broker zu handeln.

Der Vorteil des Kassa-Handels ist die transparente Preisentwicklung. Die vom Broker gestellten Kurse orientieren sich stets am Interbanken-Markt, da ansonsten Arbitrage-Möglichkeiten entstehen würden. Einflussfaktoren wie Zinsen oder Volatilität, die bei den anderen vorgestellten privaten Produkten den Preis verzerren, haben beim Spot-Handel keine Relevanz. Daneben bieten die Broker häufig einen konstanten Spread, eine Preisgarantie und ein breites Spektrum an handelbaren Währungen an.

Leider weist der Spot-Handel im Wesentlichen auch zwei Nachteile auf: Zum einen benötigt der Privatanleger ein (weiteres) Konto bei einem FX-Broker, zum anderen kann er nur als Market User auftreten, das heißt der Spread fällt bei jeder Position an. Vor allem der erste Punkt führt oft zu kontroversen Diskussionen, da der Broker sowohl die eigene Position kennt und das Geld verwaltet als auch als Handelspartner auftritt, der dem Trader Quotierungen stellt. Da inzwischen aber beinahe alle Broker staatlich reguliert sind und sich keine negative Presse erlauben können, kann der Anleger sich bei den großen und staatlich regulierten Brokern sicher sein, dass es „mit rechten Dingen" zugeht.

Der Spot-Handel eignet sich sowohl für Einsteiger als auch für Profis. Dank der guten Skalierbarkeit der Positionsgröße ist der Spot-Handel auch für gering kapitalisierte Trader geeignet.

Fazit

Häufig stellt sich eine Kombination von mehreren Produkten als die sinnvollste Lösung dar. So lässt sich der Spot-Handel gut mit dem Optionshandel kombinieren. Jedes Instrument hat seine Existenzberechtigung. Die Mehrheit der Trader wird mit dem Spot-Handel die besten Resultate erzielen.

Unabhängig davon, welches Produkt gehandelt wird, sollte zur Analyse immer der Spot-Markt herangezogen werden. Aufgrund von Zinsen, Volatilität und weiteren Einflussfaktoren weicht der Preis bei den hier vorgestellten Produkten häufig vom realen Marktpreis ab. Vor allem Technische Analysen erhalten sonst ein verzerrtes Bild über die historische Entwicklung des Marktes, das zu Fehleinschätzungen führen kann.

Kapitel III: Grundlagen des Devisen-Tradings

III.1 Wahl des Brokers

Im Zuge der Popularisierung des Internets und angesichts des zunehmenden Interesses für alternative Trading-Instrumente ist in den vergangenen Jahren neben den klassischen Aktien-Brokern auch die Anzahl der FX-Broker stark gewachsen. Für Laien ist es zu Beginn schwierig, bei den unzähligen angebotenen Features den Überblick zu behalten.

Das folgende Kapitel geht auf die wichtigsten Kriterien ein, die bei der Wahl des Brokers berücksichtigt werden sollten. Aufgrund der Übersichtlichkeit sind die Ausführungen allerdings auf FX-Broker, die den Spot-Handel anbieten, beschränkt. Die genannten Kriterien lassen sich größtenteils auch auf Broker übertragen, die das Handeln in Futures, Optionen und weiteren Handelsinstrumenten offerieren.

III.1.1 Allgemeines

Broker lassen sich aufgrund ihrer Geschäftsstruktur in zwei Kategorien einordnen:

- **Direct Broker** verfügen über eine eigene Handelsinfrastruktur, stellen verbindliche Kurse (das heißt Kurse, zu denen gehandelt werden kann) und agieren gegenüber dem Trader als Handelspartner.

- **Introducing Broker** vermitteln das Angebot eines Direct Brokers und ergänzen es um eigene Leistungen, wie beispielsweise einen deutschsprachigen Support. Der eigentliche Handelspartner ist weiterhin der im Hintergrund stehende Direct Broker.

Die Unterschiede und deren Auswirkungen auf den Handel sind aber vernachlässigbar und haben nur geringen Einfluss auf das Handeln. Einige der großen Direct Broker, die lediglich englischsprachigen Support anbieten, verfügen über einen deutschen Introducing Broker.

Im Gegensatz zum Aktienhandel, bei dem der Broker lediglich als Mittelsmann auftritt und den Auftrag an die Börse vermittelt, an der die Ausführung mit einem unbekannten Handelspartner stattfindet, ist beim privaten Spot-Handel der FX-Broker auch der **Handelspartner**. Man nimmt nicht direkt am Interbanken-Handel teil, sondern handelt gegen den Broker. Im Regelfall wird sich dieser im Interbanken-Markt absichern, indem er die gleiche Position eingeht, die auch sein Kunde eingenommen hat. Der Broker erzielt somit unabhängig vom Ergebnis des Kunden einen risikofreien Gewinn, da der Spread im Interbanken-Handel üblicherweise geringer ist als der Spread, den die Broker ihren Kunden stellen. In der Realität wird der Broker aber nicht jedes einzelne Geschäft hedgen, sondern seine Gesamtposition gegen Kursschwankungen absichern.

III.1.2 Sicherheit der Einlagen

Der FX-Handel war ursprünglich ein reiner Interbanken-Markt. Da es bis vor einigen Jahren keine verbindlichen Reglementierungen gab, dauerte es lange, bis der FX-Markt für den Privat-Anleger problemlos zugänglich war. Inzwischen sind die meisten FX-Broker bei einer Aufsichtsbehörde registriert.

- Broker, die in England ansässig sind, sollten bei der „Financial Services Authority" (FSA) registriert sein.

- Amerikanische Broker sollten als „Futures Commission Merchant" bei der „Commodity Futures Trading Commission" (CFTC) registriert und Mitglied der „National Futures Association" (NFA) sein.

Diese Behörden legen Auflagen fest, an deren Einhaltung die **Registrierung** beziehungsweise Mitgliedschaft gebunden ist. Dazu gehören ein jährlicher Rechenschaftsbericht sowie ein bestimmtes Mindest-Firmenkapital. Bei registrierten Brokern ist ein Teil der Einlagen über Einlagensicherungsfonds oder vergleichbare Garantien abgesichert. Im Fall des Konkurses besteht somit zumindest die Aussicht, einen Teil seines Geldes wiederzuerlangen. Die Anzahl der Betrugsfälle ist bei den regulierten Brokern deutlich geringer als bei nicht registrierten Brokern. Mit den Marktführern ist man in der Regel aber auf der sicheren Seite. Die genannten Aufsichtsbehörden stellen auf ihren Internet-Präsenzen weitere Informationen und Informationen über mögliche Unstimmigkeiten oder Untersuchungen über die registrierten Broker bereit.

Einige Broker bieten ihren Kunden die Option an, das Konto als „**Segregated Account**" einrichten zu lassen. Dabei wird das Kundengeld in einem gesonderten Konto getrennt vom Firmenkapital verwahrt. Dadurch wird gewährleistet, dass das eigene Kapital auch im Fall der Insolvenz des Brokers ungefährdet ist. Hierfür ist in der Regel eine Einlage von zumindest 25 000 US-Dollar nötig.

III.1.3 Service und Support

Die Mehrheit der Devisen-Broker stammt aus den USA und England. Im deutschsprachigen Raum gibt es bisher nur wenige Firmen. Infolgedessen ist oft kein deutsch sprechender Ansprechpartner vorhanden. Unterlagen, wie die Formulare zur Kontoeröffnung oder die Bedienungsanleitung der Handelsplattform, sind meist nur in Englisch verfügbar. Bei telefonischen Rückfragen ist der Kunde ohne ausreichende **englische Sprachkenntnisse** ratlos.

Hilfe findet der Anleger neben den meist gut dokumentierten Unterlagen entweder am Telefon oder per E-Mail. Die Kosten für den Anruf muss bis auf einige Ausnahmen der Kunde zahlen. Auch hier gibt es die leider üblichen Warteschleifen. Bei der Fragestellung via E-Mail sollten bis zum Erhalt der Antwort nicht mehr als zwei Stunden vergehen. Einige Firmen bieten zusätzlich einen Chat oder ein Forum an, in dem ein Mitarbeiter auf Fragen antwortet.

Beim 24-Stunden-Handel rund um den Globus stellt die **Erreichbarkeit** des Kundenservices ein weiteres Problem da. In den meisten Firmen ist nur zu den ortsüblichen Geschäftszeiten ein Ansprechpartner erreichbar. Aufgrund der Zeitverschiebung gegenüber den amerikanischen Brokern bleibt dem Kunden somit meist nur ein kleines Zeitfenster, in dem er Support erhalten kann.

Einige Broker stellen auf ihren Webseiten neben der Rubrik FAQ[11] auch Einführungen in den Devisenmarkt, Handelsempfehlungen, Lerninhalte sowie aktuelle Marktinformationen für ihre Kunden und teilweise auch für Interessenten kostenlos zur Verfügung. Umfang und Qualität des Contents variieren allerdings erheblich.

III.1.4 Kontotypen

Der Kunde handelt beim FX-Handel nicht an einer Börse, sondern gegen seinen Broker. Es stehen daher nur die Instrumente zur Verfügung, die der Broker anbietet. Diese Gegebenheit sollte bereits bei der Wahl des Brokers berücksichtigt werden. Die **Anzahl der Devisenpaare**, für die Kurse gestellt werden und die gehandelt werden können, unterscheiden sich stark. Einige Broker stellen lediglich für die Majors Quotierungen, andere bieten mehr als 100 Crossrates zum Handel an. Als Anfänger sollte man aber nicht versuchen, auf „allen Hochzeiten zu tanzen", sondern sich lieber auf eine kleine Auswahl wie beispielsweise die Majors beschränken.

Neben dem Handel mit Standard-Lots (100 000 Geldeinheiten) bieten die meisten Broker auch den Handel mit **Mini-Lots** (10 000 Geldeinheiten) an. Dies ist vor allem für Einsteiger interessant, da ohne großes finanzielles Risiko erste Erfahrungen gesammelt werden können, bevor das Trading mit größeren Summen begonnen wird. Zudem lässt sich beim Einsatz von Money-Management-Techniken die Positionsgröße mit Mini-Lots genauer abstimmen.

Beim Handel mit Devisen muss der Trader grundsätzlich nur einen Bruchteil der gehandelten Summe als Sicherheitsleistung hinterlegen und nicht über den gesamten, gehandelten Betrag verfügen. Die Sicherheitsleistung wird im Fachjargon auch **Margin** genannt. Diese wird vom Broker festgesetzt und liegt meistens zwischen 1000 Dollar bis 4000 Dollar je Standard-Lot (100

Dollar bis 400 Dollar je Mini-Lot). Die Margin ist lediglich der Mindestwert des benötigten Kapitals; natürlich kann (und sollte) jederzeit mehr Geld als Sicherheitsleistung hinterlegt werden. Vor allem Einsteiger sollten die Wahl des Brokers nicht von der Höhe der Margin und dem daraus resultierenden Hebel abhängig machen. Der Handel mit dem minimal benötigten Kapital ist selbst für professionelle Trader zu risikoreich. Weitere Informationen zum Thema „Margin und Leverage" finden sich im Kapitel III.7 Margin.

Die **Mindesteinlage** – der Betrag, der auf das Konto mindestens eingezahlt werden muss – liegt je nach Broker und gewähltem Kontotyp zwischen einem und 20 000 Dollar. Unterschiedlich sind die Regelungen der Broker, wenn die Mindesteinlage durch mehrere Verlust-Trades unterschritten wird. Einige erlauben das Trading, solange die Margin-Anforderungen erfüllt werden. Bei anderen kann das Handeln erst dann fortgesetzt werden, wenn erneut Geld auf das Konto eingezahlt wurde. Im letzten Fall sollte das bereitgestellte Kapital deutlich höher sein, als für die Mindesteinlage erforderlich ist. Zusätzliche Hinweise zur Abschätzung des benötigten Kapitals sind in Kapitel V.2.7 „Exkurs: Benötigtes Kapital" zu finden.

Bei einigen Brokern kann das Konto nicht nur in US-Dollar geführt werden. Als **Basiswährungen** stehen neben dem US-Dollar meist Euro, Schweizer Franken, britische Pfund und japanische Yen zur Auswahl. Ungenutztes Kapital unterliegt somit keinem Währungsrisiko mehr. Sollte man durch den Handel Gewinne oder Verluste in anderen Währungen realisieren, so werden diese durch den Broker zum aktuellen Marktpreis in die Basiswährung des Kontos konvertiert.

Kapital, das nicht durch die Sicherheitsleistung beansprucht wird, wird bei den meisten Brokern verzinst. Im Regelfall wird der Marktzins aber diskontiert und dient den Brokern als weitere Einnahmequelle. Oftmals wird Kapital auch erst ab einer gewissen Summe verzinst. So erhält man bei vielen Brokern erst Zinsen auf Geldbeträge, die 10 000 Dollar übersteigen.

Ein häufig unterschätzter Vorteil ist die Möglichkeit, mehrere Märkte in einem so genannten **Universal-Account** zu handeln. Nachdem etliche Broker bereits seit mehreren Jahren anbieten, Aktien und Futures zusammen in einem Konto zu handeln, offerieren inzwischen auch einige FX-Broker ähnliche Möglichkeiten. Neben dem Spot-Handel stehen bei einigen Brokern weitere Handelsinstrumente wie beispielsweise Contracts for Difference zur Verfügung. Gewinn und Verlust werden bei Universal-Accounts über ein Konto verrechnet. Werden dagegen mehrere Konten bei unterschiedlichen Brokern benötigt, müssen nicht nur mehrere Handelsplattformen beherrscht werden, sondern es wird auch mehr Kapital benötigt, und der Überblick geht dann recht schnell verloren.

III.1.5 Gebühren und Spreads

Im Gegensatz zum Handel mit den meisten Finanzinstrumenten fallen beim Spot-Handel mit Devisen normalerweise keine **Gebühren** an. Beim FX-Handel agiert der Broker zugleich auch als Handelspartner. Daher profitiert er bereits vom Spread, der Differenz zwischen dem Bid- und Ask-Kurs. Da man als Kunde nur als Market User (das heißt man handelt zu den angebotenen Kursen) und nicht als Market Maker (man stellt Kurse, zu denen man bereit ist zu handeln) auftreten kann, muss man stets den Spread bezahlen. Bei Brokern, die neben dem Spread noch eine Gebühr verlangen, sollte diese durch einen geringen Spread oder einen guten Service gerechtfertigt sein.

Im Interbanken-Handel liegt der **Spread** für die Majors je nach Handelszeit zwischen zwei und fünf Pips. In ruhigen Phasen kann sich die Differenz der Quotierung bis auf ein Pip reduzieren, in volatilen Phasen kann sie aber auch auf über fünf Pips ansteigen. FX-Broker stellen meistens Notierungen mit Spreads zwischen drei und sieben Pips. Viele Broker werben zudem mit der Aussage, den Spread selbst bei volatilen Bewegungen konstant zu halten.

Hält man eine Spot-Position über Nacht, muss diese gerollt werden. Die Kosten oder Erträge, die sich aus den unterschiedlichen Zinssätzen der beiden Währungen ergeben, werden dem Kunden angerechnet beziehungsweise gutgeschrieben. Häufig reichen die Broker nicht die reinen Kosten für den **Rollover** weiter, sondern berechnen einen Aufschlag. Erträge werden meistens diskontiert. Vor allem beim Handeln in längeren Zeitfenstern machen sich diese zusätzlichen, aufgeschlagenen Kosten bemerkbar. Weitere Informationen zu dieser Thematik finden sich in Kapitel III.8 Rollover.

Eine weitere, nicht unerhebliche Kostenursache können auch „**versteckte Gebühren**" sein. Darunter fallen unter anderem monatliche Gebühren für die Handelsplattform oder Strafgebühren beim Nichterfüllen eines Mindestumsatzes. Einige Broker berechnen beim Handeln mit Mini-Lots eine zusätzliche Gebühr. Auch beim Geldtransfer fallen häufig zusätzliche Kosten an. Einige Broker verfügen inzwischen aber über Referenzkonten in Deutschland, sodass die Gebühren für eine Auslandsüberweisung wegfallen. Bei Rücküberweisungen vom Konto des Brokers zum Konto bei der Hausbank muss bei einigen Brokern eine Gebühr entrichtet werden.

III.1.6 Handel

In volatilen Phasen kann es verstärkt dazu kommen, dass sich der Preis während der Aufgabe und Übermittlung der Order ändert. Der Broker wird in diesem Fall den Auftrag nicht zum alten Preis ausführen, sondern einen neuen anbieten. Nun kann der Trader erneut entscheiden, ob er immer noch Interesse hat, die Position einzugehen. Das erneute Stellen eines Kurses wird auch als **Requotierung** bezeichnet. Da der Broker im Normalfall erst bei der Orderaufgabe des Kunden weiß, welche Position dieser eingehen möchte, kann er mit Hilfe einer Requotierung dem Kunden einen neuen, ungünstigeren Kurs stellen. Diese Methode war noch vor einigen Jahren eine beliebte Methode der Broker, den Profit auf Kosten der Kunden zu erhöhen. Requotierungen sind allerdings nicht immer auf eine böse Absicht des Brokers zurückzuführen, sondern können auch aus der Struktur des Internets und den daraus resultierenden Verzögerungen bei den Übermittlungen resultieren.

Die Quotierungen des Brokers sollten den Kursfeststellungen des Interbanken-Handels möglichst genau entsprechen. Treten dagegen häufig Abweichungen von mehreren Pips in den **Quotierungen** auf, so gewährt der Broker seinen Kunden wahrscheinlich nicht den bestmöglichen Preis. Geringe Abweichungen dagegen liegen in der Natur des dezentralen Handels und treten bei jedem Broker auf.

Alle Broker bieten in der Regel den Handel über das Internet wie auch über das Telefon an. Obwohl im professionellen Bereich der FX-Handel immer noch teilweise über das Telefon abgewickelt wird, hat sich beim Handel über einen Broker das Internet bereits vollständig durchgesetzt: Beinahe alle Transaktionen werden online getätigt. Der private Trader hat so die Möglichkeit, Aufträge deutlich schneller, komfortabler und unkomplizierter zu platzieren oder wieder zu löschen. Auch die Telefongebühren für den Anruf beim Broker, der meist im Ausland sitzt, fallen beim Handel über das Internet nicht an. Als dritte **Handelsmöglichkeit** bieten einige Broker bereits den Handel über WAP an.

WAP ist die englische Abkürzung für Wireless Application Protocol. Dieser technische Standard bildet die Schnittstelle zwischen Internet und Mobilfunk und ermöglicht das mobile Surfen per Handy auf speziell darauf ausgerichteten Webseiten. Möchte man WAP nutzen, um beispielsweise auf Reisen Aufträge über das Handy zu platzieren oder sich über den Stand des Kontos zu informieren, benötigt der Trader ein Mobiltelefon, das WAP unterstützt. Die Möglichkeiten sind meist deutlich eingeschränkt, im Normalfall sind nur einfache Order-Arten und einige Informationen wie beispielsweise der Kontostand und aktuelle Kurse verfügbar.

Ein Teil der Umsätze im Interbanken-Markt wird nach wie vor über das Telefon abgewickelt. Dieser unterscheidet sich kaum vom Handel über das Telefon zwischen Broker und Kunde. Aufgrund der verwendeten Terminologie und der Abwicklungsweise ist er für einen Außenstehenden oft nur schwer verständlich. Aus diesem Grund widmet sich Kapitel III.5 diesem Thema. Bei den meisten Brokern gelten für den **Handel über das Telefon** die gleichen Konditionen wie für den Handel über das Internet. Im Gegensatz zu den Support-Hotlines einiger Firmen ist der Trading-Desk an Handelstagen rund um die Uhr besetzt. Die Reaktionszeit des Brokers auf einen Anruf sollte zu jeder Tageszeit unter zehn Sekunden liegen, damit ein schnelles Handeln ermöglicht wird.

Der **Handel über das Internet** läuft über eine vom Broker zur Verfügung gestellte Handelsplattform ab. Diese wird meist kostenlos zur Verfügung gestellt, selten ist die Benutzung an eine monatliche Gebühr oder einen Mindestumsatz gekoppelt. Eine Auflistung, über welche Funktionen die Handelsplattform verfügen sollte und welche Kriterien zu beachten sind, befindet sich in Kapitel III.2.1.

III.1.7 Fazit

Die Stärken und Schwächen der einzelnen Broker stecken meist im Detail. Features, die für den einen Trader wichtig sind, stuft ein anderer Trader als unerheblich ein. Dies trifft vor allem für die Handelsplattform zu, an die sich der angehende Trader mit der Auswahl des Brokers bindet.

Zu den grundlegenden Kriterien, die jeder Broker erfüllen sollte, gehören die Registrierung bei einer Behörde und ein faires Geschäftsverhalten. Ersteres lässt sich mühelos über die Homepage der zuständigen Behörde feststellen. Für Letzteres ist es empfehlenswert, sich in einschlägigen Internet-Foren zu erkundigen. Neben Informationen über die Häufigkeit der Requotierungen und die Funktionen der Handelsplattform finden sich dort auch Erfahrungsberichte von Kunden. Wichtige Erkenntnisse bietet außerdem ein Anruf bei der Service-Hotline des Brokers.

Bevor man sich für einen bestimmten Broker entscheidet, sollte man auf jeden Fall die Möglichkeit einer Testphase nutzen. Die meisten Broker bieten ein zeitlich begrenztes Demokonto mit virtuellem Kapital an. So lassen sich Erfahrungen mit dem Service und der Handelsplattform sammeln, noch bevor Kapital riskiert wird. Diese Option empfiehlt sich auch für Einsteiger, die sich mit dem FX-Handel vertraut machen wollen oder erst feststellen möchten, ob ihnen der Devisen-Handel überhaupt liegt.

III.2 Software und Datenversorgung

In den vergangenen Jahren ist die Produkt- und Funktionsvielfalt von Trading-Software stark angestiegen. Längst gibt es Lösungen, die Features wie Kursübersichten, Charts, Nachrichten und vielseitige Analysefunktionen in einem Produkt vereinigen und zu einem erschwinglichen Preis anbieten. Auch die Qualität der Kursdaten und die Geschwindigkeit, in der diese bereitgestellt und übermittelt werden, ist in den vergangenen Jahren von den unterschiedlichen Anbietern immer weiter verbessert worden. Die Produkte für den privaten Trader unterscheiden sich inzwischen kaum noch von professionellen Lösungen, die häufig mehr als 1000 Euro im Monat kosten.

Die große Vielfalt stellt den Einsteiger aber auch vor das Problem, für welches Produkt er sich entscheiden und welche Anforderungen die Software erfüllen soll. Viele der integrierten Funktionen werden von den meisten Tradern nicht benötigt, einige Kriterien sollte jedoch jedes Produkt erfüllen. Diese werden in den folgenden Kapiteln vorgestellt und erläutert.

III.2.1 Handelsplattform

Die Handelsplattform ist das Bindeglied zwischen dem Trader und seinem Broker. Bei den meisten FX-Brokern trifft es nach wie vor zu, dass man die proprietäre Anwendung des Brokers einsetzen muss und aufgrund der fehlenden Schnittstelle nicht auf Fremdlösungen zurückgreifen kann. Das Ordern über Anwendungen von Dritten ist somit nicht möglich.

Für gewöhnlich setzt sich die Plattform aus mehreren, miteinander verknüpften Modulen zusammen. Neben aktuellen Kursen, der Ordermaske und der Kontoübersicht stehen meist auch Charts und Nachrichten zur Verfügung.

In die Plattform ist eine Kursanzeige mit aktuellen, zweiseitigen Quotierungen (das heißt Bid- und Ask-Kurs) integriert. Die meist im Listenformat dargestellten **Kurse** sind normalerweise verbindlich, und der Trader hat die Möglichkeit, direkt aus der Kursanzeige mit sofortiger Orderausführung und Bestätigung zu handeln. Bei einigen Brokern sind die angezeigten Quotierungen nur indikativ, das heißt der Trader muss erst einen verbindlichen Kurs anfordern, zu dem er handeln kann. Neben dem Bid- und Ask-Kurs bieten viele Broker noch weitere Kursinformationen wie beispielsweise den Höchst- und Tiefstkurs des aktuellen Tages an.

Zum Ausführen komplexer Orderstrategien wie einer OCO- oder einer If-Done-Order muss der Trader auf die **Ordermaske** zurückgreifen. Hier können alle mit dem Auftrag zusammenhängenden Parameter und Einstellungen wie die gehandelte Menge und die Gültigkeit in einer Übersicht festgelegt werden, bevor die Order zur Ausführung übermittelt wird. Je nach Broker unterscheiden sich die angebotenen Order-Arten. Eine Darstellung der wichtigsten und am weitesten verbreiteten Order-Arten folgt in Kapitel

III.4. Zusätzlich lassen sich einige Handelsplattformen auch von Laien so programmieren, dass sie auf definierte Tastatureingaben hin bestimmte Aktionen wie das Glattstellen einer Position ausführen.

Ausgeführte Aufträge und die daraus resultierenden Positionsveränderungen lassen sich auf der **Kontoübersichts-**Seite nachvollziehen und verfolgen. Offene Positionen werden mit dem aktuellen Gewinn oder Verlust, den man bei Glattstellung zum aktuellen Marktpreis realisieren würde, bewertet und aufgelistet. Eine Übersicht über alle in der Vergangenheit durchgeführten Trades ist meist auf einer geschützten Seite im Internet zu finden. Neben dem aktuellen Kontostand findet sich häufig auch eine Zusammenfassung der insgesamt benötigten Sicherheitsleistung. Noch nicht ausgeführte Aufträge – etwa weil ein Limit-Preis noch nicht erreicht wurde – werden ebenfalls aufgeführt.

Viele Broker bieten neben den aktuellen Kursen auch in die Plattform integrierte **Charts** an. Die zugrunde liegenden Daten dafür stammen meist aus den historischen Quotierungen des Brokers. Besonders bei den Charts gibt es zwischen den Plattformen große Unterschiede; vor allem in der Funktionsvielfalt unterscheiden sich die Produkte. Als Kunde sollte man darauf achten, wie schnell sich die Charts aufbauen, ob alle benötigten Zeichenwerkzeuge und Indikatoren vorhanden sind und wie weit die Daten in die Vergangenheit zurückreichen.

In einigen Handelsplattformen ist auch ein Nachrichten-Modul integriert. Hier variieren allerdings die Qualität und die Geschwindigkeit, bis die Nachrichten eingepflegt und in der Plattform verfügbar sind, teilweise erheblich. Oftmals enthalten die Nachrichten nur rein devisenbezogene Inhalte. Themen, die nur indirekt Einfluss auf den Devisenmarkt haben, bleiben meist außen vor. Bei einigen Plattformen ist auch der Nachrichten-Feed einer externen Agentur integriert. Gerade bei Nachrichten haben professionelle Plattformen noch einen deutlichen Vorsprung. Bevor die Nachricht auf der Plattform eines Brokers erscheint, ist die Reaktion auf die Nachricht meistens schon auf dem Chart erkennbar.

Neben den angebotenen Möglichkeiten zeichnet sich eine Handelsplattform vor allem durch ihre „inneren Werte" aus. Professionelle Trader beurteilen nicht die Funktionsvielfalt als wichtigstes Kriterium, sondern stellen bei der Wahl der Plattform die Geschwindigkeit der Ausführung, Verlässlichkeit und Benutzerfreundlichkeit in den Vordergrund.

Die Zeit, die zwischen Aufgabe der Order und Bestätigung über die Ausführung vergeht, sollte weniger als fünf Sekunden betragen. Längere **Ausführungszeiten** und häufige Kursrückfragen (Requotierungen) deuten darauf hin, dass der Broker seinen Kunden nicht den bestmöglichen Preis gewährt.

In der Regel laufen die Installation und der tägliche Einsatz der Handelsplattform beim Endanwender ohne technische Komplikationen ab. Aufgrund der komplexen Technik, die vom Brokers eingesetzt wird, kommt es jedoch immer wieder zu Problemen mit den Servern, die sowohl für die Übertragung der Kursdaten als auch für die Orderübermittlung zuständig sind. Einige Broker haben diese Probleme besser im Griff und weisen eine höhere **Zuverlässigkeit** auf. Sorgt der Broker nicht für einen einwandfreien Ablauf und die Redundanz seiner Systeme, kommt es beim Trader zu häufigen Verbindungsabbrüchen. Ständige Versuche der Handelsplattform, die Verbindung zum Server des Brokers wiederherzustellen, sind die Folge. Größere Auswirkungen auf den Trader haben Totalausfälle des Servers. In diesem Fall ist der Server unerreichbar, ein Einloggen (und damit Handeln) ist nicht mehr möglich. Aufträge können – bis der Server wieder erreichbar ist – nur über das Telefon aufgegeben werden. Da von einem kompletten Serverausfall alle Kunden betroffen sind, muss der Broker einen ungewohnten Ansturm von Kunden bewältigen, die ihre Aufträge nun über das Telefon anstatt über das Internet aufgeben. In der Folge kommt es häufig zu Wartezeiten bei der Orderaufgabe.

Neben der Zuverlässigkeit der Server kommt auch der Qualität der überlieferten Daten eine tragende Rolle zu. Fehler in der historischen Datenbank, aus denen die Charts aufgebaut werden, können einen Trader zu einer Entscheidung verleiten, die er auf Grundlage der realen Daten nicht getroffen hätte.

Eine große Auswahl an Funktionen und die damit einhergehende Komplexität verursachen meistens eine komplizierte Bedienung. Wie bereits erwähnt benötigen die meisten Trader lediglich die Grundfunktionen der Software und bevorzugen eine hohe **Benutzerfreundlichkeit**. Nur wenige Handelsplattformen aber schaffen die schmale Gratwanderung zwischen Komfort bei der Bedienung einerseits und vielfältigen Möglichkeiten andererseits. Um die Funktionen einer Software überhaupt ausschöpfen zu können und keine ungewollten Aktionen auszulösen, ist eine gute Dokumentation unabdingbar.

Für gewöhnlich ist die Plattform eine Microsoft-Windows-Anwendung. Immer häufiger bieten die Broker aber auch plattformunabhängige Java-Versionen oder webbasierte Lösungen an. Erstere Lösung benötigt weniger Ressourcen, die Letzteren sind nicht an ein Betriebssystem gebunden und können auch unter Linux eingesetzt werden. Auf die Funktionsvielfalt und Arbeitsweise hat dies keinen Einfluss.

Bei Einsatz der Handelsplattform in Firmennetzwerken kann es zu Problemen kommen, wenn der Zugriff auf das Internet beschränkt ist. Die Plattformen benötigen meist einen bestimmten freigegebenen Port, über den sie mit dem Broker kommunizieren können. Diese sind in großen Firmennetzwerken oftmals gesperrt, da sie für den regulären Internetverkehr nicht benötigt werden.

Die Handelsplattform ist das Bindeglied zwischen Trader und Broker. Sie muss den persönlichen Ansprüchen genügen und gut zu handhaben sein. Vor einer Entscheidung sollte die ausgewählte Plattform mit Hilfe eines Demo-Kontos intensiv getestet werden.

III.2.2 Informationssysteme von Drittanbietern

Sollte der Funktionsumfang der Handelsplattform nicht ausreichen, so kann der Trader für die Analyse und zur Marktbeobachtung auch auf Produkte von Drittanbietern zurückgreifen. Trader, die Handelssysteme und nicht alltägliche Analyseansätze nutzen, werden um den Einsatz einer externen Software nicht umhinkommen. Die Drittanbieter haben den Fokus ihrer Geschäftstätigkeit meist auf der Entwicklung der Anwendung(en). Daher verfügen die Produkte meist über weit mehr Funktionen und weisen eine deutlich ausgereiftere Bedienbarkeit auf als die Plattformen der Broker. Der Schwerpunkt der Programme liegt auf dem Gebiet der Analyse und der Marktbeobachtung, das Handeln über diese Produkte ist aufgrund der fehlenden Schnittstellen meist (noch) nicht möglich.

Die große Produktvielfalt erfüllt beinahe jeden Wunsch. Fehlt eine Funktion, so lassen sich die meisten Produkte durch integrierte Formelsprachen oder durch externe Add-Ins erweitern. Diese Sprachen unterscheiden sich je nach Produkt, sind aber für den geübten PC-Anwender in der Regel leicht zu erlernen. Mit ihrer Hilfe kann die Software um exotische Indikatoren erweitert werden, in einigen Produkten lassen sich auch Handelsansätze in der Vergangenheit auf Profitabilität testen. Zu den meisten Programmen gibt es im Internet Foren, in denen sich Nutzer der Software austauschen und programmierte Indikatoren und Handelssysteme tauschen.

Aufgrund der Funktionsvielfalt ist eine gute Dokumentation für den Einstieg dringend erforderlich. Neben den mitgelieferten Handbüchern und der Hilfedatei erhält der Nutzer in der Regel zusätzliche Unterstützung über das Telefon oder per E-Mail. Viele Firmen verfügen daneben noch über ein Support-Forum im Internet.

Einige Anbieter vertreiben ihre Software (Frontend) nur mit integrierter Kursversorgung (Daten-Feed). Das Einbinden eines Daten-Feeds von einem Drittanbieter ist in diesem Fall nicht möglich. Wird die Software ohne Daten vertrieben, muss der Daten-Feed eines Drittanbieters abonniert werden. Diese Lösung bietet eine größere Flexibilität, da beide Produkte entsprechend den eigenen Bedürfnissen gewählt werden können. Da häufig ein zusätzlicher Datenkonverter eingesetzt werden muss, um die Kursdaten für die Anwendung lesbar zu machen, wird die Handhabung allerdings komplizierter und fehleranfälliger.

Die einmaligen Lizenzierungskosten für Produkte ohne integrierten Datenfeed liegen meist zwischen 100 Euro und 1000 Euro. Für die Kursversorgung fallen weitere 20 bis 200 Euro je Monat an. Software, die bereits einen Daten-Feed integriert hat, kostet monatlich bis zu 200 Euro. Viele Anbieter gewähren beim Abschluss eines Jahresvertrages eine Ermäßigung. Testversionen sind auch hier üblich.

III.2.3 Problembereich Datenversorgung

Im Bereich des Devisenhandels nutzen viele Trader die Technische Analyse, um Ein- und Ausstiegspunkte zu bestimmen. Neben den aktuellen Quotierungen werden für die Technische Analyse auch historische Daten benötigt. Im Devisenmarkt ist die Datenversorgung allerdings ein kritischer Punkt, da rund um die Uhr gehandelt wird und es keinen zentralen Marktplatz wie beispielsweise bei Aktien gibt. Unter anderem aus diesem Grund sind auch – sowohl bei Brokern als auch bei Drittanbietern – keine Volumenangaben verfügbar. Ist man für seine Analyse auf Volumenangaben angewiesen, empfiehlt es sich, stattdessen auf die Handelshäufigkeit zurückzugreifen. Diese wird als Alternative zum Volumen von einigen Anbietern übermittelt und gibt an, wie viele Ticks (Kursfeststellungen) je dargestellter Zeiteinheit entstanden sind.

III.2.3.1 Kursdaten des Brokers

In der Handelsplattform ist meist eine Kursdatenversorgung integriert. Die übermittelten Notierungen sind bei der Mehrheit der Broker verbindlich, das heißt zu diesen Kursen ist der Broker bereit zu handeln. Da Währungen nicht an einem Marktplatz, sondern direkt zwischen den Teilnehmern ohne Zwischeninstanz gehandelt werden, können die Kurse durchaus von den übermittelten Kursen anderer Anbieter um einige Pips abweichen. Häufig ist das Order-Modul der Handelsplattform mit den Kursdaten verknüpft, sodass direkt aus den Quotierungen heraus gehandelt werden kann, ohne erst ein elektronisches Order-Ticket auszufüllen.

Die meisten Handelsplattformen haben inzwischen historische Charts integriert. Die zugrunde liegenden Daten entsprechen in der Regel den historischen Quotierungen, die der Broker zum Handel gestellt hat. Im Gegensatz zu den Kursdaten einer Börse setzen sich die Charts nicht aus Handelsumsätzen, sondern aus den historischen Bid- und Ask-Notierungen zusammen.

In der Regel bietet der Broker nur Daten zu den Devisen an, die auch über ihn gehandelt werden können. Um zusätzlich beispielsweise Edelmetalle oder Aktien-Indizes zu beobachten, ist man auf einen Drittanbieter angewiesen.

III.2.3.2 Kursdaten Drittanbieter

Der Daten-Feed eines Drittanbieters – sei er in einer Software integriert oder separat abonniert – unterscheidet sich grundlegend von dem Daten-Feed eines Brokers. Dafür muss man sich erneut das Konzept des Interbanken-Handels vor Augen führen: Es gibt keinen zentralen Marktplatz, sondern der Handel findet zur gleichen Zeit an unterschiedlichen Orten zu möglicherweise unterschiedlichen Preisen statt. Während der Broker seinen Kunden seine eigenen Daten anbietet – zu denen meist tatsächlich gehandelt werden kann –, sammelt der Drittanbieter die Daten von mehreren Brokern und großen Banken und führt diese zu einem Datenstrom zusammen. Je mehr Quellen zu dem Datenstrom beitragen, desto hochwertiger ist er.

Neben der Anzahl der Lieferanten kommt es vor allem auf die Qualität der gelieferten Daten an. Quotierungen von Banken und Brokern, die nicht aktiv am FX-Handel teilnehmen und jederzeit Liquidität bereitstellen, indem sie als Market Maker auftreten, weichen häufig von den tatsächlichen Marktverhältnissen ab. Dadurch kann es zu so genannten „Spikes" kommen. Spikes sind starke Bewegungen in eine Richtung, die sich im nächsten Moment wieder relativieren. Sie resultieren meist aus fehlerhaft übermittelten oder veralteten Kursdaten, die stark vom aktuellen Marktpreis abweichen. Meistens wird der Spike nur durch einen einzelnen, fehlerhaften Tick verursacht, der als langer Schatten im Candlestick-Chart sichtbar ist und den Chart dadurch oftmals stark verzerrt. Einige Anbieter versuchen, diese direkt beim Ausliefern der Daten herauszufiltern, andere editieren sie zumindest im Nachhinein heraus.

Bei der Wahl eines Anbieters sollte darauf geachtet werden, dass häufig nur Kursdaten für die Majors angeboten werden. Exotische Crossrates oder Quotierungen für Forwards werden größtenteils nicht übermittelt. Beinahe alle Anbieter bieten neben Devisenquotierungen auch Kurse von Aktien- und Futures-Märkten an. Die Länge der Historie beträgt für Daten im Tagesbereich meistens mehrere Jahre, im Intraday-Bereich reichen die Daten meist zumindest drei Monate in die Vergangenheit zurück.

Vor allem, wenn in kurzen Zeitfenstern gehandelt wird, kommt der Geschwindigkeit der Datenübertragung eine besonders große Bedeutung zu.

Werden Daten über das Internet übertragen, kommt es bereits strukturbedingt zu Verzögerungen gegenüber dem Entstehungszeitpunkt des Kurses. Verfügt der Anbieter nicht über ausreichend Kapazitäten und eine schnelle Anbindung, entsteht eine zusätzliche Verzögerung. Gute Kursdaten erreichen den Endanwender in weniger als zwei Sekunden. Verzögerungen von über fünf Sekunden sind für aktive Trader nicht tolerabel.

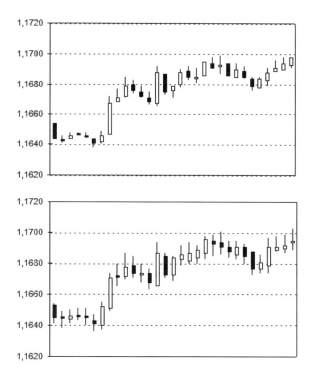

Abbildung III.1: Daten-Feeds von zwei unterschiedlichen Anbietern im Vergleich

Die in Abbildung III.1 dargestellten Charts stammen von zwei unterschiedlichen Anbietern. Die geringen, kurzfristigen Abweichungen resultieren aus den unterschiedlichen Datenquellen, aus denen sich die Datenströme der Anbieter zusammensetzen.

91

III.2.3.3 Offizielle Kurse

Aufgrund der dezentralen Struktur gibt es im Interbanken-Markt bekanntlich keinen verbindlichen, „offiziellen" Kurs. Bis zur Einführung des Euros im Jahr 1999 wurde an der Frankfurter Devisenbörse täglich eine amtliche Kursfeststellung unter Beteiligung der Deutschen Bundesbank durchgeführt. Die ermittelten Wechselkurse stellten die Grundlage für die Abrechnung der Transaktionen des Mengengeschäfts in Devisen bei allen deutschen Banken dar. Das amtliche Fixing wurde durch das Referenzkurssystem der EZB sowie das unter Reuters durchgeführte EuroFX ersetzt.

Seit 1999 veröffentlicht die EZB täglich um 14.15 Uhr Mitteleuropäischer Zeit (MEZ) Referenzpreise gegenüber 17 Währungen. Die publizierten Preise sind allerdings nur Orientierungswerte, auf deren Basis keine Geschäfte abgerechnet werden können. Sie werden häufig verwendet, wenn ein „amtlicher" Devisenkurs erforderlich ist.

Das EuroFX-System ist als Nachfolger des amtlichen Kursfixings anzusehen. Auch hierbei werden die Wechselkurse der wichtigsten internationalen Wechselkurse gegenüber dem Euro ermittelt. Das Preisfixing erfolgt täglich um 13.00 Uhr Mitteleuropäischer Zeit (MEZ) durch 15 Banken. Die teilnehmenden Banken haben sich weiterhin verpflichtet, von Kunden als Fixing-Orders aufgegebene Transaktionen auf Grundlage des ermittelten Wechselkurses abzurechnen. Im Gegensatz zum Referenzkurs der EZB hat der EuroFX-Kurs nicht nur Informationscharakter. Da die Banken verpflichtet sind, vorliegende Aufträge zu dem ermittelten Preis auszuführen, sind Qualität und Marktnähe der Preise höher zu bewerten.

Die mit Hilfe der beiden Systeme ermittelten Wechselkurse sind für den privaten Trader nutzlos, da sie nur einmal am Tag festgestellt werden. Sie werden daher vorwiegend als Referenz in Veröffentlichungen genutzt.

III.2.4 Fazit

Auf den ersten Blick verursacht der Einsatz einer weiteren Software neben der Handelsplattform nur zusätzliche Kosten. Vielfach genügt die Plattform des Brokers den ersten Ansprüchen.

Ein Mehr an Anwendungen bedeutet auch gleichzeitig geringeren Bedienkomfort. Statt einem müssen nun zwei Programme beherrscht werden, und der Trader muss ständig zwischen diesen hin- und herwechseln. Solche Lösungen bergen immer die Gefahr, dass sich Leichtsinnsfehler bei der Softwarebedienung ergeben. Weiterhin kostet der Einsatz eines zweiten Programms Systemressourcen und reduziert die Handlungsgeschwindigkeit durch den Wechsel zwischen den Anwendungen.

Die Vorteile erkennt man, wie bei vielen Dingen, erst dann, wenn man mit der Thematik vertraut ist. Stehen lediglich die Daten des Brokers zur Verfügung, sind sowohl die Analyse als auch der daraus möglicherweise resultierende Auftrag vom Broker abhängig. Dieses Argument ist umso gewichtiger, je intensiver auf die Daten des Brokers für die Analyse zurückgegriffen wird, je häufiger gehandelt wird und je kleiner das persönliche Zeitfenster ist. Für Technische Analysten, die kurzfristig und häufig handeln, ist ein externer Daten-Feed daher empfehlenswert. Fundamentalanalysten, die nur einige Male im Jahr handeln, können aus einem zweiten Daten-Feed kaum Mehrwert ziehen. Kosten und Aufwand stehen in diesem Fall in keinem Verhältnis zum Mehrwert.

Die Quotierungen des Brokers zeigen an, zu welchen Kursen er bereit ist zu handeln. Im Chart sind also lediglich die historischen Angebote zu sehen, keine tatsächlich abgeschlossenen Geschäfte. Die Daten eines Drittanbieters enthalten ebenfalls meist nur historische Bid- und Ask-Quotierungen der angeschlossenen Banken. Auch wenn es in der Praxis wohl kaum vorkommt, ist es möglich, dass der Broker seine Quotierungen vom realen Marktpreis (dem Preis im Interbanken-Markt) entfernt und, sobald man eine Position eingegangen ist, die Quotierungen wieder dem Marktpreis angleicht. Man wird zwar mit einem weiteren Datenstrom dieses Verhalten nicht verhindern können, doch hat man zumindest die Möglichkeit, die Quotierungen des Brokers mit dem Marktpreis zu vergleichen und bei Diskrepanzen den Handel zu unterlassen beziehungsweise möglicherweise sogar einen Vorteil aus der Situation zu ziehen.

Neben den erweiterten Funktionen stellt die Software eines Drittanbieters in Verbindung mit einem zusätzlichen Daten-Feed auch ein Mehr an Sicherheit für den Trader dar. Fällt die Verbindung der Handelsplattform zum Broker aus, kann man weder auf die Daten noch auf die Orderplattform zugreifen. Hält man zu diesem Zeitpunkt eine offene Position, ist es empfehlenswert, diese telefonisch glattzustellen, da man nicht weiß, was gerade am Markt geschieht. Verfügt man dagegen über einen redundanten Daten-Feed, kann die Position wie gewohnt beobachtet werden. Ein Anruf beim Broker ist nur dann nötig, wenn die Position tatsächlich gegen einen läuft.

III.3 Arbeitsplatz

Neben der Wahl eines guten Brokers und der Versorgung mit hochwertigen Kursdaten sollte der angehende Trader auch auf die Ausstattung seines Arbeitsplatzes großen Wert legen. Auf einigen Nachrichtensendern werden gelegentlich Kommentare von Tradern aus den Handelssälen großer Banken ausgestrahlt. Im Hintergrund ist für den Zuschauer ersichtlich, welches Equipment institutionelle Händler einsetzen. Jeder Arbeitsplatz ist mit bis zu sechs Monitoren ausgestattet. Zum Einsatz kommen in der Regel die Analyse-Anwendungen von Reuters, Bloomberg oder CQG. Monatlich kosten diese – je nach abonniertem Funktionsumfang – teilweise weit über 1000 Euro. Als Plattformen werden meist EBS oder Reuters eingesetzt, wobei auch integrierte Lösungen in die genannten Analyse-Anwendungen verfügbar sind. Neben dem Computer nutzen die meisten Devisen-Trader mehrere Telefone als weitere Informationsquelle und zum Handeln. Über den Raum verteilt befinden sich häufig mehrere Fernseher, auf denen aktuelle Nachrichten übertragen werden.

Natürlich kann man als privater Trader nicht mit der gleichen Ausstattung aufwarten. Man sollte sich aber bewusst sein, mit welchen Tradern man am FX-Markt konkurriert. Die Ausstattung des eigenen Arbeitsplatzes sollte sich am Trading-Stil orientieren. Handelt man lediglich sehr langfristige Positionen, wird man mit einem Standard-PC auskommen. Möchte man dagegen von kleinsten Kursbewegungen profitieren, wird man um einen gut ausgestatteten Arbeitsplatz nicht umhinkommen.

III.3.1 Computer

Im Bereich des Tradings werden an den Computer hohe Ansprüche gestellt. Umfangreiche und teilweise rechenintensive Software muss ohne Wartezeiten ablaufen. Aufgrund der rasanten Entwicklung in den vergangenen Jahren erfüllen inzwischen auch Rechner aus dem Supermarkt diese Anforderung. Als Betriebssystem empfiehlt sich Microsoft Windows der neuesten Generation. Alternativen, wie etwa unterschiedliche Linux-Distributionen, bieten meist mehr Stabilität und Zuverlässigkeit. Allerdings ist für sie kaum Trading-Software verfügbar, und die Handhabung ist deutlich umständlicher.

Da der Lebenszyklus von Hardware nur wenige Jahre beträgt, macht eine Empfehlung über die Zusammensetzung eines optimalen Systems keinen Sinn. Zur Orientierung richtet man sich am besten nach den Mindestanforderungen der eingesetzten Software. Die angegebenen Werte sollten – um einen Ablauf der Anwendungen ohne Wartezeiten zu garantieren – deutlich übertroffen werden.

Der Monitor stellt das Fenster zum FX-Markt da. Je mehr Monitore eingesetzt werden, desto größer ist die Anzahl an Informationen, die zeitgleich einsehbar sind. Ein aktiver Trader sollte die zusätzlichen Kosten für ein System mit zumindest einem weiteren Monitor nicht scheuen. Bei einem einzelnen Monitor ist ein ständiges Wechseln zwischen den unterschiedlichen Fenstern erforderlich. Der Einsatz mehrerer Monitore hat den Vorteil, dass die Fenster parallel angeordnet werden können. Die wichtigsten Informationen sind so stets im Blick.

Viele Einsteiger schreckt die Realisierung eines so genannten Multi-Monitor-Systems ab. Die Funktionen sind inzwischen in den neueren Betriebssystemen von Microsoft integriert. Je nach Anzahl, Anordnung und gewählter Auflösung der angeschlossenen Monitore wird der Desktop erweitert.

Auch die technische Umsetzung gelingt relativ problemlos. Ein handelsüblicher PC reicht aus. Für den Betrieb eines Multi-Monitor-Systems wird lediglich eine Grafikkarte benötigt, die über mehrere Ausgänge verfügt. Über diese werden jeweils separat die einzelnen Monitore angesprochen. Gängige Karten verfügen über Anschlüsse für zwei oder vier Monitore. Alternativ können auch mehrere Grafikkarten eingebaut werden, die über jeweils einen Ausgang verfügen.

Eine unterbrechungsfreie Stromversorgung (USV) ist für den professionellen Händler empfehlenswert. Deren Akku überbrückt je nach Leistung Stromausfälle bis zu 30 Minuten und schützt das System vor Spannungsschwankungen.

III.3.2 Kommunikation

Die Anbindung an den Broker erfolgt über das Internet. Breitbandanschlüsse, wie DSL oder Kabel, sind in den bevölkerungsreichen Regionen Westeuropas fast flächendeckend erhältlich. Einwahlverbindungen über ISDN oder über analoge Leitungen sind dagegen für das Trading nicht zu empfehlen. Diese verfügen nur über geringe Bandbreiten und sind im regelmäßigen Betrieb aufgrund der meist zeitlichen Abrechnung deutlich teurer als die Pauschaltarife für Breitbandanschlüsse. Als Backup-Lösung, falls der Breitbandanschluss ausfallen sollte, sind sie eine sinnvolle Ergänzung und empfehlenswert. In Regionen, die weder mit Kabel- noch mit DSL-Anschlüssen versorgt sind, werden häufig Breitbandverbindungen via Satellit angeboten. Aufgrund der hohen Latenzzeiten ist diese Verbindung für das Trading ungeeignet.

Sollte die Internetverbindung ausfallen, besteht immer noch die Möglichkeit, Positionen über das Telefon glattzustellen. Die Telefonnummer des Brokers sollte stets in den Telefonen für das Festnetz und für den Mobilfunk gespeichert sein.

III.4 Order-Arten

Viele Einsteiger finden es am Anfang verwirrend, warum es für ein und dieselbe Handlung, nämlich das Kaufen beziehungsweise Verkaufen einer Devise, verschiedene Vorgehensweisen gibt. Neben den einfachen Kauf- und Verkaufsaufträgen (Market-Orders) bieten alle Broker eine Reihe an weiteren Order-Arten und Kombinationsmöglichkeiten, um Aufträge miteinander zu verknüpfen. Diese vereinfachen das Handeln und ermöglichen die Realisierung von komplexen Orderstrategien. Sie bieten dem Trader beispielsweise bessere Ausführungskurse oder erlauben es ihm, den Arbeitsplatz selbst bei offenen Positionen unbesorgt zu verlassen.

Nicht jeder Broker bietet alle der hier aufgeführten Möglichkeiten an. Teilweise tragen identische Funktionen unterschiedliche Namen.

Um den Umgang mit der Handelsplattform zu erlernen und die Funktionsweise der verschiedenen Order-Typen zu verstehen, sollte man die Möglichkeit eines Demo-Zugangs nutzen, den die meisten Broker für ihre Handelsplattform anbieten.

III.4.1 Market-Order

Eine Market-Order wird ohne Verzögerung zu dem vom Broker gestellten Preis ausgeführt. Kaufaufträge – unabhängig von der verwendeten Order-Art – werden beim Handel mit einem FX-Broker immer zum Ask-Kurs, Verkaufsaufträge immer zum Bid-Kurs ausgeführt.

Der Vorteil eines Market-Auftrags ist die sofortige und garantierte Ausführung. Um ohne Verzögerung in den Markt einzusteigen, sollte diese Order-Art genutzt werden.

Bei Market-Orders kann es in volatilen Phasen zu Requotierungen kommen. Weitere Informationen dazu finden sich in Kapitel III.1.6.

III.4.2 Limit-Order

Aufträge mit dem Zusatz Limit werden erst dann ausgeführt, wenn die gestellten Quotierungen den Limit-Preis der Order erreicht haben. Limitierte Kaufaufträge (Limit-Buy) liegen stets unterhalb des aktuellen Marktpreises und werden ausgeführt, wenn der Preis unter die Limit-Marke fällt. Limitierte Verkaufsaufträge (Limit-Sell) werden oberhalb des Marktpreises platziert. Die Ausführung der Verkaufsorder erfolgt, sobald der Preis das Limit überschreitet.

Das Erreichen des vorgegebenen Limits und die Ausführung werden automatisch überwacht. Bei einigen Brokern muss das vordefinierte Limit über-/unterschritten werden, bei anderen reicht das Erreichen der vorgegebenen Marke. Der Limit-Preis muss bei der Orderaufgabe je nach Handelsplattform meist eine Mindestanzahl an Pips von der aktuellen Quotierung entfernt sein.

Limitierte Aufträge werden niemals zu einem ungünstigeren Kurs als dem angegebenen Limit ausgeführt. In einigen Fällen wird man sogar eine bessere Ausführung erhalten.

Limit-Orders können auf zwei Arten eingesetzt werden:

• zum Glattstellen einer offenen Position zu einem vorteilhafteren Preis als dem momentan gestellten Preis.

• um eine Position zu einem vorteilhafteren Preis als dem momentan gestellten Preis zu eröffnen.

Limit-Buy

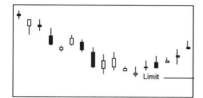

- Platzierung des Limit-Preises unter der aktuellen Quotierung

- Ausführung des Kaufauftrags, sobald der Preis unterhalb des Limits notiert

Limit-Sell

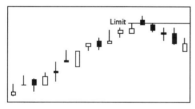

- Platzierung des Limit-Preises über dem aktuellen Marktpreis

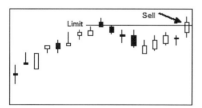

- Ausführung des Verkaufsauftrags, sobald der Preis oberhalb des Limits notiert

III.4.3 Stop-Order

Stop-Aufträge werden zum Marktpreis ausgeführt, sobald der Preis eine vor-
gegebene Kursmarke durchstößt. Bei Stop-Buy-Aufträgen liegt die Stop-
Marke über den aktuellen Quotierungen. Überschreitet der Kurs den Stop,
wird der Kaufauftrag ausgeführt. Stop-Sells verhalten sich umgekehrt: Eine
Ausführung erfolgt, sobald der Preis unter den vorgegebenen Stop fällt. Der
Stop muss daher bei der Platzierung unterhalb des Marktpreises liegen.

Genauso wie limitierte Orders werden auch die Stop-Aufträge automa-
tisch ausgeführt. Je nach Broker erfolgt die Ausführung, sobald der Preis die
Stop-Marke erreicht oder über-/unterschreitet. Bei der Platzierung muss der
Stop meist einige Pips vom Bid-/Ask-Kurs entfernt sein.

Einige Broker bieten für Stop-Orders eine Preisgarantie. Auch wenn der
Preis nach Bekanntgabe wichtiger Zahlen deutlich hinter dem Stop notiert
und man normalerweise beträchtliche Slippage bei der Ausführung erfahren
würde, garantieren einige Broker den vorgegebenen Stop als Ausführungskurs. Diese Garantie gilt in der Regel aber nicht für Positionen, die über das
Wochenende gehalten werden.

Für folgende Szenarien sind Stop-Orders denkbar:

• um eine Position glattzustellen, wenn diese in die Verlustzone fällt oder Gewinne abgibt (oftmals auch „Stop-Loss" genannt).

• um eine Position mit dem Trend einzugehen

Stop-Buy

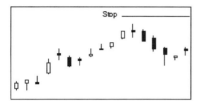

- Platzierung des Stops oberhalb der aktuellen Quotierung

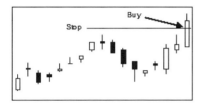

- Ausführung des Kaufauftrags, sobald der Preis über dem Stop notiert

Stop-Sell

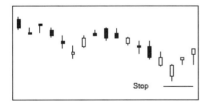

- Platzierung des Limit-Preises über dem aktuellen Marktpreis

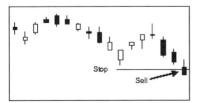

- Ausführung des Verkaufsauftrags, sobald der Preis oberhalb des Limits notiert

Kapitel V.1.2 „Platzierung eines Stops" beschäftigt sich ausführlich mit der Wahl von Stop-Marken, die der Verlustbegrenzung dienen.

III.4.4 Kombination von Aufträgen

III.4.4.1 One Cancels Other

In einem **Once-Cancels-Other**-Auftrag (OCO, „eine Order storniert eine andere Order") werden zwei separate Aufträge (meist eine Stop- und Limit-Order) miteinander verknüpft. Sobald einer der beiden Aufträge ausgeführt wurde, wird die andere Order storniert. Einige Broker bieten auch die Möglichkeit, in einer One-Cancels-All-Order (OCA, „eine Order storniert alle Orders") mehrere Aufträge zu verknüpfen. Wird einer der Aufträge ausgeführt, werden alle anderen gelöscht.

OCO-Orders werden meistens genutzt, um eine bestehende Position zu schließen. Dabei werden ein Stop zur Absicherung der Position und eine Limit-Order zur Gewinnmitnahme in den Markt gelegt. Sobald einer der beiden Aufträge ausgeführt und die Position somit glattgestellt wurde, wird der verbleibende, noch offene Auftrag automatisch storniert.

Einige Plattformen bieten statt OCO-Aufträgen die Möglichkeit, eine Bracket-Order zu erstellen. Diese besteht aus einem Stop zur Verlustbegrenzung und einer Limit-Order zur Gewinnmitnahme. Sobald einer der beiden Aufträge ausgeführt wurde, wird die verbleibende Order gelöscht. Dies entspricht der Arbeitsweise eines One-Cancels-Other-Auftrags. Lediglich die Erstellung eines Bracket-Auftrags geht im Normalfall schneller, da meist bereits Werte vorgegeben sind.

III.4.4.2 If Done

Zu einer **If-Done**-Order („Sobald erledigt ...") gehören stets zwei einzelne Aufträge. Die zweite Order wird erst aktiv, sobald die erste Order ausgeführt wurde.

Mit dieser Funktion ist es möglich, einen Auftrag, mit dem man eine Position eingehen möchte, mit einem Stop zur Verlustbegrenzung zu verknüpfen. Der Stop wird erst dann aktiv, wenn die erste Order ausgeführt wurde und man die Position tatsächlich eingegangen ist.

III.4.5 Gültigkeit

Aufträge müssen immer mit einer Frist versehen werden, bis wann sie gültig sind. Wird der Auftrag nicht in der vorgegebenen Zeitspanne ausgeführt, weil beispielsweise der Limit-Preis nicht erreicht wurde, wird der Auftrag durch den Broker storniert.

Aufträge mit der zeitlichen Einschränkung **Day** sind nur bis zum Ablauf des aktuellen Handelstags gültig. Da der FX-Markt rund um die Uhr aktiv ist, hängt der Zeitpunkt, bis wann solch eine Order in den Auftragsbüchern verbleibt, vom Broker ab. In der Regel wird jedoch die Tagesgrenze um 23.00 Uhr Mitteleuropäischer Zeit angesetzt.

Neben der Einschränkung Day gibt es meist nur noch die Möglichkeit, Orders mit **GTC** (Good Till Cancelled – „Gültig bis Stornierung") zu versehen. Diese Aufträge bleiben so lange gültig, bis sie entweder ausgeführt wurden oder die Order storniert wurde.

Einige Plattformen bieten zusätzlich noch die Option **GTD** an (Good Till Date). Aufträge bleiben bis zu dem angegebenen Datum gültig und werden danach storniert

III.4.6 Hedge

Einige Broker bieten die Möglichkeit, eine bestehende Position zu hedgen. „Hedgen" bedeutet, eine bestehende Position gegen Kursschwankungen abzusichern. Aufträge, die mit dem Zusatz „Hedge" versehen sind, bauen eine Gegenposition zu einer bereits bestehenden Position auf. Entspricht das gehandelte Volumen des Hedge-Geschäfts der Größe der bereits bestehenden

Position, haben Kursbewegungen keine Auswirkung mehr auf das Konto. Man hat zugleich eine Short- und eine Long-Position. Das Kursrisiko für das Konto lässt sich so entweder reduzieren oder sogar ganz eliminieren.

Normalerweise würde eine bestehende Position durch einen gegenteiligen Auftrag glattgestellt – nicht aber, wenn der Auftrag als Hedge gekennzeichnet ist. Dieses Vorgehen ist vorteilhaft bei Unsicherheit über die künftige Entwicklung oder zur kurzfristigen Reduzierung des Risikos, das durch offene Positionen besteht, da die Position nicht glattgestellt wird und weder ein Gewinn noch ein Verlust realisiert wird. Kosten für Rollovers entstehen weiterhin (siehe III.8). Die Margin-Belastung für die erste Position bleibt ebenfalls bestehen, für die Hedge-Position muss meistens keine Margin gestellt werden.

III.4.7 Beispiele

Beispiel 1 (OCO-Auftrag)

Einstieg in die Position

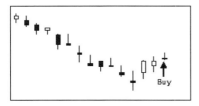

Da Max Mustermann für die nächste Zeit mit steigenden Notierungen rechnet, möchte er eine Long-Position eingehen. Zu diesem Zweck gibt er einen Market-Kaufauftrag auf. Dieser wird durch den Broker umgehend zum aktuellen Ask-Kurs ausgeführt.

- Buy at Market

Management der Position

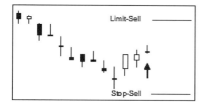

Um mögliche Gewinne zu realisieren, platziert er einen Limit-Sell-Auftrag in dem erwarteten Zielbereich. Zur Absicherung gegen Kursverluste gibt er zusätzlich eine Stop-Sell-Order auf. Er kombiniert beide Aufträge als „One Cancels Other". Sobald nun einer der beiden Aufträge ausgeführt wird, wird die noch offene Order storniert.

• Limit-Sell (OCO-Gruppe)

• Stop-Sell (OCO-Gruppe)

Ausstieg (Szenario 1)

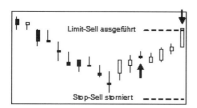

Die Aufwärtsbewegung setzt sich fort, und die Erwartung von Max Mustermann erfüllt sich. Der limitierte Verkaufsauftrag (Limit-Sell) wird ausgeführt, sobald die Kurse oberhalb des Limits notieren.

• Ausführung des Limit-Sell-Auftrags

• Die Stop-Sell-Order wird durch den Broker storniert, da beide Aufträge in einer OCO-Gruppe miteinander verknüpft waren.

Ausstieg (Szenario 2)

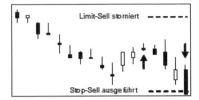

Bewahrheitet sich seine Prognose jedoch nicht, und die Notierungen beginnen nach dem Einstieg wieder zu fallen, wird seine Position glattgestellt, sobald die Quotierungen unterhalb des Stops liegen.

• Ausführung des Stop-Sell-Auftrags

• Stornierung der mittels eines OCO-Auftrags verbundenen Limit-Sell-Order

Beispiel 2 (If-Done-Auftrag)

Einstieg

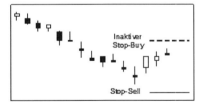

Max Mustermann rechnet mit einem weiteren Nachgeben der Notierungen, sobald das vorangegangene Tief unterschritten wird. Daher platziert er einen Stop-Sell-Auftrag unterhalb des Tiefs, um eine Short-Position einzugehen, sobald dieses unterschritten wird. Nach dem Eröffnen der Position soll diese mit einem Stop-Buy abgesichert werden.

• Stop-Sell

• Stop-Buy (If Done)

Management der Position

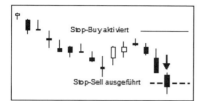

Sobald der Preis die Stop-Marke unterschreitet, wird der Verkaufsauftrag ausgeführt. Im Anschluss daran wird der Stop-Buy-Auftrag, der über die Bedingung „If Done" mit dem Verkaufsauftrag kombiniert war, aktiviert.

• Ausführung des Stop-Sell-Auftrags

• Die Stop-Buy-Order wird durch den Broker aktiviert.

Ausstieg

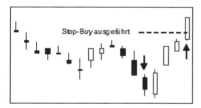

Kurz darauf beginnen die Kurse wieder stark zu steigen und überschreiten schließlich die Stop-Marke. Der Kaufauftrag wird ausgeführt, und Max Mustermann ist wieder „flat", das heißt er hat keine offene Position mehr.

• Ausführung des Stop-Buy-Auftrags

III.5 Exkurs: Handel über das Telefon

Auch im Internetzeitalter wird der Devisenhandel zwischen professionellen Marktteilnehmern immer noch teilweise über das Telefon abgewickelt. Für den privaten Marktteilnehmer, der in der Regel nicht direkt am Interbanken-Handel teilnimmt, sondern über einen Broker handelt, ist der Telefonhandel kaum von Interesse. Der private Trader sollte die bereitgestellte Handels-plattform bevorzugen, da sie gegenüber dem Telefonhandel ein deutliches Mehr an Leistungsfähigkeit, Zuverlässigkeit und Geschwindigkeit bietet.

Auch wenn der Handel über das Telefon im Alltag uninteressant ist, sollte der Trader sich doch zumindest die Grundlagen aneignen. In Ausnahmesituationen, wie beispielsweise dem Absturz des Trading-Rechners in einer volatilen Bewegung, lassen sich offene Positionen schnell über das Telefon schließen.

Im Laufe der Zeit hat sich zwischen professionellen Tradern und Banken auf der ganzen Welt eine Telefon-Etikette ausgebildet, die ein effizientes und unkompliziertes Handeln erlaubt. So können einander unbekannte Menschen unterschiedlicher Kulturen und Sprachen problemlos miteinander ohne unnötige Verzögerungen handeln, solange sich beide an die Handels-Etikette halten.

Der private Handel mit dem Broker über das Telefon unterscheidet sich kaum vom Handel professioneller Trader, die im Interbanken-Markt handeln. Die Handelssprache ist Englisch. Nur wenn sich beide Teilnehmer (in diesem Fall der Broker und der private Trader) an die angegebene Form halten, ist eine schnelle Ausführung ohne unnötiges Nachfragen möglich.

1. Geben Sie Ihren Namen, Ihre Kontonummer und Ihr Passwort an.

2. Sagen Sie, was Sie tun möchten. Nennen Sie das Währungspaar und die Menge, die Sie handeln möchten. Auf keinen Fall darf angegeben werden, ob ge- oder verkauft werden soll, da der Broker sonst möglicherweise einen schlechteren Kurs stellt.

„I would like a price on 1 unit of EUR/USD"

3. Der Broker nennt Ihnen nun einen zweiseitigen Preis – den Bid- und den Ask-Kurs –, zu dem er bereit ist, zu handeln:

„1,1215 – 18"

4. Geben Sie an, was Sie tun möchten:

• „Nothing Done", wenn Sie zu diesem Preis nicht handeln möchten.

• „At 1.1218 I buy 1 unit" oder „I buy"

• „At 1.1215 I sell 1 unit" oder „I sell"

5. Der Broker wird mit „Done" antworten. Der Trade ist ausgeführt.

Wartet man nach der Preisnennung zu lange mit seiner Orderaufgabe, kann es vorkommen, dass der Broker einen neuen Preis nennt. Ändert sich der Preis, kündigt der Broker mit einem „Off" oder „Change" an, dass die genannten Quotierungen nicht mehr gültig sind. Die alte Quotierung ist in diesem Fall für den Broker nicht mehr bindend, und er wird keine Aufträge zu diesem Preis mehr annehmen. Direkt im Anschluss daran wird er einen neuen Preis nennen. Nach dem Abschluss der Order kann es bis zur Einbuchung des Auftrags in die Orderplattform noch einige Minuten dauern, da der Broker die Aufträge erst manuell eingeben muss. Die Telefonate werden vom Broker stets mitgeschnitten, damit sich der Auftrag bei Unstimmigkeiten zurückverfolgen lässt.

Im Gegensatz zum Handel mit einem Broker werden im Interbanken-Handel am Ende des Gesprächs beide Handelspartner noch austauschen, an welche Bank die gehandelten Beträge geliefert werden sollen. Die Angabe der Kontonummer und des Passworts entfällt hier natürlich.

Eine der Grundregeln des professionellen Telefonhandels ist, dass über die gestellten Preise nicht verhandelt wird. Entweder man akzeptiert den Preis, oder man beendet das Gespräch. Sollte sich eine Bank im Interbanken-Markt nicht an diesen Kodex halten, so würden immer weniger andere Händler bei ihr anrufen, bis sie am Schluss vollkommen gemieden wird und ihren Geschäftsbetrieb einstellen muss, da niemand mehr mit ihr handeln möchte. Neben diesem Grundsatz gibt es eine Reihe weiterer Regeln, die im Rahmen eines „Gentleman Agreement" (Model Code) von allen Marktteilnehmern weitestgehend beachtet werden.

Möchte ein Anrufer beispielsweise eine große Summe handeln, so wird die angerufene Bank häufig fragen, ob die genannte Summe der kompletten Position des Anrufers entspricht („Full Amount") oder ob er auch noch bei einer anderen Bank einen Teil seiner Position handeln wird. Im letzteren Fall kann die Bank davon ausgehen, dass sich der Kurs in den kommenden Minuten möglicherweise noch stark bewegen wird. Daher wird sie im Regelfall einen Kurs mit einem weiteren Spread stellen.

III.6 Erfolgsberechnung

In den meisten Handelsplattformen ist bereits eine Gewinn- und Verlustübersicht (Profit & Loss oder P & L) integriert. In dieser werden alle offenen Positionen mit dem aktuellen Marktpreis („Mark To Market") bewertet, und der aktuelle Gewinn oder Verlust wird angezeigt. Mit Hilfe der Übersicht bleibt auch bei mehreren Positionen der Überblick leicht erhalten. Auch in den Abrechnungen ist neben den Eröffnungs- und Schlusskursen meistens das Resultat mit aufgelistet.

Als Trader sollte man dennoch in der Lage sein, das Ergebnis einer Position auch von Hand zu berechnen. Zum einen hat man auf diese Weise eine Kontrollmöglichkeit über die Berichte und Abrechnungen des Brokers, zum anderen kann man verschiedene Szenarien und deren Gewinn oder Verlust im Voraus berechnen. Dies ist essentiell für den Einsatz von Risiko- und Money-Management. (Weitere Informationen zu Risiko- und Money Management finden sich in Kapitel V.1 und V.2).

III.6.1 Wert eines Pips

Um einen Überschlag über den Gewinn/Verlust einer Position zu erhalten oder den zusätzlichen Gewinn/Verlust je Bewegung um einen Pip zu kennen, ist es sinnvoll, den Wert einer Bewegung um einen Pip zu kennen.

Der Wert eines Pips in Abhängigkeit von einem bestimmten Devisenpaar und dem gehandelten Volumen lässt sich folgendermaßen berechnen:

$$\text{Wert eines Pips} = \frac{\text{Pips x Volumen}}{\text{Wechselkurs}}$$

Die Variable Pip muss in der Formatierung angegeben werden, die auch in der Kursnotierung genutzt wird. Im EUR/USD lautet diese 0,0001, im USD/JPY 0,01. Um den Wert einer Kursbewegung zu berechnen, muss statt einem Pip die Differenz zwischen dem Einstiegs- und dem Ausstiegspunkt (in der richtigen Formatierung) in die Formel eingesetzt werden. Für eine Bewegung über 35 Pips im EUR/USD wäre dies also 0,0035. Diese Berechnung ist für Differenzen aber lediglich eine Annäherung, eine exakte Berechnung liefert die im Kapitel III.6.2 dargelegte Kontenform. Mit sich änderndem Wechselkurs ändert sich der Nenner des Bruchs. Bei einem Wechselkurs des EUR/USD von 0,8 ist ein Pip bei einer Positionsgröße von 100 000 Euro daher 12,50 Euro wert. Notiert der EUR/USD bei 1,2, ist ein Pip nur noch 8,33 Euro wert.

III.6.2 Gewinn/Verlust einer Position

Zur genauen Berechnung des Resultats empfiehlt sich die Kontenform. Hierzu eröffnet man für jede Währung ein virtuelles Konto, auf dem die Zahlungsein- und -ausgänge der Devise verrechnet werden. Nachdem die Position geschlossen wurde, muss das erste Konto stets ausgeglichen sein. Auf diesem werden die Beträge der erstgenannten Währung – der Basiswährung – verrechnet. Auf dem zweiten Konto verbleibt nach Ausgleich des ersten Kontos ein Soll oder ein Haben. Dieser Betrag ist der erwirtschaftete Verlust oder Gewinn.

Entspricht die an zweiter Stelle genannte Währung nicht der Basis-Währung des Kontos, wird der Saldo automatisch durch den Broker zum Marktpreis konvertiert und dem Konto gutgeschrieben oder belastet.

III.6.3 Beispiele

Beispiel 1 (Pip-Wert)

Im EUR/JPY entspricht eine Bewegung um einen Pip bei einer Notierung von 132,47 und einem Engagement über 100 000 Euro folgendem Wert:

$$\frac{0,01 \times 100\,000\ €}{132,47} = 7,55 \text{ Euro}$$

Beispiel 2 (Pip-Wert)

Bei einem Stand von 1,1279 im EUR/USD entspricht eine Änderung um einen Pip bei einer Positionsgröße von zwei Lots folgendem Betrag:

$$\frac{0,0001 \times 200\,000\ €}{1,1279} = 17,73 \text{ Euro}$$

Ist man an dem Gegenwert in US-Dollar interessiert, da das Konto in Dollar geführt wird, so lässt sich dieser mit dem bekannten Umrechnungskurs problemlos ausrechnen:

17,73 Euro x 1,1279 = 20,00 US-Dollar oder 10,00 US-Dollar je gehandeltem Lot

Entspricht die an zweiter Stelle genannte Währung (USD) des Devisenpaars (EUR/USD) der Basiswährung des Kontos (USD), so gewinnt beziehungsweise verliert man mit jeder Änderung des Wechselkurses um einen Pip zehn Geldeinheiten (in diesem Fall also zehn US-Dollar) je gehandeltem Lot (eine Geldeinheit je Mini-Lot).

Beispiel 3 (Pip-Wert)

Ist man an einer lediglich groben, aber schnellen Abschätzung des Gewinns oder Verlusts einer Position interessiert, so lässt sich dieser mit der oben angegebenen Formel ebenfalls problemlos berechnen. Statt einem Pip wird nun die Differenz in der richtigen Formatierung in den Zähler eingesetzt. Eine Bewegung im EUR/USD von 1,1312 auf 1,1337 bei einer Positionsgröße von 100 000 entspricht folgendem Wert:

$$\frac{0,0015 \times 100\,000\ €}{1,1337} = 132,31\ \text{Euro}$$

Diese Annäherung sollte zur Abschätzung des Resultats einer Position ausreichen. Zur Ermittlung des exakten Werts sollte stets auf die Kontenform zur Ermittlung des Gewinn oder Verlusts zurückgegriffen werden.

Beispiel 4 (Gewinn/Verlust einer Position)

Max Mustermann geht aufgrund einer positiven Markterwartung eine Long-Position über zwei Lots im EUR/USD ein.

• Buy 2 Lots @ 1,1278

Vollzieht er diesen Auftrag auf zwei getrennten Konten nach, so würde er 200 000 Euro erhalten und müsste dafür 200 000 Euro x 1,1278 = 225 560 US-Dollar zahlen. Auf dem ersten Konto werden alle Euro-Beträge verbucht, auf dem zweiten alle Zahlungen in US-Dollar.

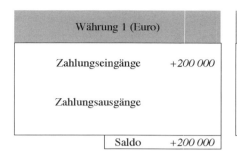

Da sich die Position laut Max Mustermanns Prognose bewegt, erhöht dieser bei einer Notierung von 1,1291 zu 95 seine Position um ein weiteres Lot.

• Buy 1 Lot @ 1,1295

Währung 1 (Euro)		Währung 2 (US-Dollar)	
Zahlungseingänge	+200 000 +100 000	Zahlungseingänge	
Zahlungsausgänge		Zahlungsausgänge	-225 560 -112 950
Saldo	+300 000	Saldo	-338 510

Bei einer Notierung von 1,1308 zu 1,1312 schließt er zwei Drittel der offenen Position.

• Sell 2 Lot @ 1,1308

Für den Verkauf von 200 000 Euro erhält er 200 000 Euro x 1,1308 = 226 160 US-Dollar.

Währung 1 (Euro)		Währung 2 (US-Dollar)	
Zahlungseingänge	+200 000	Zahlungseingänge	+226 160
	+100 000		
Zahlungsausgänge	-200 000	Zahlungsausgänge	-225 560
			-112 950
Saldo	+100 000	Saldo	-112 350

Solange das erste Konto nicht ausgeglichen ist, besteht noch eine offene Position. In diesem Fall verkauft Max Mustermann die verbleibenden 100 000 Euro (ein Lot) zum Preis von 1,1324 und erhält dafür 100 000 Euro x 1,1324 = 113 240 US-Dollar.

- Sell 1 Lot @ 1,1324

Währung 1 (Euro)		Währung 2 (US-Dollar)	
Zahlungseingänge	+200 000	Zahlungseingänge	+226 160
	+100 000		+113 240
Zahlungsausgänge	-200 000	Zahlungsausgänge	-225 560
	-100 000		-112 950
Saldo	0	Saldo	+890

Auf dem zweiten Konto verbleibt ein Saldo von 890 US-Dollar. Da der Betrag positiv ist, entspricht er einem Gewinn. Ist der Betrag negativ, muss er als Verlust verbucht werden.

Beispiel 5

Das erste Konto muss am Ende der Betrachtung stets leer sein. Der Gewinn kann daher auch berechnet werden, indem nur das Konto der an zweiter Stelle genannten Währung betrachtet wird.

Dadurch ergibt sich für das zuvor erläuterte Beispiel folgende Berechnung:

Saldo = - (200 000 € × 1,1278) - (100 000 € × 1,1295) + (200 000 € × 1,1308) + (100 000 € × 1,1324)
 = - 225 560 $ - 112 950 $ + 226 160 $ + 113 240 $
 = +890 $

III.7 Margin

III.7.1 Grundlegendes zur Margin

Beim privaten Devisenhandel wurden lange Zeit Geschäfte nur mit einem Volumen von zumindest 100 000 US-Dollar (ein Lot) durchgeführt. Seit einigen Jahren gibt es Broker, die auch den Handel mit 10 000 US-Dollar (0,1 Lot oder ein Mini-Lot) oder sogar mit frei definierbaren Beträgen anbieten. Im Interbanken-Handel werden in der Regel nur Abschlüsse mit einem Volumen von zumindest 1 000 000 US-Dollar durchgeführt.

Um als privater Trader am FX-Handel teilzunehmen, muss man nicht den gesamten Betrag des gehandelten Volumens besitzen und auf dem Konto aufweisen. Es reicht aus, einen Bruchteil der Summe beim Broker als Sicherheitsleistung zu hinterlegen. Dieser meistens als Margin bezeichnete Betrag ist deutlich geringer als die gehandelte Summe. Dadurch ergibt sich eine Hebelwirkung auf das vorhandene Kapital. Diese wird oft auch Leverage genannt und ist mit einem kurzfristigen Kredit in Höhe des Handelsvolumens zu vergleichen.

Die tatsächliche Bedeutung des Wortes Margin = Gewinn ist in diesem Fall nicht zutreffend. Beim Trading entspricht die Margin der Sicherheitsleistung, der Gewinn wird üblicherweise mit Profit übersetzt.

Das Prinzip der Sicherheitsleistung ist aus dem Handel mit Futures und Optionen bekannt. Allerdings ist die geforderte Sicherheitsleistung beim Handel mit Devisen in der Regel deutlich geringer. Die Höhe der Margin liegt beim FX-Handel im Ermessen des Brokers und beträgt meistens zwischen 1000 und 4000 Dollar je Standard-Lot (100 Dollar – 400 Dollar je Mini-Lot).

Bei einer geforderten Sicherheitsleistung von 1000 Dollar beträgt die Margin nur ein Prozent des gehandelten Volumens. Dies entspricht einer Erhöhung der Kaufkraft um den Faktor 100. Dieser Wert wird im Fachjargon auch als Hebel bezeichnet.

$$\text{Hebel} = \frac{\text{Gehandeltes Volumen}}{\text{Sicherheitsleistung}}$$

Der Hebel gibt an, wie stark eine Bewegung von einem Prozent die hinterlegte Sicherheitsleistung bewegt. Bei einem Hebel von 100 bewirkt beispielsweise eine Kursbewegung von einem Prozent eine Veränderung der Margin um 100 Prozent, das heißt um die Höhe der Sicherheitsleistung.

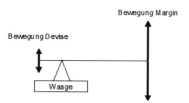

Abbildung III.2: Hebelwirkung

Finanzinstrumente, die an einer regulierten Börse gehandelt werden, weisen üblicherweise einen geringeren (zum Beispiel Futures) oder gar keinen Hebel (zum Beispiel Fonds) auf, da die geforderte prozentuale Sicherheitshinterlegung deutlich höher ist. Für Währungs-Futures an der Chicago Mercantile Exchange (CME) beträgt die zu hinterlegende Sicherheitsleistung je nach Kontrakt und Broker zwischen einem und fünf Prozent bei den Futures auf Aktien-Indizes liegt die aufzubringende Sicherheitsleistung meist zwischen fünf und 20 Prozent des Kontraktwertes. Im Gegensatz zum Handel mit Futures gibt es im FX-Handel keine Unterscheidung zwischen Initial- (Einstiegs-), Maintenance- (Halte-) und Overnight-Übernacht-Margin. Die Sicherheitsleistung beim FX-Handel ist bei den meisten Brokern für alle Instrumente zu allen Zeiten immer gleich hoch. Lediglich bei Positionen, die über das Wochenende gehalten werden, oder für Positionen in exotischen Crossrates verlangen einige Broker eine höhere Sicherheitsleistung.

Gerade für Anfänger stellt der hohe Hebel, der aus der geringen Sicherheitsleistung resultiert, eine Gefahr dar. Nicht nur die Gewinne wachsen schneller, sondern auch die Verluste. Letzteres wird häufig verdrängt. Auch die Broker werben gewöhnlich nur mit den hohen Gewinnmöglichkeiten, die wenigsten weisen auf die deutlich höheren Risiken hin. Durch die Kapitalallokation kann man den Hebel auf sein Kapital allerdings beeinflussen. Die vom Broker verlangte Margin definiert nur den maximalen Hebel, den man nutzen kann. Hinterlegt man mehr Geld, als für die Sicherheitsleistung benötigt wird, kann man den Hebel auf das eigene Kapital deutlich senken und der persönlichen Risikobereitschaft anpassen. Kapitel V.1 „Risiko-Management" und Kapitel V.2 „Money-Management" beschäftigen sich eingehend mit der Thematik, wie viel Kapital man pro Position riskieren sollte und wie groß demnach die Positionsgröße sein sollte.

III.7.2 Praktischer Einsatz

Bei der Bewertung des Kontos muss zwischen Balance und Equity unterschieden werden. Balance gibt den Kontostand wieder, der bei Nichtberücksichtigung aller offenen Positionen herrschen würde. Equity dagegen berücksichtigt auch die Gewinne und Verluste aus offenen Positionen. Diese werden mit den aktuellen Marktpreisen bewertet. Im Fachjargon wird dies mit „Mark to Market" bezeichnet.

Zur Bewertung des Kontos für Margin-Berechnungen dient die Equity, da nur diese eine Einschätzung des tatsächlichen vorhandenen Kapitals ermöglicht. Die Balance vermittelt einen falschen Eindruck, wenn offene Positionen stark im Gewinn oder Verlust notieren.

Beim Eingehen einer neuen Position überprüft der Broker, ob genügend „freies" Kapital vorhanden ist, um die geforderte Sicherheitsleistung zu erfüllen. Ist die Equity abzüglich der Sicherheitsleistungen für bereits offene Positionen größer als die geforderte Sicherheitsleistung für die neue Position, führt der Broker die Order aus. Ansonsten weist er die Order mit einem entsprechenden Hinweis zurück. Nun kann der Trader entweder erneut Geld auf das Konto einzahlen oder eine Position glattstellen, damit die durch diese Position gebundene Sicherheitsleistung wieder verfügbar ist.

Auf dem Konto muss jederzeit genügend Kapital vorhanden sein, um die Margin-Anforderungen aller offenen Positionen zu erfüllen. Während eine Position offen ist, verändert sich die Equity des Kontos mit jeder Kursbewegung. Fällt die Equity durch eine negative Kursentwicklung unter die für alle Positionen benötigte Margin, wird der Broker einen Margin-Call veranlassen oder ohne Rückfrage so viele Positionen schließen, bis wieder genügend Kapital zur Margin-Deckung für die verbleibenden Positionen zur Verfügung steht. Beim seltenen Fall eines Margin-Calls – den kaum noch ein Broker durchführt – wird man aufgefordert, entweder Geld nachzuschießen oder Positionen zu schließen.

In einigen Handelsplattformen wird die Margin-Auslastung angegeben. Diese Zahl sagt aus, wie viel Prozent des Kapitals für Sicherheitsleistungen reserviert sind. Je höher diese Zahl ist, desto höher ist das Risiko für das Konto. Werte von über 30 Prozent bei einem diversifizierten Portfolio sind meist ein Hinweis darauf, dass ein zu hohes Risiko gefahren wird. Werden nur wenige Werte gleichzeitig gehandelt, sollte diese Kennzahl deutlich geringer sein.

III.7.3 Beispiele

Beispiel 1

Der Trader Max Mustermann verfügt auf seinem Konto über 10 000 Euro. Sein Broker verlangt eine Sicherheitsleistung in Höhe von einem Prozent der gehandelten Summe. Max Mustermann rechnet damit, dass der Euro gegenüber dem US-Dollar in den kommenden Tagen Stärke beweisen wird. Die aktuelle Notierung lautet 1,1067 zu 71, das heißt der Bid-Kurs liegt bei 1,1067 und der Ask-Kurs bei 1,1071.

Max Mustermann steigt mit einem Lot (100 000 Euro) zum Kurs von 1,1071 ein:

• Buy 1 Lot @ 1,1071

Die gekauften 100 000 Euro entsprechen einem Gegenwert von 110 710 US-Dollar (100 000 € x 1,1071). Auf seinem Konto werden nun 1000 Euro als Sicherheitsleistung reserviert. Somit kann Max Mustermann nur noch über 9000 Euro verfügen. Mit diesem Betrag könnte er also noch weitere neun Lots handeln. (Das ist nicht ganz richtig, da die Equity durch den Einstieg auf leicht unter 10 000 Euro abgefallen ist. Sollte Max Mustermann seine Position sofort wieder glattstellen, müsste er einen Verlust in Höhe des Spreads von vier Pips verbuchen, da er nur zum Bid-Kurs verkaufen kann.)

In den folgenden Stunden gibt der Euro gegenüber dem US-Dollar aber erst noch einmal nach und fällt bis auf 1,1012 zu 1,1016. Da Max Mustermann weiterhin der Meinung ist, dass seine Prognose richtig ist, lässt er die Position unverändert. Seine Equity sieht zu diesem Zeitpunkt wie folgt aus:

$$10\,000 \; € \quad + \quad \underbrace{(100\,000 \; € \times 1{,}1071}_{\substack{\text{Wert der US-Dollar in Euro} \\ \text{beim Einstieg}}} \quad - \quad \underbrace{100\,000 \; € \times 1{,}1012)}_{\substack{\text{Aktueller Wert der US-Dollar} \\ \text{in Euro}}} \quad =$$

$$= 10\,000 \; € \quad + \quad \underbrace{(-590{,}00 \; \$)}_{\substack{\text{Gewinn / Verlust der} \\ \text{Position}}} \quad = \quad 10\,000 \; € + (-590 \; \$ \,/\,1{,}1012) = \underbrace{9464{,}22}_{\text{Aktuelle Equity}}$$

Von diesem Betrag sind allerdings 1000 Euro für die Margin reserviert, das heißt Max Mustermann kann momentan nur über 8464,22 Euro verfügen.

Einige Tage später ist der Euro gegenüber dem US-Dollar bis auf 1,1185 zu 89 gestiegen, und Max Mustermann entschließt sich, die Position zu schließen.

• Sell 1 Lot @ 1,1185

Max Mustermann hat die zu Beginn verkauften 100 000 Euro nun zu einem Preis von 111 850 (100 000 € x 1,1185) zurückgekauft. Damit verbleibt auf seinem Konto ein Plus von 1140 US-Dollar oder 1018,86 Euro (1140 €/1,1189). Die reservierte Margin in Höhe von 1000 Euro ist ebenfalls wieder verfügbar. Mit einer Equity von 11 018,86 Euro könnte Max Mustermann bei einer geforderten Sicherheitsleistung maximal elf Positionen handeln.

Obwohl sich der Wechselkurs nur von 1,1071 auf 1,1185 (1,03 Prozent oder 114 Pips) bewegt hat, konnte Max Mustermann einen Gewinn von 10,3 Prozent verbuchen. Berechnet auf die benötigte Margin beträgt der Gewinn sogar über 100 Prozent. Hätte Max Mustermann nur die Margin in Höhe von 1000 Euro, die er zum Eingehen der Position benötigte, auf dem Konto gehabt, hätte der zwischenzeitliche Kursrücksetzter die Equity auf unter 1000 Euro fallen lassen. Seine Position wäre im Rahmen eines Margin-Calls durch den Broker liquidiert worden.

Beispiel 2

Max Mustermanns Bruder Moritz Mustermann ist von den Gewinnmöglichkeiten im Devisenhandel erstaunt und beschließt, ebenfalls auf Wechselkursveränderungen zu spekulieren. Ihm stehen allerdings nur 1200 US-Dollar zur Verfügung. Seinem Erachten nach reicht dieser Betrag aber aus, da die Margin nur einem Prozent der gehandelten Summe beträgt.

Moritz Mustermann vermutet, dass in den kommenden Tagen der Schweizer Franken gegenüber dem US-Dollar Schwäche zeigen wird. Die aktuelle Notierung des USD/CHF lautet 1,4110 zu 15.

Er steigt zum aktuellen Marktpreis mit einem Lot ein:

• Buy 1 Lot @ 1,4115

Von der Equity werden 1000 US-Dollar für die Margin reserviert. Der frei verfügbare Betrag sinkt dadurch auf knapp unter 200 Dollar ab. Diese Summe würde nicht ausreichen, um eine weitere Position zu eröffnen. Der Broker würde den Auftrag zurückweisen, da die „freie" Equity geringer als die geforderte Sicherheitsleistung für eine weitere Position ist.

Entgegen Moritz Mustermanns Erwartungen bewegt sich der Kurs in den folgenden Minuten allerdings gegen ihn. Beim Wechselkursverhältnis von 1,4086 stellt der Broker schließlich die Position automatisch glatt, da Moritz Mustermann die geforderte Sicherheitsleistung von 1000 Dollar nicht mehr erbringen kann. Seine Equity ist durch den Kursverfall auf unter 1000 Dollar abgesunken.

• Sell 1 Lot @ 1,4086

Der Verlust beträgt 290 Schweizer Franken oder 205,81 US-Dollar (290 sfr/1,4091). Dadurch ergibt sich ein neuer Kontostand von 994,19 US-Dollar (1200 $ − 205,81 $). Dieser Betrag reichte nicht mehr für die Sicherheitsleistung aus, daher hat der Broker die Position automatisch geschlossen.

III.8 Rollover

Abschlüsse im Spot-Markt sind von den beiden Vertragsparteien meist innerhalb von zwei Tagen (T+2) zu erfüllen, das heißt der Währungtausch muss zwei Werktage nach Abschluss des Handels stattfinden.

In der Regel haben private Trader jedoch kein Interesse an der Erfüllung des Geschäfts, sondern wollen lediglich einen Gewinn realisieren. Wird eine Position am gleichen Werktag, an dem sie auch eröffnet wurde, wieder glattgestellt, wird daher durch den Broker einfach nur der Gewinn oder Verlust verrechnet.

Wird eine Spot-Position über den aktuellen Handelstag hinaus gehalten, muss die Laufzeit „verlängert" werden, um eine Andienung zu verhindern. Da es im FX-Handel aufgrund des Handels rund um die Uhr keinen Handelsschluss gibt, hat man sich auf eine Tagesgrenze von 22.00 Uhr koordinierter Weltzeit (UTC) geeinigt. Unter dem Begriff „Rollen" versteht man das Verschieben der Fälligkeit einer Kassa-Position in die Zukunft (im Fachjargon auch als Prolongation bezeichnet). Dabei muss darauf geachtet werden, dass die Fälligkeit wieder auf einen Handelstag fällt. Eine Position, die an einem Freitag fällig ist, aber gerollt werden soll, muss somit mindestens bis zum nächsten Montag „verlängert" werden.

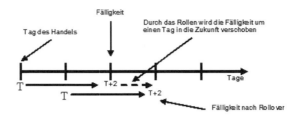

Abbildung III.3: Prolongation einer Kassa-Position

Durch das Verschieben der Fälligkeit tritt der in Kapital II.5.1 im Zusammenhang mit den Forwards erwähnte Zins-Nachteil wieder auf. Möchte einer der beiden Handelspartner die Erfüllung des Geschäfts nach dem Abschluss in die Zukunft verschieben, so profitiert davon der Handelspartner, der noch im Besitz der Währung ist, auf die höhere Zinsen gezahlt werden. Der Trader, der über die niedriger verzinste Währung verfügt, büßt einen Zinsgewinn ein. Wird eine Position gerollt, muss diese Differenz zwischen den beiden Geschäftspartnern ausgeglichen werden.

Dies wird im Spot-Handel über einen so genannten „Tom/Next Swap" („Tomorrow/Next") realisiert. Grundsätzlich stellen Swaps nur einen heute fixierten Kauf (Verkauf) und für einen späteren Zeitpunkt vereinbarten Verkauf (Kauf) der einen Währung gegen eine andere Währung dar (vgl. Kapitel II.5.1.3).

Im Interbanken-Markt muss der T/N Swap nicht zwingend mit der Bank abgeschlossen werden, mit der auch die Währungsposition gehandelt wurde. Der Tom/Next Swap ist ein eigenständiges Handelsinstrument, das im Prinzip aus zwei Elementen besteht: Die Valuta (Fälligkeit) des ersten Teils ist der folgende Handelstag. Diese stimmt überein mit der Fälligkeit der Handelsposition. Der zweite Teil läuft einen Werktag später aus – daher auch die Bezeichnung „Tomorrow and the next day" (Tom/Next).

Handelt man über einen FX-Broker, benötigt man glücklicherweise kein tiefes Verständnis der Materie. Es reicht aus zu wissen, dass durch den T/N Swap die Fälligkeit des Geschäfts um einen Tag nach hinten verschoben wird. Würde man eine Position nicht rollen, so müsste man die verkauften Devisen liefern und würde dafür als Gegenleistung die gekauften Devisen erhalten. Im FX-Handel über einen Broker werden in der Regel offene Positionen automatisch gerollt. Die meisten Broker gehen davon aus, dass man als privater Trader kein Interesse an einem tatsächlichen Währungsumtausch hat, sondern lediglich den Gewinn beziehungsweise Verlust realisieren möchte. Das Rollen setzt sich so lange fort, bis die Position geschlossen wird.

Für den Rollover berechnet der Broker Gebühren, die sich an den T/N Swaps orientieren. Hat man in der Währung mit den höheren Zinsen eine Long-Position, so erhält man eine Gutschrift. Andernfalls muss man für das Rollen eine Gebühr zahlen. In die Plattform ist im Normalfall eine Übersichtsseite integriert, auf der die Kosten beziehungsweise Erträge für das Rollen sowohl einer Long- als auch einer Short-Position aufgeführt sind. Die Kosten je zu rollendem Lot werden meist in Einheiten der gehandelten Währung angegeben, seltener auch in der Basiswährung des Kontos oder in Pips.

III.8.1 Beispiele

Theoretische Kosten/Erträge EUR/USD

Für eine Position im EUR/USD lassen sich die theoretischen Kosten/Erträge, die bei einem Rollover anfallen, durch die Differenz beider Zinssätze berechnen. Liegt der US-Zinssatz beispielsweise bei 2,0 Prozent und der europäische Zinssatz bei 2,5 Prozent, ergibt die Differenz von 0,5 Prozent multipliziert mit der Positionsgröße die Kosten beziehungsweise Erträge je Jahr, die beim Rollen der Position ausgeglichen werden müssen. Bei einer Positionsgröße von 100 000 Euro (1 Lot) beläuft sich der Betrag auf 0,005 x 100 000 Euro = 500 Euro pro Jahr oder 1,37 Euro (500 Euro/365 Tage) pro Tag.

Hält man in der Währung mit den höheren Zinsen (in diesem Fall im Euro) eine Short-Position, so fallen bei einem Rollover Gebühren in Höhe von 1,37 Euro an. Bei einer Long-Position in der höher verzinsten Währung verdient man dagegen 1,37 Euro.

Theoretische Kosten/Erträge GBP/JPY

Je die Zinsdifferenz zwischen den Währungen ist, umso höher ist auch der Betrag, der bei einem Rollover ausgeglichen werden muss.

Werden für britische Pfund beispielsweise 3,75 Prozent pro Jahr gezahlt und für japanische Yen lediglich 0 Prozent, so muss dieses Zinsgefälle ausgeglichen werden. Handelt man ein Lot (100 000 £), so beträgt die Differenz 0,0375 x 100 000 £/365 = 10,27 Pfund pro Tag. Notiert das Pfund gegenüber dem Yen bei 184,16, so entsprechen 10,27 Pfund 1,89 Pips (1 Pip = 0,01 x 100 000 £/184,16 = 5,43 Britische Pfund).

Die auf diese Weise berechneten Daten sind lediglich Richtwerte. Da Swaps eigenständige Handelsinstrumente sind, wird der tatsächliche Preis durch das Zusammenwirken von Angebot und Nachfrage bestimmt. Einige Broker reichen die Erträge und Kosten für das Rollen aber nicht einfach an ihre Kunden durch, sondern nutzen sie als eine weitere Einkommensquelle.

Kapitel IV: Strategie

Im Jahr 1986 entfielen auf den Waren- und Dienstleistungsverkehr 2,4 Prozent des täglichen Umsatzes am Devisenmarkt, auf den langfristigen Kapitalverkehr 1,7 Prozent. Die restlichen 95,9 Prozent des Umsatzes hatten keine direkte fundamentale Ursache, sondern wurden hauptsächlich durch die Spekulation auf Wechselkursveränderungen und durch das Agieren der Market Maker generiert. Seit dieser Erhebung hat sich die spekulative Natur des FX-Handels noch deutlich verstärkt. Die Handelsaktivität der meisten Marktteilnehmer ist also nicht auf die Reduzierung von Risiken zurückzuführen, wie das Absichern von Devisenpositionen gegen Kursschwankungen, die beispielsweise durch Erlöse im Ausland entstanden sind. Der überwiegende Anteil der Händler übernimmt Risiko und spekuliert auf eine Wechselkursänderung zu seinen Gunsten.

Die Entscheidung, eine Position einzugehen und in den Markt einzusteigen, beruht bei der Spekulation im Normalfall auf einer Prognose. Man wird nur dann in den Markt einsteigen, wenn man der Auffassung ist, dass die Kurse sich zu seinen Gunsten verändern werden. Um eine Erwartung über den künftigen Handelsverlauf einer Devise zu gewinnen, kann man entweder auf die Handelsempfehlungen von Analysten und anderen Händlern zurückgreifen oder sich selbst eine Meinung bilden. Häufig wird man in der Realität eine Kombination aus beiden Entscheidungsgrundlagen finden. In den vergangenen Jahren sind allerdings die Analysen von Banken oftmals in Verruf geraten, da viele Anleger mit Empfehlungen Verluste gemacht haben. Problematisch ist in diesem Zusammenhang, dass die Analysen der Banken lediglich Prognosen sind; deren Umsetzung in den tatsächlichen Handel wird dem privaten Trader überlassen. Da auch Spezialisten, die den ganzen Tag den Markt analysieren, keine 100-prozentige Trefferquote erreichen können, müssen das Setzen eines Stops und die Anwendung von Risiko- und Money-Management-Techniken auch bei fremden Analysen obligatorisch sein.

Um eine eigene Vorstellung über die Entwicklung eines Wechselkurses zu gewinnen, haben sich im Laufe der Zeit mehrere Methoden der Informationsauswertung herausgebildet, die teilweise sogar zu kontroversen Prognosen führen. Da die eigene Persönlichkeit einen starken Einfluss auf die Sicht der Märkte und Analysemethoden hat, kann an dieser Stelle keine allgemeingültige Empfehlung ausgesprochen werden. Um einen Überblick über die gebräuchlichsten Methoden zu erlangen, findet sich in den folgenden Kapiteln jeweils eine kurze Beschreibung. Auf eine umfassendere Darstellung wird an dieser Stelle verzichtet, da die Thematik sehr umfangreich ist und bereits in vielen Fachbüchern ausführlich behandelt wird. Da eine Methode immer im Zusammenhang mit dem Zeitfenster, in dem die angewendet wird, betrachtet werden muss, findet sich im Anschluss daran eine Vorstellung der unterschiedlichen Zeithorizonte.

IV.1 Methodik

Wechselkurse von Währungen werden durch das Angebot und die Nachfrage der einzelnen Marktteilnehmer bestimmt. Die Marktteilnehmer – und somit der Devisenkurs – werden von einer Reihe an Faktoren beeinflusst. Im Laufe der Zeit haben sich zwei zentrale Ansätze zur Analyse der Devisenmärkte durchgesetzt: die Fundamentale Analyse und die Technische Analyse.

Die Fundamentalanalyse setzt sich vor allem mit den makroökonomischen Indikatoren und der politischen Entwicklung des Währungsraumes gegenüber einem anderen Währungsraum auseinander, um die Entwicklung des Wechselkurses zu erklären. Technische Analysten dagegen versuchen aus der Betrachtung der historischen Entwicklung des Wechselkurses Prognosen für die Zukunft abzuleiten.

Im Gegensatz zur Fundamentalanalyse, die sich mit den Ursachen der Entwicklung des Wechselkurses auseinander setzt, steht bei der Technischen Analyse das Resultat – also die tatsächlich eingetretene Wechselkursänderung – im Vordergrund. Die Ursache für die Veränderung des Wechselkurses wird nicht betrachtet.

Bis vor einigen Jahren als „Kaffeesatzleserei" verpönt, findet die Technische Analyse sowohl im institutionellen als auch im privaten Bereich aufgrund ihres Erfolgs und ihrer einfachen Anwendbarkeit großen Zuspruch. Von der unter Tradern häufig geführten Grundsatzdiskussion – Fundamentale oder Technische Analyse – sollte man sich dagegen besser nicht beeinflussen lassen. Beide Ansätze haben ihre Stärken und Schwächen, eine Kombination beider Ansätze ist – trotz der vielen Widersprüche – ein oftmals erfolgversprechender Ausgangspunkt.

Neben diesen beiden Ansätzen entstand in den vergangenen Jahren ein – von den meisten privaten Tradern noch relativ unbeachteter – neuer Analyse-Ansatz: die Behavioral Finance. Die Behavioral Finance konzentriert sich vor allem auf das Verhalten der Marktteilnehmer und die daraus resultierenden Entscheidungen.

IV.1.1 Fundamentale Analyse

Wie bereits in der Einleitung angesprochen, geht die Fundamentale Analyse der Frage nach, warum es an den Märkten zu Kursveränderungen kommt. Dafür werden vor allem makroökonomische Indikatoren und die politischen Rahmenbedingungen der Währungsräume ausgewertet, um die Entwicklung des Wechselkurses zu erklären.

Zu den makroökonomischen Indikatoren gehören beispielsweise die Wachstumsraten, Zinsen, Geldmenge, Inflation und die Arbeitsmarktdaten. Unter den politischen Rahmenbedingungen sind unter anderem das Vertrauen in die Regierung, die Stabilität und die Aussichten des Landes zu verstehen. In jüngster Zeit wird auch dem Sicherheitsniveau des Währungsraums immer mehr Bedeutung zugemessen.

Es gibt eine Vielzahl von Einflussfaktoren auf die Entwicklung des Wechselkurses einer Währung. In der Folge werden einige makroökonomische Indikatoren, die die Entwicklung eines Landes oder Währungsraums quantifizieren, vorgestellt.

Außenhandelsbilanz

In der Außenhandelsbilanz werden die Zahlungsströme eines Landes, die aus Ex- und Importen resultieren, gegenübergestellt. Bei einem Defizit waren die Ausgaben zur Finanzierung der Importe in der Vergangenheit höher als die Erlöse aus den Exporten. Da die Nachfrage nach ausländischen Devisen größer war als die Nachfrage nach inländischer Währung, hat ein Außenhandelsbilanzdefizit meist negative Auswirkungen auf den Wechselkurs der inländischen Währung. Ein Überschuss der Außenhandelsbilanz dagegen zieht in der Regel eine Aufwertung der inländischen Währung nach sich.

Inflation

Steigt die Inflationsrate eines Landes stärker als die Inflationsrate des Auslands, so erleiden inländische Produzenten einen Preisnachteil gegenüber den Produzenten des Auslands. In der Folge werden mehr Güter importiert, was zu einer erhöhten Nachfrage nach fremder Währung führt. Dies wiederum führt zu einer Aufwertung der fremden Währung. Ist die Inflation des Inlands geringer als die des Auslands, werden die Exporte zunehmen, was zu einer Aufwertung der eigenen Währung führt.

Zinsen

Liegt das Zinsniveau des Auslands über dem des Inlands, werden Investoren ihr Geld vermehrt im Ausland anlegen. Die Nachfrage nach der fremden Währung – und damit auch der Devisenkurs – steigt. Befindet sich dagegen die inländischen Zinsen über dem ausländischen Niveau, ist es umgekehrt. Anleger werden ihr Geld zurück ins Inland transferieren, was zu einer Aufwertung der heimischen Währung führt.

Kaufkraftparität

Kaufkraftparität zwischen zwei Ländern herrscht, wenn bei gegebenem Wechselkurs und fixer Geldmenge im Inland die identische Menge an Gütern wie im Ausland erworben werden kann. Können jedoch mit einem bestimmten Betrag inländischer Währung im Ausland mehr Güter als im Inland erworben werden, wird die Nachfrage nach der ausländischen Währung steigen. In der Folge wird der Devisenkurs ansteigen.

Kostet ein gleichartiger Warenkorb sowohl in den USA als auch im Euro-Raum jeweils einen US-Dollar beziehungsweise einen Euro, dann sollte laut der Kaufkraftparitäts-Theorie der Wechselkurs des Euros zum Dollar eins sein. Herrscht zwischen den beiden Währungen ein anderes Tauschverhältnis, werden sie laut der Kaufkraftparität zueinander so lange auf-/abwerten, bis sich ein ausgeglichenes Verhältnis ergibt.

Big-Mäc-Index

Unter der Bezeichnung „Big-Mäc-Index" veröffentlicht das Wirtschaftsmagazin „The Economist" einen einfach aufgebauten Kaufkraft-Index. Er gibt auf einfache Art Auskunft darüber, wie hoch die Kaufkraft im Ländervergleich ist.

Grundlage ist der Preis eines „Big-Mäc" der Fast-Food-Kette McDonalds, der weltweit ermittelt wird. Statt eines repräsentativen Warenkorbs wird ein homogenes Gut verwendet, das überall auf die gleiche Weise produziert wird und leicht verfügbar ist.

Kostet ein BigMäc im Euro-Raum durchschnittlich 2,75 Euro und in den USA 2,65 Dollar , ergibt sich ein theoretischer Wechselkurs von $2,75/2,65 = 1,0377$. Liegt der tatsächliche Wechselkurs niedriger, ist laut der Kaufkraftparität mit einer Aufwertung des Euros zu rechnen. Ist der Wechselkurs des Euros gegenüber dem US-Dollar dagegen über dieser Marke, ist ein Abwerten des Euros zu erwarten.

Der Entwicklung der einzelnen Einflussfaktoren lässt sich kein starres Verhaltensmuster seitens der Marktteilnehmer zuordnen. Je nach Marktlage oder politischer Situation ändert sich der Einfluss der einzelnen Größen, da die Marktteilnehmer die Daten unterschiedlich interpretieren. Die einzelnen Kennzahlen sollten daher stets im aktuellen Kontext und in Bezug auf andere Größen betrachtet werden. In Zeiten, in denen die Stimmung für einen Währungsraum ausgesprochen positiv ist, wird negativen Zahlen meist weniger Beachtung geschenkt. Sobald die Stimmung „umkippt", wird den negativen Daten eine höhere Bedeutung zugemessen. Die Kurse schwanken daher stets um ihren „fairen Wert" – dem Wechselkurs, der bei den fundamentalen Gegebenheiten herrschen sollte.

Im kurzfristigen bis mittelfristigen Handel sollte der Größenordnung der Kennzahl kaum Beachtung geschenkt werden. Die Zahl sollte stattdessen im Verhältnis zu den Erwartungen der anderen Marktteilnehmer betrachtet werden, da viele Trader und Investoren bereits vor der Veröffentlichung der Daten Positionen entsprechend ihren Erwartungen aufbauen. Wird beispielsweise eine Zinssenkung der EZB um 0,5 Prozent erwartet und fällt diese mit lediglich 0,25 Prozent aus, kommt es in der Folge wahrscheinlich zu einer Aufwertung der Währung. Betrachtet man nur die Zahl an sich, sollte es eigentlich zu einer Abwertung kommen, da die Währung aufgrund der geringeren Zinsen unattraktiver ist.

IV.1.2 Behavioral Finance

In den vergangenen Jahren hat sich ein weiterer, für Trader viel versprechender Analysezweig ausgebildet: die so genannte verhaltensorientierte Kapitalmarktanalyse, meist als Behavioral Finance bezeichnet. Die Behavioral Finance versucht mit Erkenntnissen aus der Psychologie und der Verhaltensforschung Erklärungen für das Verhalten von Akteuren an den Finanzmärkten zu geben.

Die Vertreter der Behavioral Finance gehen davon aus, dass die Marktteilnehmer nur beschränkt rational handeln und sich unter anderem von ihren Emotionen beeinflussen lassen. Ebenso werden Informationen unterbewusst häufig nicht nach rationalen Gesichtspunkten beurteilt. Zwei der größten Fehler, die vor allem Einsteiger immer wieder begehen, sind das Festhalten an Verlierer-Positionen und das Abstoßen von Positionen, sobald diese einen Gewinn aufweisen. Die Angst davor, dass die Position wieder ins Minus läuft, schaltet das rationale Verständnis aus, und die Position wird geschlossen. Die Einstandspreisorientierung ist aber nur eine von vielen Erkenntnissen aus der

Behavioral Finance. Trader, die deren Erkenntnisse in ihr Trading und in ihre Analyse integrieren, können die typischen psychologischen Fallen vermeiden und ihre Erfolgschancen stark steigern.

Die Behavioral Finance hilft aber nicht nur dabei, die eigenen Schwächen aufzudecken, sondern bietet unter anderem auch die Möglichkeit, Übertreibungen am Devisenmarkt auszunutzen. Dafür werden meist Sentiment-Analysen eingesetzt, die ein Bild der Stimmung und der Erwartungen am Markt vermitteln. Die Analyse und Interpretation dieser meist wöchentlich durchgeführten Umfragen ist aber sehr komplex und daher nicht Gegenstand dieses Buches.

IV.1.3 Intermarket-Analyse

Basis der Intermarket-Analyse ist die Erkenntnis, dass es Wirkungszusammenhänge zwischen der Entwicklung unterschiedlicher Finanzmärkte gibt, da viele Marktsegmente voneinander abhängig sind. Einfluss auf den Devisenmarkt hat vor allem die Entwicklung von Rohstoffpreisen und Zinsen, im geringeren Maße auch die von Aktien.

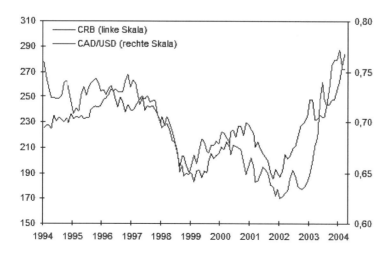

Abbildung IV.1: Entwicklung des CRB-Index im Vergleich zum USD/CAD (invertiert)

Eine Vielzahl von Währungen ist relativ stark von der Entwicklung der Rohstoffpreise abhängig, da die wirtschaftliche Lage im starkem Maße von den Preisen der Rohstoffe bestimmt wird. Beispiele sind der kanadische Dollar gegenüber der allgemeinen Preisentwicklung der Rohstoffe und der australische Dollar gegenüber dem Gold.

Abbildung IV.1 zeigt die Entwicklung des CRB-Index – eines Index, der vom Commodity Research Bureau berechnet wird und die Entwicklung der Rohstoffpreise widerspiegelt – im Vergleich zum Wechselkurs des kanadischen Dollars gegenüber dem US-Dollar auf. Im Gegensatz zur normalen Notierung (USD/CAD) wurde zur Verdeutlichung der Abhängigkeit der Wechselkurs in der Grafik invertiert (CAD/USD). Stieg in der Vergangenheit der Rohstoffpreis, konnte davon auch der kanadische Dollar profitieren. In Zeiten niedriger Rohstoffpreise notierte auch der CAD/USD schwach.

Die Anwendung der Intermarket-Analyse sollte am besten im mittel- bis mittelfristigen Kontext im Zusammenspiel mit der Technischen Analyse erfolgen. Erkennt man beispielsweise ein Kaufsignal im kanadischen Dollar, sollte dieses durch einen Aufwärtstrend im Rohstoffmarkt bestätigt werden.

IV.1.4 Technische Analyse

Unter der Technischen Analyse versteht man die Auswertung der historischen Kursbewegungen, um aus den vergangenen Bewegungen Schlüsse für die künftige Entwicklung zu ziehen. Dafür bedient man sich so genannter Charts, einer grafischen Darstellung der historischen Preisentwicklung. Der Marktpreis spiegelt die Erwartung aller Marktteilnehmer über den Preis wider. Ist ein Händler der Meinung, der Preis sei zu niedrig, wird er eine Position aufbauen und somit Einfluss auf den Preis ausüben. Ein Chart stellt das historische Abbild über die vergangenen Markterwartungen der am Markt teilnehmenden Händler dar. Aufgrund dieses Konzeptes lässt sich die Technische Analyse sowohl auf kurzfristige als auch auf langfristige Zeitfenster und auf jedes beliebige Underlying anwenden.

Technische Analysten machen es sich zunutze, dass die Menge aller Marktteilnehmer in vergleichbaren Situationen häufig das gleiche Verhalten an den Tag legt – die Marktteilnehmer verhalten sich immer wieder ähnlich, da die Psyche der Akteure von Angst und Gier beeinflusst wird. Als Folge davon wiederholen sich auch im Chart immer wieder bestimmte „Muster", die in der Technischen Analyse als Formationen oder „Pattern" bezeichnet werden. Konzepte, die bereits vor einem Jahrhundert angewendet wurden, können daher auch heute noch in identischer Art und Weise eingesetzt werden.

Im Gegensatz zur Fundamentalen Analyse interessiert es einen Technischen Analysten nicht, warum der Kurs gestiegen oder gefallen ist. Er geht davon aus, dass alle Informationen bereits im Kurs „enthalten" sind. Da nach seiner Meinung alle Erwartungen der Marktteilnehmer in den Kurs eingeflossen sind, ist folglich nur das Studium des Preises nötig. Aber auch als Technischer Analyst sollte man wissen, in „welchen Gewässern man fischt" und was einen erwartet. Daher sollte man zumindest über die Termine von wichtigen Veröffentlichungen und über die wirtschaftlichen Rahmenbedingungen informiert sein.

In der Technischen Analyse wird zwischen zwei Konzepten unterschieden, wobei die Übergänge gleitend sind und meist eine Kombination beider Ansätze angewandt wird. Neben der Charttechnik – die bereits angesprochene Analyse des Preises in Hinblick auf wiederkehrende Verhaltensmuster – gibt es auch die Quantitative Analyse. Hierbei wird der Preis mit Hilfe von (mehr oder weniger komplizierten) Berechnungsmodellen ummodelliert, um die subjektive Komponente der Formationen-Erkennung auszuschalten. Beiden Ansätzen ist gemeinsam, dass die Charts das grundlegende Instrument darstellen.

IV.1.4.1 Charttypen

Charts stellen – wie bereits beschrieben – den historischen Verlauf der Preisentwicklung eines Wechselkurses oder eines anderen Underlyings dar. Im Laufe der Zeit haben sich dabei verschiedene Methoden herausgebildet. Generell lässt sich zwischen Charts mit einer festen oder einer variablen Zeitachse unterscheiden. Bei Erstgenannten repräsentiert jeder Kursstab die Kursentwicklung innerhalb eines bestimmten Intervalls, beispielsweise eines Tages. Weitestgehend unbeachtet dagegen sind Charts mit einer variablen Zeitachse. Der Fokus dieser Charts liegt vielmehr auf der Entwicklung des Preises, wobei es hier mehrere Ansätze und Konzepte gibt. Die Zeit, in der die Preisentwicklung stattgefunden hat, ist irrelevant.

Balken- und Kerzen-Charts

Die am weitesten verbreiteten Charts sind die Balken(Bar)- und die Kerzen(Candlestick)-Charts. Beide bauen sich identisch auf und unterscheiden sich lediglich in der visuellen Darstellung. Sie sind das Standardinstrument der meisten aktiven Trader, deren Entscheidungsfindung auf der Analyse von historischen Zeitreihen beruht.

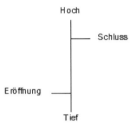

Abbildung IV.2: Aufbau eines Balkens

Ein Balken stellt den Kursverlauf innerhalb eines Intervalls dar. Durch Betrachtung einer längeren Zeitreihe und somit Aneinanderreihung mehrerer Balken ergibt sich ein Balken-Chart. Das Tief eines Balkens ist der niedrigste Kurs, der während des gewählten Zeitfensters (Intervalls) aufgetreten ist. Bei einem Tageschart ist der Tiefstkurs also der niedrigste Kurs, der während des Tages festgestellt wurde. Bei einem Fünf-Minuten-Chart entspricht das Tief dem niedrigsten Kurs, der während der Fünf-Minuten-Zeitspanne aufgetreten ist. Analoges gilt für das Hoch des Balkens. Der Eröffnungs-Kurs ist der erste Kurs, der während des Intervalls festgestellt wurde. Der Schlusskurs entspricht der letzten Quotierung.

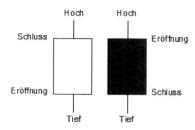

Abbildung IV.3: Aufbau einer Kerze

Eine Kerze entspricht im Prinzip dem Aufbau eines Balkens (Bars), verfügt im Gegensatz zu diesem aber über einen „Körper". Liegt der Schlusskurs über der Eröffnung – war die Kursentwicklung also positiv –, wird die Kerze meist weiß oder grün dargestellt. Bei einer negativen Entwicklung – wenn der Schlusskurs unter der Eröffnung liegt – wird die Kerze meist schwarz oder rot eingefärbt.

Kerzen-Charts verfügen über den identischen Informationsgehalt wie Balken-Charts, werden aufgrund ihrer besseren visuellen Aufbereitung der Information aber von den meisten Tradern bevorzugt. Der Verlauf der Kursentwicklung innerhalb eines Intervalls wird mit den Kerzen-Charts besser repräsentiert.

Der Aufbau einer Kerze beziehungsweise das Zusammenspiel mehrerer Kerzen lässt Rückschlüsse auf die Erwartungen der Marktteilnehmer zu und erlaubt somit eine Prognose über die künftige Entwicklung des Kurses. Im Laufe der Zeit wurden einige Formationen identifiziert, nach deren Auftreten eine bestimmte Reaktion erwartet werden kann. Im Devisenmarkt sind die Candlestick-Formationen in kurzen Zeitfenstern allerdings mit Vorsicht zu genießen. Aufgrund der Datenproblematik (siehe Kapitel III.2.3) und der daraus resultierenden, möglicherweise nicht die realen Marktverhältnisse widerspiegelnden Candlesticks kann es zu Fehleinschätzungen kommen. Setzt man Candlesticks in Tagescharts ein, sollte man außerdem darauf achten, wann der Datenprovider den Start des Tages definiert. In der Regel sollte dies 22.00 Uhr koordinierter Weltzeit (UTC) sein, um „korrekte" Charts zu erhalten.

Point & Figure

Point & Figure-Charts – häufig mit dem Kürzel P & F abgekürzt – sind die bekanntesten Vertreter der Charts mit variabler Zeitachse. Der Faktor Zeit bleibt vollkommen unberücksichtigt, lediglich die Preisentwicklung ist für den Aufbau des Charts relevant.

```
X
XO
XO
XO
X
X
```

Abbildung IV.4: Aufbau eines Point & Figure-Charts

Aufgebaut sind P & F-Charts aus „X"- und „O"-Säulen. Erstgenannte repräsentieren Aufwärtsbewegungen, letztere verkörpern Abwärtsbewegungen. Bei der Konstruktion eines Point & Figure-Charts muss laufend überprüft werden, ob ein Aufwärts- oder Abwärtstrend noch andauert oder ob ein Trendwechsel stattgefunden hat. Im ersten Fall wird die bestehende Säule angepasst, im zweiten Fall entsteht eine neue Säule. Die Grafik zeigt exemplarisch eine Aufwärtsbewegung, der ein Abwärtstrend folgt.

Der Aufbau eines Point & Figure-Charts wird durch zwei Parameter beeinflusst: die „Box-Size" und den Umkehrfaktor. Erstgenannte sagt aus, nach einer wie großen Bewegung in Trendrichtung ein neues „X" oder „O" eingezeichnet wird. Der Umkehrfaktor gibt an, nach dem Wievielfachen der Box-Size eine Gegenbewegung als Trendumkehr zu bewerten und eine entgegengesetzte Säule einzuzeichnen ist. Gängige Werte für die Umkehrbewegung sind drei und fünf. Die Box-Size sollte sich vor allem nach an der Volatilität und dem gehandelten Zeitrahmen – wird sehr kurzfristig gehandelt oder werden Positionen über Wochen hinweg gehalten – orientieren.

Auch in den Point & Figure-Charts bilden sich bestimmte Formationen heraus. Diese weisen alle eine Gemeinsamkeit auf: Ein Kaufsignal ist gegeben, wenn eine X-Säule die vorhergehende X-Säule um wenigstens ein Kästchen übersteigt. Dies entspricht – übertragen auf einen Balken-Chart – dem

Markieren eines neuen – zumindest temporären – Hochs. Arbeitet man mit Point & Figure-Charts, handelt man also meist trendfolgend und kauft in der Regel ein neues Hoch beziehungsweise verkauft ein neues Tief. Nicht jeder Trader kommt mit diesem Konzept klar. Diese Grundregel alleine erweist sich in der Umsetzung allerdings als nicht sonderlich zuverlässig, daher setzen sich Formationen in der Regel aus mehreren Säulen zusammen.

Renkos

Die noch relativ unbekannten Renko-Charts stammen ebenso wie die Candlesticks aus Japan und wurden ursprünglich von Reishändlern genutzt, um Prognosen über die Preisentwicklung des Reismarktes zu stellen. Im Gegensatz zu den Kerzen nehmen Renkos lediglich auf die Preisentwicklung Rücksicht. Das Konzept der Renko-Charts ist also vergleichbar mit den Point & Figure-Charts, die den zeitlichen Aspekt ebenfalls nicht berücksichtigen. Viele Trader empfinden die Darstellung von Point & Figure-Charts als unübersichtlich und sehr gewöhnungsbedürftig. Renko-Charts werden dagegen häufig als „visuell einfacher zu handhaben" und einleuchtend bezeichnet. Bisher gibt es aber nur wenige Programme, die das Darstellen einer Zeitreihe als Renko-Chart anbieten.

Abbildung IV.5: Aufbau eines Renko-Charts

Ein Renko-Chart setzt sich aus so genannten „Bricks" zusammen. Der rechnerische Aufbau eines Renko-Charts ist vergleichbar mit einem P & F-Chart. Nach einer Bewegung um einen bestimmten Betrag – der „Brick-Size" – in Trendrichtung entsteht ein neuer Brick.

Ein Trendwechsel von einem Aufwärts- zu einem Abwärtstrend findet statt, wenn der Kurs auf Schlusskursbasis das Tief des aktuellen Bricks abzüglich der

Brick-Size unterschreitet. Analoges gilt für eine Trendumkehr nach einem Abwärtstrend. In diesem Fall muss das Hoch des letzten Bricks zuzüglich der Brick-Size überschritten werden.

Renkos können ihre Vorteile vor allem dann ausspielen, wenn sie zusammen mit Indikatoren eingesetzt werden. Da der Chart an sich deutlich „ruhiger" als der zugrunde liegende Preisverlauf ist, treten in der Regel deutlich weniger Fehlsignale auf. Setzt man Indikatoren auf Renko-Charts ein, sollte man jedoch beachten, dass viele Softwarepakete die Indikatoren nicht auf die Bricks berechnen, sondern auf die zugrunde liegende Zeitreihe. Der Vorteil der Renkos wird hierdurch aufgehoben.

Einsatz von P & F-/Renko-Charts

Der Einsatz von P & F- und Renko-Charts erfordert eine intensive Auseinandersetzung mit der Materie, da ihr Einsatz in der Realität mit einigen Problemen verbunden ist. Als größtes Problem erweist sich die Wahl einer geeigneten Box- beziehungsweise Brick-Size. Ziel dabei ist, einen Wert zu finden, der ein möglichst „ordentliches" Chartbild ergibt. Gegenbewegungen in einem Trend sollen dabei nicht zu einer Trendumkehr im P & F-/Renko-Chart führen. Betrachtet man einen Chart im Nachhinein, wird man natürlich leicht eine ideale Einstellung finden. Es ist aber fraglich, ob diese Einstellung auch in Zukunft vergleichbar gute Resultate liefern wird. Die Box-/Brick-Size sollte sich dabei stets an dem gehandelten Zeitfenster orientieren. Im Wesentlichen gibt es die folgenden drei Ansätze:

• Statisch

Es wird über den gesamten Chart-Verlauf ein fixer Wert verwendet. Dies ist die übliche – aber nicht zu empfehlende – Vorgehensweise. Je höher ein Wert notiert, umso höher sind in der Regel auch die Kursausschläge und Gegenbewegungen zu einem Trend. Um dem Rechnung zu tragen, wird die Brick-Size daher häufig auch gestaffelt.

• Prozentual

Die Brick-Size beträgt jeweils einen bestimmten prozentualen Anteil an der Notierung des Underlyings.

• Vola-abhängig

Wenn die Software die Berechnung der Bricks in Abhängigkeit der Volatilität erlaubt, sollte diese Option genutzt werden. Die Brick-Size wird dabei der Volatilität des Marktes angepasst.

Ein weiteres Problem ist der „Startwert". Die Berechnung der Renko-Zeitreihe beginnt mit dem ersten Tick. Dieser stellt somit indirekt die Basis für den gesamten weiteren Verlauf der Renko-Zeitreihe dar. In der Regel ist dies der Eröffnungswert des ersten Kurses, der in die Berechnung einfließt. Bereits nach kurzer Zeit ist dieser Wert für die meisten Marktteilnehmer aber irrelevant. Daher sollte von Zeit zu Zeit ein neuer Startwert gewählt werden, auf dem die Berechnung dann weiter fortgeführt wird. Nutzt man beispielsweise einen Fünf-Minuten-Chart als Grundlage des Renko-Charts, empfiehlt es sich, mit dem Beginn eines neuen Handelstages ebenfalls einen neuen Startwert zu definieren.

Beim Einsatz von P&F- und Renko-Charts im Intraday-Handel ergibt sich ein weiteres Problem: Boxes beziehungsweise Bricks können wieder verschwinden. Wird ein neuer Brick eingezeichnet, ist dieser erst dann gültig, wenn auch die zugrunde liegende Zeitreihe (zum Beispiel ein Fünf-Minuten-Bar) abgeschlossen ist. Solange dies nicht der Fall ist, können die Bricks, die durch das zugrunde liegende Bar verursacht wurden, auch wieder verschwinden. Diese Problematik ist auch Tradern, die mit Candlestick-Formationen handeln, bekannt: Streng genommen dürfte man erst dann eine Position eingehen, wenn die Kerze wirklich vollendet ist und eine neue Kerze entsteht. Doch wartet man bis zur Vollendung der Formation, hat man zwar eine höhere Sicherheit, bezahlt aber wahrscheinlich einen schlechteren Preis. Geht man eine Position vor Vollendung der Kerze ein, kann das sich das vermeintliche Signal während des Intervalls der sich bildenden Kerze auch wieder auflösen. Die Bricks werden stets auf der zugrunde liegenden Zeitreihe berechnet. Möchte man das Problem der „verschwindenden" Bricks eliminieren, sollte man ein Zeitintervall von einem Tick wählen. Dies hätte auf der

141

anderen Seite aber auch zur Folge, dass viele Bewegungen, die innerhalb eines 60-Minuten-Charts entstehen und sich auch wieder relativieren, im Renko-Chart sichtbar sind. Dies ließe sich aber beispielsweise durch eine größere Brick-Size wieder kompensieren.

P & F- und Renko-Charts weisen – trotz der aufgeführten Probleme – gegenüber den zeitlich skalierten Charts einen nicht zu unterschätzenden Vorteil auf: Sie filtern den „uninteressanten" Part weg. Trendlose Phasen, in denen die meisten Trader Geld verlieren, werden nicht berücksichtig und tauchen in der Folge auch im Chartbild nicht auf. Diese Charts eignen sich somit nur für Trader, die einen trendfolgenden Ansatz verfolgen. Counter-Trend-Systeme lassen sich auf diesen Charts kaum anwenden. Weiterhin bieten sie gegenüber den klassischen Darstellungsvarianten eine deutlich höhere Objektivität: Entweder die Kurse steigen – oder sie fallen.

Aufgrund der starken Trendphasen haben P & F- und Renko-Charts im Devisenmarkt definitiv ihre Daseinsberechtigung. Ob ihr Einsatz für den einzelnen Trader jedoch sinnvoll ist, hängt vor allem vom eingesetzten Handelsstil und von der Mentalität ab. Wie bei vielem im Bereich des Tradings gilt auch hier: Ausprobieren! Die Abbildung IV.6 zeigt einen Renko-Chart (Bricksize: 0,01) im Vergleich zu einem gewöhnlichen Candlestick-Chart.

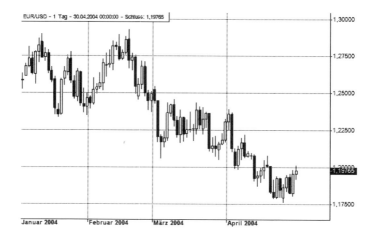

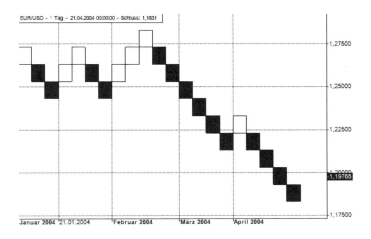

Abbildung IV.6: Candlestick- und Renko-Chart im Vergleich

IV.1.4.2 Grundkonzepte

Charts alleine erlauben aber noch keine Prognose – bisher stellen sie ja lediglich die Vergangenheit des Preises dar.

Trends

Neben der Ausbildung von Kursformationen, die sich aufgrund von wiederkehrenden psychologischen Verhaltensmustern ausbilden, ist die Trendannahme ein weiterer zentraler Punkt der Technischen Analyse. Technische Analysten gehen davon aus, dass sich Devisen in Trends bewegen, da Informationen von den Marktteilnehmern unterschiedlich bewertet werden. Das Verhältnis von Angebot zu Nachfrage verändert sich also schrittweise, es entsteht ein Trend (vgl. Abbildung IV.7).

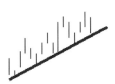

Abbildung IV.7: Aufwärtstrend

Widerstand/Unterstützung

Trends entstehen in der Regel, wenn sich das Verhältnis von Angebot und Nachfrage langsam verschiebt. Herrscht dagegen an einer bestimmten Preismarke ein starker Angebots- oder Nachfrageüberschuss, entsteht eine Unterstützung beziehungsweise ein Widerstand (vgl. Abbildung IV.8). Ein Widerstand entsteht beispielsweise, wenn viele Marktteilnehmer der Meinung sind, dass der Kurs nicht weiter steigt, und ihre Long-Positionen auflösen oder sogar auf eine Abwärtsbewegung der Währung spekulieren. Häufig werden Widerstände, wenn sie erst einmal überwunden wurden, in der Zukunft zu Unterstützungen.

Abbildung IV.8: Widerstand

Die gemachten Ausführungen gelten in analoger Art und Weise natürlich auch für Abwärtstrends und Unterstützungen.

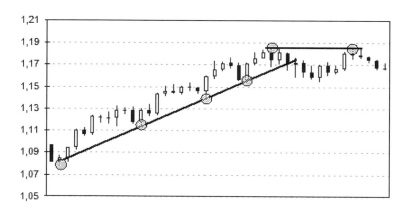

Abbildung IV.9: Konstruktion einer Trendlinie

Um eine Trendlinie oder eine Widerstands-/Unterstützungslinie zu konstruieren, werden die Extrempunkte (in der Abbildung IV.9 mit kleinen Kreisen gekennzeichnet) mit einer Linie verbunden. Bei einem Aufwärtstrend liegt die Trendlinie stets unterhalb des Kursverlaufs, bei einem Abwärtstrend oberhalb der Notierungen.

Trendlinien gelten als umso nachhaltiger, je länger sie schon Bestand haben und durch je mehr Punkte sie definiert werden. Gleiches gilt auch für Unterstützungs- und Widerstandslinien.

Bereits von diesen beiden simplen Konzepten (Trends und Widerstand/Unterstützung) lässt sich eine Reihe an Strategien ableiten. Neben diesen einfachen „Verhaltensmustern" der Marktteilnehmer gibt es aber eine fast unüberschaubare Anzahl an Formationen, die ebenso wie die „Grundformationen" in jedem Zeitfenster zu finden sind.

Da sich der Devisenmarkt meist in Trendphasen befindet und es eher selten zu lang anhaltenden Seitwärtsbewegungen kommt, empfiehlt es sich, vor allem auf die Fortsetzung eines Trends zu handeln und nicht auf die Umkehr des Preises zu spekulieren.

Flaggen und Wimpel

Flaggen und Wimpel sind in ihrem Erscheinungsbild – sowohl in ihrem Aufbau als auch der Handlungsweise – sehr ähnlich. Die weit verbreiteten und sehr zuverlässigen Formationen stellen eine Ruhepause in einem starken Aufwärts- oder Abwärtstrend dar.

Abbildung IV.10: Flagge

Nach einer heftigen Kursbewegung unter hoher Handelsaktivität der Marktteilnehmer kommt es zu einer gegen den Trend gerichteten Konsolidierung (vgl. Abbildung IV.10). Diese sollte nicht länger andauern als die vorangehende Bewegung und möglichst nicht mehr als 20 bis 25 Prozent des vorangegangenen Trends korrigieren. Die Volatilität sollte – im Vergleich zur vorangehenden Bewegung – deutlich zurückgehen.

Bei einer Flagge bewegen sich die Kurse in einem entgegen den vorangehenden Trend gerichteten Kanal. Ein Wimpel besteht aus zwei aufeinander zulaufenden Trendlinien, zwischen denen sich die Kurse bewegen (vgl. Abbildung IV.11).

Abbildung IV.11: Wimpel

Die Formation – sowohl Flagge als auch Wimpel – wird durch einen Ausbruch in Richtung des vorangehenden Trends abgeschlossen. Die Volatilität nimmt in der Regel wieder deutlich zu. Flaggen und Wimpel sind vor allem in kurzfristigen Zeitfenstern zu finden, die mehr durch das emotionale als durch das rationale Handeln der Marktteilnehmer geprägt sind.

Als Einstiegmöglichkeiten bieten sich entweder das Überwinden der Trendlinie – in diesem Fall der oberen Begrenzung – oder das Markieren eines neuen Hochs an.

Keile

Keile stellen – wie auch die bereits vorgestellten Flaggen und Wimpel – meist eine Ruhepause der Kurse in einem bestehenden Trend dar.

Keile treten in der Regel nach starken Trendbewegungen auf und zeigen eine kurzfristige Konsolidierung an. In der Folge setzt sich meist der vorangegangene Trend fort. Teilweise stehen Keile aber auch am Ende eines Trends.

Richtet sich der Keil gegen den vorangehenden Trend (wie auch in der Abbildung IV.12), ist es in der Regel eine Fortsetzungsformation.

Abbildung IV.12: Keil

Die Kurse bewegen sich bei einer Keil-Formation zwischen zwei aufeinander zulaufenden Trendlinien. Im Gegensatz zur Wimpel-Formation sind die Trendlinien aber beide in die gleiche Richtung geneigt. Ein Einstieg bietet sich beispielsweise bei Überwinden der Trendlinie oder nach dem Markieren eines neuen Hochs an.

Schulter-Kopf-Schulter

Die so genannte Schulter-Kopf-Schulter ist eine der zuverlässigsten Formationen, die beim Devisenhandel aber nur sehr selten und fast ausschließlich im Intraday-Bereich auftritt. Im Gegensatz zu den bisher vorgestellten Formationen ist sie eine so genannte Umkehrformation.

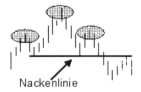

Abbildung IV.13: Schulter-Kopf-Schulter-Formation

Aufwärtstrends sind in der Regel durch steigende Tiefst- und Höchstwerte gekennzeichnet. Nachdem die Kurse den Kopf markiert haben, geben die Notierungen erneut nach. Der darauf folgende Anstieg führt die Kurse jedoch nicht zu einem neuen Hoch, sie bleiben deutlich unter dem „Kopf" zurück. Die Marktteilnehmer sind nicht weiter gewillt, noch höhere Preise zu zahlen. Sobald die Kurse die Nackenlinie (die Linie zwischen den Tiefs, die den Kopf umgeben) unterschreiten, spricht man von einer Schulter-Kopf-Schulter-Formation. Bevor die Kurse nicht die Nackenlinie durchbrochen haben, handelt es sich noch nicht um eine Kopf-Schulter-Formation, sondern um reine Spekulation. Eine Formation ist immer erst dann ausgebildet und als solche zu bezeichnen, wenn die Kurse durch den Ausbruch diese bestätigen. Dieses Konzept wird von vielen Tradern falsch verstanden, die den Fehler in der Methodik und nicht in deren Anwendung suchen.

In der Regel wird der Durchbruch der Nackenlinie gehandelt. Häufig kehren die Kurse nach dem Durchbruch aber noch einmal zu dieser zurück. Nun bietet sich eine deutliche attraktivere Möglichkeit, eine Position einzugehen, da der Stop sehr eng platziert werden kann.

IV.1.5 Fazit

Die Fundamentale Analyse ist ein effektiver Weg, eine Prognose für die künftige Situation eines Wirtschaftsraums aufzustellen. Somit lässt sich bedingt auch die Entwicklung der Währung abschätzen. Das größte Problem bei der Fundamentalen Analyse ist die Umsetzung der Prognose in das Handeln. Einige Fragen, die mit der Fundamentalen Analyse nur schwierig zu beantworten sind, lauten beispielsweise: Wann genau steigt man ein, wann wieder aus? Wie schnell tritt die Prognose ein? Wie weit darf am Anfang eine Gegenbewegung gegen mich laufen? Ab wann habe ich mich in meiner Prognose geirrt? Die Fundamentale Analyse eignet sich daher vor allem, um sich über die Rahmenbedingungen und das „große Bild" zu informieren.

Einige fundamentale Kennzahlen haben einen so großen Einfluss auf das Marktgeschehen, dass auch Trader, die sich nicht mit den makroökonomischen Kennzahlen auseinander setzen, bei der Veröffentlichung der Zahlen auf sie Rücksicht nehmen sollten, da es in der Folge häufig zu heftigen Kursbewegungen kommt. Dazu gehören beispielsweise die Veröffentlichungen der Notenbanken: Erfolgt eine unerwartete Senkung oder Erhöhung der Leitzinsen, kommt es in der Folge häufig zu starken Kursbewegungen.

Auch mit Hilfe des Behavioral-Finance-Ansatzes und der Intermarket-Analyse sind fundierte Aussagen über die künftige Entwicklung einer Währung möglich. Sie bieten aber – genauso wie die Fundamentale Analyse – keinen Lösungsansatz für das Timing-Problem. Handelt man sehr langfristige Positionen, ist dieses Problem von untergeordneter Rolle. Die meisten Trader agieren aber mit einem kurzfristigen Zeithorizont und verfügen nicht über die Mittel, um eine Position einige hundert Pips gegen sich laufen zu lassen.

Die Technische Analyse bietet mit ihrem Instrumentarium einen Lösungsansatz für das Timing-Problem. Aber auch ihr Einsatz ist mit einigen Problemen verbunden. Die Identifikation von Trends und Formationen ist sehr subjektiv. Daher kommen mehrere Trader, die den gleichen Ansatz nutzen, häufig zu unterschiedlichen Ergebnissen. Ein Sprichwort im Bezug auf die Chart-Analyse lautet daher nicht umsonst: „Trading ist eine Kunst, keine Wissenschaft". Die Quantitative Analyse – neben der Chart-Analyse eine weitere Untergruppe der Technischen Analyse – umgeht dieses Problem durch den Einsatz so genannter Indikatoren, die den Kursverlauf normieren. Ein (subjektives) Identifizieren des Kursverlaufes ist nun nicht mehr nötig. Allerdings müssen für die Indikatoren Parameter vorgegeben werden.

Welchen Ansatz man wählt, hängt stark von der eigenen Persönlichkeit und dem zu handelnden Zeithorizont ab. Viele Trader – vor allem im Intraday-Bereich – konzentrieren sich ausschließlich auf die Technische Analyse. Umfragen unter erfolgreichen Tradern haben jedoch gezeigt, dass sich mit jedem Ansatz Geld verdienen lässt.

Häufig werden die besten Resultate erzielt, wenn mehrere Ansätze kombiniert werden und diese zu einer gleichen oder zumindest sehr ähnlichen Prognose führen. Vor allem die Kombination von Technischer Analyse und Behavioral Finance ist sehr viel versprechend. Divergenzen zwischen zwei Ansätzen sollten zum Anlass genommen werden, die eigene Analyse kritisch zu hinterfragen.

IV.1.6 Heiliger Gral

Als „Heiliger Gral" wird ein Ansatz bezeichnet, der stets zu einer korrekten Prognose des zukünftigen Kursverlaufs führt. Viele Einsteiger sind (unterbewusst) der Auffassung, dass es solch einen Ansatz geben muss, und versuchen, diesen zu finden. In der Folge verstricken sie sich in der Suche nach dem „Heiligen Gral", das Handeln und Realisieren von Gewinnen – wenn denn überhaupt gehandelt wird – rückt in den Hintergrund.

Häufig entstehen dabei Systeme mit Dutzenden Indikatoren, die Charts enthalten häufig mehr eingezeichnete Trendlinien und Unterstützungen/ Widerstände als Kursnotierungen. Diese Systeme mögen in dem betrachteten Zeitraum funktionieren, da sie für diesen entwickelt wurden. Sobald das System aber im Alltag zum Einsatz kommt, wird die Kapitalentwicklung mit hoher Sicherheit abwärts verlaufen. Das Kiss-Prinzip – Keep it simple, stupid – trifft auch auf das Trading von Devisen zu.

Erfolgreiche Trader sind nicht deshalb erfolgreich, weil sie eine bessere Strategie haben oder über Wissen verfügen, dass anderen nicht zur Verfügung steht. Auch sie wissen nicht, wie sich der Markt in der Zukunft entwickeln wird. Umfragen unter diesen Tradern zeigen, dass sie den Anteil der Methodik an ihrem Erfolg mit durchschnittlich weniger als 25 Prozent beurteilen.

Die Suche nach einer positiven Methode wird von Einsteigern in der Regel also vollkommen überbewertet. Bereits Grundkenntnisse der Technischen Analyse reichen aus, um mit einer Methodik, die einen positiven Erwartungswert besitzt, aufzuwarten. Viel wichtiger als die Methodik an sich ist die Disziplin, sich an diese zu halten. Jeder Trader wird im Laufe der Zeit immer wieder Verluststrähnen erleiden. Die meisten Trader begehen aber den Fehler und suchen nach drei oder vier Verlierern in Folge eine neue Methodik. Am Ende zählt nur das, was in der P & L (Gewinn- und Verlust)-Übersicht der Handelsplattform steht. Viele Trader sind selbst mit Trefferquoten von lediglich 30 Prozent überaus erfolgreich. Eine hohe Trefferquote allein dagegen ist noch lange kein Garant für Gewinne.

Beim Trading geht es nicht darum, Recht in seiner Prognose zu haben oder eine Prognose für die Zukunft zu stellen. Das Verbilligen einer Position durch Nachkaufen ist ein typisches Anzeichen für einen Trader, der lieber Recht hat als Geld zu verdienen. Gewinne wird am Ende nur derjenige Trader aufweisen, der seine Prognosen auch in die Tat umsetzen kann. Aussichtsreiche Situationen zeichnen sich dabei stets durch ein geringes Risiko und eine große Chance aus.

IV.2 Zeithorizont

Unter dem Begriff Zeithorizont versteht man das Zeitfenster, in dem ein Trader seine Einstiegs- und Ausstiegspunkte findet. Diese reichen von Sekunden über Minuten bis hin zu Tagen und Wochen. Das gewählte Zeitfenster sollte sich an der eingesetzten Handelsmethodik orientieren. So macht es für einen Trader, dessen Analysen auf der fundamentalen Bewertung von Währungsräumen basieren, keinen Sinn, seinen Einstieg im Minutenbereich zu finden, da seine Methodik keinerlei Rückschlüsse auf die Bewegung innerhalb eines Tages zulässt. Mit einem Tageschart hätte er wahrscheinlich deutlich größeren Erfolg.

Als Trader sollte man sich auf ein Zeitfenster festlegen, das zur genutzten Analysemethode, zur eigenen Mentalität, zum Zeiteinsatz und zum vorhandenen Kapital passt.

Wenn ein Trade eröffnet wurde, sollte man sich stets an den gewählten Zeithorizont halten, auch wenn die Position in den roten Zahlen steht. Viele Investitionen am Neuen Markt haben im Jahr 2000 als kurzfristige Day Trades begonnen, wurden zu mittelfristigen Swing Trades und sind inzwischen tief in den roten Zahlen notierende langfristige Position Trades. Wurde eine Position als Scalp Trade eröffnet, sollte sie auch als Scalp Trade gemanaged und bei der nächsten kleinen Gegenbewegung wieder geschlossen werden. Wurde dagegen eine Position mit einem langfristigen Ziel eröffnet, sollte sie mit einem Stop abgesichert werden und nicht die ganze Zeit beobachtet werden.

IV.2.1 Position Trading

Die meisten Privatanleger, die lediglich in Aktien oder Fonds investieren und nur selten Positionen in ihrem Portfolio verändern, sind dieser Kategorie zuzuordnen. Unter dem Begriff Position Trading wird das langfristige Halten einer Position über mehrere Wochen oder Monate hinweg verstanden. Dies ist beispielsweise beim Buy & Hold-Ansatz der Fall. Ein aktives Managen der Position findet nicht statt, der Stop wird häufig nur einmal in der Woche angepasst. Position Trader führen innerhalb eines Jahres meist weniger als 20 Trades durch. Der Gewinn wird bei diesem Ansatz oft durch lediglich zwei bis drei Positionen bestimmt.

Abbildung IV.14: Wochenchart

Beim Position Trading lautet das Ziel, an den primären, langfristigen Trends zu partizipieren. Kurzfristige Gegenbewegungen werden nicht berücksichtigt. Da Devisen sich oftmals über mehrere Monate hinweg in konstanten und stabilen Trends befinden, ist ein langfristiger Ansatz im FX-Bereich erfolgversprechend.

Alle vorgestellten Analysemethoden eignen sich für das Position Trading. Ein großer Vorteil des Position Tradings ist der geringe Zeitaufwand. Für die Marktanalyse und das Management der offenen Positionen reicht häufig bereits eine Stunde pro Woche aus.

IV.2.2 Swing Trading

Offene Positionen werden beim Swing Trading meist über einen Zeitraum von einem Tag bis zu zwei Wochen gehalten. Swing Trading unterscheidet sich vom Position Trading neben dem kürzen Zeithorizont vor allem durch das aktive Beobachten und Managen der Positionen. Das Chance-Risiko-Verhältnis ist unter den vier Zeitfenstern häufig das attraktivste, da sich enge Stops mit beträchtlichen Gewinnaussichten vereinbaren lassen. Langfristig ausgerichtete Analyse-Ansätze wie die Fundamentalanalyse haben nur bedingt Aussagekraft auf diesem kurzen Zeitfenster.

Abbildung IV.15: Vier-Stunden-Chart

Das Ziel von Swing Tradern sind kurzfristige Trends, die sich über mehrere Tage erstrecken. Gegenbewegungen über mehr als einen Tag hinweg werden in der Regel nicht geduldet.

Für das Swing Trading ist nur ein geringer täglicher Einsatz notwendig. Daher eignet sich dieser Ansatz auch für Berufstätige, die aktiv am Devisenhandel teilnehmen möchten. In den Abendstunden können die Marktanalyse durchgeführt sowie eventuell Aufträge platziert werden. Während des Tages ist lediglich das Managen der offenen Positionen notwendig. Auch für Einsteiger, die erste Erfahrungen im FX-Markt sammeln möchten, empfiehlt sich dieses Zeitfenster. Ebenso wie beim Position Trading werden an das Equipment nur geringe Ansprüche gestellt. Ein gesonderter Rechner für das Trading ist nicht notwendig.

IV.2.3 Day Trading

Day Trader operieren mit einem Anlagehorizont von bis zu einem Tag; meistens werden die Positionen aber zwischen zehn Minuten und vier Stunden gehalten. Normalerweise schließen Day Trader alle Positionen, wenn sie das Trading für den aktuellen Handelstag beenden. Das Gros der aktiven Trader handelt im Intraday-Bereich und wird der Kategorie der Day Trader zugeordnet. Im spekulativen FX-Markt ist die Anzahl an Day Tradern, prozentual betrachtet, deutlich höher als beispielsweise in Aktienmärkten. In der Regel wird die Technische Analyse genutzt, um Einstiegspunkte zu finden. Ansätze wie die Fundamentalanalyse sind im Intraday-Bereich unbrauchbar.

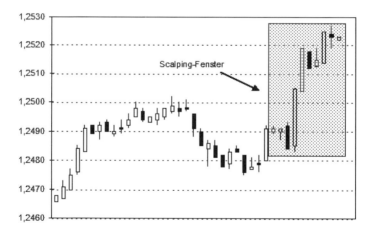

Abbildung IV.16: Fünf-Minuten-Chart

Day Trader zielen auf schnelle Gewinne ab. Positionen, die in den Verlust laufen, werden meistens sofort geschlossen. Das Ziel sind kurzfristige Trends, die sich häufig auf Bewegungen von 10 bis 20 Pips beschränken.

Day Trading sollte nur als Vollzeitbeschäftigung betrieben werden, da es höchste Anforderungen an die Konzentration und Disziplin stellt und eine gehobene, technische Ausstattung voraussetzt. Day Trading eignet sich vor allem für Trader, die möglichst aktiv am Devisenhandel teilnehmen wollen und das Risiko von langfristigen Positionen scheuen. Da die Trading-Frequenz je nach Handelsstil über 20 Trades je Tag betragen kann und meistens auf nur relativ geringe Kursbewegungen spekuliert wird, stellen die Gebühren und Spreads eine nicht zu vernachlässigende Größe dar.

IV.2.4 Scalping

Scalper sind Marktteilnehmer, die mit einem sehr kurzen Zeithorizont agieren und versuchen, kleine Kursbewegungen auszunutzen. Die typische Haltedauer eines Scalpers reicht von wenigen Sekunden bis zu einigen Minuten. Die meisten Scalper richten sich beim Handeln nur nach den aktuellen Quotierungen, den Times & Sales – einer Liste mit den gerade abgeschlossenen Geschäften – und ihrem Gespür für den Markt. Der langfristige Trend sowie fundamentale Hintergründe sind meistens von untergeordnetem Interesse.

Abbildung IV.16: Fünf-Minuten-Chart

Das Kursziel liegt vielfach nur wenige Pips vom Einstieg entfernt, bei einer Gegenbewegung wird die Position in der Regel sofort glattgestellt.

Scalper haben in der Regel eine sehr hohe Trading-Frequenz, mehr als 50 Trades an einem Handelstag sind keine Seltenheit. Aufgrund des sehr kurzfristigen Ansatzes und der ständigen Teilnahme am Handel haben Scalper häufig Trefferquoten von bis zu 80 Prozent. Oftmals werden jedoch Risiken eingegangen, die größer als der erwartete Gewinn sind. Das größte Problem beim Scalping stellen jedoch die Gebühren/Spreads da.

Im FX-Bereich ist das Scalping unter professionellen Marktteilnehmern weit verbreitet. Aufgrund des Margin-Handels reichen auch beim Handel über einen FX-Broker bereits kleinste Bewegungen aus, um ansehnliche Gewinne zu verbuchen. Für den privaten Trader ist dieser Ansatz allerdings ungeeignet, da die Spreads im Privatbereich bei den meisten Währungen zu groß sind. In einem gewissen Rahmen bilden die Majors eine Ausnahme, da sie bei einigen Brokern mit vergleichsweise geringen Spreads von zwei bis fünf Pips angeboten werden. Für Einsteiger sollte das Scalping jedoch nicht in Betracht gezogen werden. Erst wenn man in einem höheren Zeitfenster durchgängig Gewinne erwirtschaftet, kann man einen Wechsel erwägen.

Neben guten Nerven und Entschlussfreudigkeit benötigt ein Scalper vor allem professionelles Equipment, um mit den institutionellen Händlern konkurrieren zu können.

IV.2.5 Gegenseitige Beeinflussung und Validierung

Auch wenn das Timing der Position auf einen Zeithorizont beschränkt werden soll, ist es vorteilhaft, über die Situation in höheren Zeitfenstern informiert zu sein und diese zusätzlichen Informationen in die eigenen Analysen mit einzubeziehen.

Das Prinzip der gegenseitigen Beeinflussung und Validierung lässt sich in einem Satz auf seine Kernaussage bringen: Ein Long-Signal muss durch einen Aufwärtstrend in der höheren Zeitebene bestätigt werden. Analoges gilt für Short-Signale. Bereits mit dieser einfachen Trading-Regel – Handel nur in die Richtung des übergeordneten Trends – lässt sich die Trefferquote deutlich erhöhen, allerdings zu Kosten der Tradingfrequenz. Für einen Day Trader, dessen Analysen auf einem Fünf-Minuten Chart basieren, würde dies bedeuten, nur dann Long-(Short-)Positionen einzugehen, wenn der Trend im Stundenchart aufwärts (abwärts) gerichtet ist.

Natürlich enthält ein 15-Minuten Chart alle Informationen, die auch in einem Tageschart zu finden sind. Die höhere Datenauflösung verursacht aber auch ein deutlich erhöhtes Rauschen. Darunter versteht man alle Bewegungen, die sich innerhalb kurzer Zeit wieder relativieren und mittelfristig ohne Bedeutung sind. Je länger eine Bewegung andauert, desto größer ist die Chance, dass sie sich auch in der Zukunft weiter fortsetzt. Aus diesem Grund ist es häufig sinnvoll, einen „Schritt zurück" zu machen und seine Analysen auf höhere Zeitebenen auszudehnen, um einen besseren Überblick über die Gesamtsituation zu gewinnen.

Kapitel V: Erfolgreiches Devisen-Trading

In diesem Kapitel steht der Weg zum erfolgreichen Devisen-Trading im Mittelpunkt. Nachdem in den vorangegangenen Kapiteln ein grundlegendes Verständnis für die FX-Materie geschaffen wurde und verschiedene Strategien vorgestellt wurden, wird im Folgenden erläutert, wie man an das Handeln herangehen und auf welche Aspekte man besonders achten sollte. Dabei wird stets auf die Besonderheiten des Devisenhandels Rücksicht genommen.

Mehr als 80 Prozent der Trading-Neulinge scheitern innerhalb der ersten drei Jahre. Entweder sie geben frustriert auf, oder sie haben ihr Konto in den Ruin gehandelt. Erfolgreiche Trader dagegen weisen über Jahre hinweg zum Jahresende (fast) immer einen Gewinn aus. Diese hohe Verliererquote lässt sich vor allem auf eine Ursache zurückführen: die Fokussierung auf den Einstieg. Einsteiger setzen sich in der Regel nur mit dem Zeitpunkt des Einstiegs auseinander und vernachlässigen die wichtigeren Bausteine.

In der Realität hat der Einstieg lediglich einen geringen Einfluss auf den Erfolg. Selbst Random-Entry-Systeme, also Systeme mit zufallsbestimmtem Einstieg, können im Zusammenspiel mit entsprechenden Ausstiegsregeln beständige Gewinne produzieren. Befragt man erfolgreiche Marktteilnehmer nach dem Stellenwert des Einstiegs, so wird dieser meist mit maximal 25 Prozent gewichtet.

Erfolgreiches Trading setzt sich aus mehreren Komponenten zusammen. Im Folgenden soll das Gesamtmodell „Erfolgreiches Trading" als ein Puzzle mit vier Elementen betrachtet werden: Strategie, Selbst-Management, Risiko-Management und Money-Management. Die vier Puzzlestücke sind ineinander verzahnt, da sie sich alle gegenseitig beeinflussen.

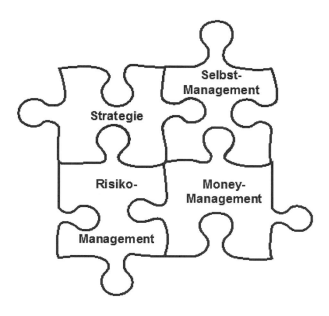

Abbildung V.1: Elemente des erfolgreichen Devisen-Tradings

Natürlich garantiert auch dieses Modell keinen Erfolg, aber es gibt eine Richtung vor, die für die meisten Einsteiger Erfolg versprechend ist. Zumindest bereitet es den angehenden Trader so vor, dass er „bei einem Degenkampf nicht mit einem Taschenmesser aufwartet".

Der Ausgangspunkt ist stets die **Strategie**. Sie legt fest, wann in den Markt eingestiegen wird und zu welchen Zeitpunkt die Position wieder glattstellt wird. Im Kapitel IV.1 wurden bereits unterschiedlicher Methoden wie beispielsweise die Technische Analyse vorgestellt.

Eine Strategie alleine ist jedoch noch nicht einmal die „halbe Miete". Kapitel V.1 „Risiko-Management" setzt sich mit der Definition von Risiken, deren Minimierung sowie Auswirkungen aus das Konto auseinander.

Kapitel V.2 „Money-Management" geht Hand in Hand mit dem Kapitel Risiko-Management. Mit Hilfe des Money-Managements wird die ideale Positionsgröße bestimmt.

Mit den vorangehenden drei Punkten lässt sich bereits ein erfolgreicher Handelsansatz definieren. Die Umsetzung der theoretischen Ergebnisse in tatsächliche Gewinne ist für viele Trader allerdings problematisch, da ihnen die Psyche „ein Bein" stellt. Diese psychologischen Fallen werden in Kapitel V.3 „Selbst-Management" vorgestellt.

Entscheidungen wie beispielsweise die Wahl des Brokers haben zwar auch einen Einfluss auf das Endresultat, spielen aber lediglich eine sekundäre Rolle. Daher wurden diese Punkte bereits im Kapitel III besprochen.

Zwischen den angesprochenen vier Teilen lässt sich keine sinnvolle Rangfolge herstellen, die den Einfluss der einzelnen Komponenten auf das Endresultat widerspiegelt. Generell gilt, dass der Fokus überwiegend auf die drei Managementpunkte gerichtet werden sollte. Die Strategie sollte zwar nicht vernachlässigt werden, langfristig hat sie jedoch den geringsten Einfluss auf das Resultat. Erfolgreiches Trading erfordert daher die Auseinandersetzung mit allen vier Elementen.

Weder sind gute Trader besonders intelligent noch kennen sie ein Geheimnis. Trading ist keine komplexe Wissenschaft, (fast) jeder hat die gleichen Chancen, im FX-Markt Geld zu verdienen. Über Erfolg und Misserfolg beim Traden entscheidet nicht der Zufall. Bis jemand zu einem konstant profitablen Trader wird, ist es jedoch ein weiter und steiniger Weg. Trading ist zwar wissenschaftlich nicht sehr anspruchsvoll, dennoch bedarf es einer Lernphase. Im Gegensatz zu einem Studiengang an einer Universität kann man aber nicht alle Themengebiete theoretisch lernen, sondern muss einen Teil der Erfahrungen selbst sammeln. Die Ausgaben für Lernmaterialien und Ausbildung sind dagegen vergleichsweise gering. Vor allem zu Beginn ist jedoch sicherlich ein Teil des Kapitals für Verluste („Lehrgeld") zu veranschlagen.

V.1 Risiko-Management

V.1.1 Definition Risiko-Management

Ein gravierender Fehler vieler Einsteiger in das Trading-Business ist die Fokussierung auf den Ertrag. Häufig wird bei dem Versuch der Gewinnmaximierung vernachlässigt, sich mit dem Risiko auseinander zu setzen. Erfolgreiche Trader dagegen rücken das Risiko und dessen Management mit in den Mittelpunkt ihres Tradings.

Um zu verstehen, was Risiko-Management genau ist, mit welchen Elementen es sich beschäftigt und warum es auf den Trading-Erfolg einen so großen Einfluss hat, wird zuerst geklärt, was genau Risiko ist.

Der Begriff Risiko ist in unterschiedlichen Lexika sinngemäß stets folgendermaßen beschrieben:

Eintrittswahrscheinlichkeit von schädigenden Ereignissen; während der Begriff Gefahr die allgemeine Tatsache der möglichen Schädigung bezeichnet, ist Risiko die bewusst und unter Umständen genau kalkuliert eingegangene Gefahr. Risiken können durch individuelle Entscheidung eingegangen oder vermieden werden.

Im Trading-Bereich gibt es neben dem Risiko, dass die Kurse sich nicht gemäß den eigenen Erwartungen entwickeln – dem so genannten Preisrisiko –, eine Reihe von weiteren Risiken. Darunter fallen beispielsweise das Liquiditätsrisiko und das Kontrahentenrisiko.

Wird in einer Aktie, die über eine nur sehr geringe Liquidität verfügt, das heißt kaum gehandelt wird, eine große Position aufgebaut, kann es vorkommen, dass die Position nicht mehr zu dem aktuellen Marktpreis geschlossen werden kann. Käufer für diese große Menge an Papieren finden sich erst bei einem niedrigeren Preis. Im Interbanken-Markt ist dieses Liquiditätsproblem im Normalfall nicht existent. Aufgrund des unvergleichbar hohen Volumens, das jeden Tag zwischen den Banken gehandelt wird, findet sich in der Regel immer ein Handelspartner. Interveniert eine Zentralbank oder gibt es eine unerwartete Nachricht mit großem Einfluss auf eine Währung, und wollen alle Marktteilnehmer in die gleiche Richtung handeln, kann es allerdings auch im Interbanken-Markt zu Liquiditätsengpässen kommen, die sich in einem erhöhten Spread niederschlagen.

Das Kontrahentenrisiko wird auch Kreditrisiko genannt. Es bezeichnet die Gefahr, dass einer der beiden Handelspartner die vereinbarte Leistung nicht erfüllen kann. Handelt man Terminkontrakte über eine Börse, besteht dieses Risiko nicht. Hier fungiert ein Clearing-Haus als Mittler. Alle aus der Position entstehenden Pflichten und Forderungen bestehen gegenüber dem Clearing-Haus und nicht gegenüber einem Dritten. Den einzelnen Marktteilnehmern entstehen daher keine Risiken aus eventuellen Bonitätsschwierigkeiten von Vertragspartnern. Im Interbanken-Markt hingegen gibt es solch ein Institut nicht: Die Bank bleibt beim Ausfall des Handelspartners auf den Verlusten sitzen.

Das Liquiditäts- wie auch das Kontrahentensisiko betreffen den privaten Trader, der über einen Broker handelt, nicht. Dieser stellt jederzeit einen zweiseitigen Kurs, zu dem er bereit ist zu handeln. Da der Handelspartner stets der Broker ist, besteht auch kein Kreditrisiko. (Die Insolvenz des Brokers soll an dieser Stelle nicht näher in die Betrachtung miteinbezogen werden.)

Die weiteren Ausführungen zum Risiko-Management befassen sich lediglich mit dem Marktpreisrisiko, da für den privaten Trader andere Risiken nur von untergeordnetem Interesse sind. Die eingangs gemachte Risikodefinition lässt sich nun weiter präzisieren:

Die Maßzahl Risiko gibt an, welcher negativen Wertveränderung eine Position aufgrund von künftigen, nicht vorhersehbaren Ereignissen unterliegt.

Das natürliche Risiko jeder Position ist ihr aktueller Wert. Theoretisch ist es möglich, dass ein Finanzinstrument über Nacht seinen Wert (fast) vollständig verliert. In der Vergangenheit ist es schon häufiger vorgekommen, dass Aktien aufgrund von unerwarteten Nachrichten über Nacht praktisch wertlos wurden. Bei Short-Positionen ist das theoretische Risiko sogar unbegrenzt.

Kurssteigerungen von über 100 Prozent sind bei kleinen Technologiewerten oder Firmen aus der dritten Reihe durchaus möglich und in der Vergangenheit bereits mehrmals vorgekommen. Bei Devisenwechselkursen oder Edelmetallen ist die Wahrscheinlichkeit für diese Szenarien so gering, dass sie getrost vernachlässigt werden können.

Zur Berechnung des Risikos eines Portfolios gibt es mehrere statistisch quantitative Methoden. Ein Beispiel ist das von J.P. Morgan entwickelte Value at Risk (VAR). Das Resultat der Berechnungen ist ein Wert, der einen maximalen Verlust wiedergibt, der mit einer vorgegebenen Wahrscheinlichkeit nicht überschritten wird. Ein solches Ergebnis könnte beispielsweise wie folgt aussehen: Das Portfolio wird in der nächsten Woche mit einer Wahrscheinlichkeit von 95 Prozent nicht mehr als zehn Prozent Verlust erleiden. Sollte der Bank dieses Risiko zu hoch sein, so könnte sie einen Teil der Positionen glattstellen oder absichern (so genanntes Hedgen). Die unterschiedlichen Methoden arbeiten in der Regel mit den historischen Volatilitäten der zugrunde liegenden Instrumente. Da diese Methoden mit Daten aus der Vergangenheit arbeiten, kann man niemals eine sichere Aussage über die Zukunft machen. Aus diesem Grund wird stets mit einem so genannten Konfidenzintervall gearbeitet. Dieses gibt eine Wahrscheinlichkeit vor, mit der das Ergebnis eintreten soll, und beträgt meistens zwei Standardabweichungen. Das Ergebnis ist also immer mit einer Wahrscheinlichkeit verbunden, mit der es eintreten wird.

Unabhängig von der eingesetzten Bewertungsmethode lässt sich keine sinnvolle Aussage über das Risiko mit einer statistischen Signifikanz von 100 Prozent treffen. In der Regel werden die eintretenden Verluste deutlich geringer sein als die berechneten Werte. Im ungünstigen Fall aber werden die Verluste den angegebenen Wert zum Teil deutlich übertreffen. Mit den statistisch quantitativen Methoden lässt sich nur der wahrscheinliche Maximalverlust berechnen, sie erlauben keine Aussage über den wahrscheinlichen oder tatsächlichen Verlust. Dennoch ist dies häufig die beste Methode, Risiken zuverlässig zu quantifizieren. Diese Bewertungsmethoden werden vor allem von Fonds, die häufig viele Assets in ihren Portfolios gleichzeitig verwalten müssen, zur Bestimmung des Preisrisikos eingesetzt. Für den privaten Trader ist diese Risikobestimmung dagegen wenig hilfreich.

Die bisherigen Ausführungen haben gezeigt, dass das Marktpreisrisiko nicht zuverlässig quantifiziert werden kann. Beim Eingehen einer Position kann also keine verlässliche Aussage darüber gemacht werden, wie risikoreich diese ist und wie hoch die Verluste im negativen Szenario sein werden. Diese Information ist für das Money-Management (siehe Kapitel V.2) aber essentiell.

An dieser Stelle greift das Risiko-Management ein. Mit dessen Hilfe ist es unter anderem möglich, eine zuverlässige Aussage über das Risiko einer Position zu treffen.

Risiko-Management versucht nicht, mit Hilfe von historischen Daten oder anderen Berechnungen ein Marktpreisrisiko zu bestimmen. Stattdessen behilft es sich mit einem „Trick", der so genannten Verlustbegrenzung. Hierfür gibt es mehrere Methoden; die bekannteste (und für den privaten Trader auch sinnvollste) ist das Platzieren eines Stops: ein Stop-Buy-Auftrag (bei Short-Positionen) oder ein Stop-Sell-Auftrag (bei Long-Positionen). Dadurch wird der maximale Verlust auf die Differenz zwischen Einstiegskurs und Stop-Marke begrenzt. In einigen Fällen wird man einige Pips Slippage (Differenz zwischen Stop-Kurs und tatsächlichem Ausführungskurs) erfahren. Bewegungen, die erst viele Punkte hinter dem Stop ausgelöst werden, kommen im FX-Markt normalerweise nicht vor. Einige Broker bieten für Stop-Aufträge außerdem eine Preisgarantie. Als Ausführungskurs erhält man bei der Ausführung auf jeden Fall den Stop-Kurs.

Durch das Plazieren eines Stops ist nun auch eine Aussage über den ungünstigsten Verlauf der Position möglich: das Auslösen des Stops. Der Betrag, den man hierbei verloren hätte – die Differenz zwischen Einstiegs- und Stop-Kurs –, entspricht dem Risiko dieser Position beim Einstieg.

Risiko entspricht dem Betrag, den man verliert, wenn die Position im negativen Szenario geschlossen wird.

Risiko-Management ist die Kombination mehrerer Methoden, um das Risiko jeder einzelnen Position zu definieren, zu bewerten und zu kontrollieren. Dazu gehören in erster Linie die Kontrolle und Minimierung von Risiken, die durch offene Positionen entstehen. Daneben werden auf den kommenden

Seiten aber auch nicht weniger wichtige Dinge wie das Chance-Risiko-Verhältnis oder die Wahrscheinlichkeiten von Serien angesprochen. Das Ziel des Risiko-Managements ist die Erhaltung des Trading-Kapitals, und nicht die Maximierung von Gewinnen.

Risiko ist hauptsächlich durch die Positionsgröße beeinflussbar. Daher muss das Risiko-Management stets in Zusammenhang mit dem Money-Management betrachtet werden. Letzteres wird in Kapitel III.4 behandelt.

V.1.2 Platzierung eines Stops

Eine Aussage, die sich beinahe in jedem Trading-Buch findet, lautet: „Lasse deine Gewinne laufen und begrenze deine Verluste". Auch wenn diese Aussage natürlich richtig ist, bleiben die meisten Bücher eine Antwort schuldig, wie und wann Verluste zu begrenzen sind.

Viele Trading-Neulinge begehen jedoch immer wieder den gleichen Fehler: Sie begrenzen die Gewinne und lassen die Verluste laufen. Sobald eine Position im Gewinn notiert, wird sie geschlossen, damit aus dem Gewinner auf keinen Fall mehr ein Verlierer werden kann. Positionen, die tief in den roten Zahlen stecken, werden jedoch laufen gelassen, da „sie sich schon wieder erholen". Das Setzen eines Stops sollte für jeden Einsteiger obligatorisch sein und vom ersten Trade an erfolgen. Stops sollten nur in die antizipierte Richtung der Position bewegt werden und niemals gegen sie. Ansonsten wird aus der Risikominimierung eine Risikoausweitung.

In einigen Büchern findet sich die Empfehlung, Positionen glattzustellen, sobald diese einen Verlust von beispielsweise zehn Prozent aufweisen. Diese Vorgehensweise ist dem Verzicht auf Stops zwar vorzuziehen, doch riskieren die Anleger damit mehr als erforderlich. Solche Werte sind aus der Luft gegriffen und stehen in keinem Zusammenhang mit dem gehandelten Wert, der gehandelten Methodik und dem Zeithorizont. Lediglich für Trader, die auf Kursbewegungen von nur einigen Pips spekulieren (so genannte Scalper), macht ein fixer Stop Sinn.

Stops lassen sich am effektivsten durch die Technische Analyse bestimmen. Alternativ kann auch auf so genannte Volatilitäts-Stops ausgewichen werden, die vor allem in Handelssystemen Beachtung finden, da sich dieser Ansatz vollständig automatisieren lässt und keine diskretionären Eingriffe erfordert.

V.1.2.1 Initial-Risk-Stop

Ab welchem Zeitpunkt sollte eine Position glattgestellt werden? Auf diese Frage gibt es keine pauschale, quantitative Antwort. Bei der Wahl der Stop-Marke sollte man sich daher an der folgenden Aussage orientieren: Eine Position ist am besten dann glattzustellen, wenn die Analyse, die zum Einstieg geführt hat, sich nicht bewahrheitet hat oder nicht mehr zutrifft.

An diesem Punkt stehen Trader, die ihren Einstieg nach der Fundamentalanalyse bestimmen, vor einem Problem: Wenn die Notierungen nach dem Einstieg weiter fallen, ergibt sich eigentlich ein stärkeres Entry-Signal, da das Bewertungsverhältnis noch attraktiver ist als zuvor. Zu diesem Zeitpunkt müsste man als Fundamental-Analyst erst recht eine Position eingehen. Aber auch in diesem Fall hat sich die Erwartung, dass die Kurse nach dem Einstieg zu steigen beginnen, nicht bewahrheitet, und man sollte die Position glattstellen. Der Anleger hat immer noch die Möglichkeit, bei einem erneuten Anzeichen für einen Kursanstieg erneut einzusteigen.

Platzieren eines Stops mit Hilfe der Technischen Analyse

Geeignete Liquidierungs-Marken, die (Chart-)technische Relevanz besitzen, sind neben Unterstützungen und Widerständen vor allem Trendlinien, relative Hochs beziehungsweise Tiefs und die Extrema der vorangehenden Notierungen (im Tageschart also beispielsweise das Hoch oder das Tief des Vortages).

Handelt man beispielsweise einen Ausbruch (Break-out) aus einem Aufstegenden Dreieck, so erwartet man einen starken Kursanstieg, sobald die Kurse die obere Begrenzung überwunden haben. Fallen die Kurse nach dem Ausbruch dagegen wieder in die Formation zurück, so hat sich die zuvor gestellte Prognose nicht bewahrheitet. Die logische Konsequenz ist die Liquidation der Position.

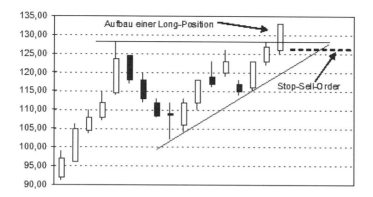

Abbildung V.2: Platzierung eines Stops an einer Formationsbegrenzung

Zur Platzierung des Stops bietet sich hier die obere Begrenzung des Dreiecks an, die bis zu diesem Zeitpunkt als Widerstand für die Notierungen fungiert hat (vgl. Abbildung V.2). Alternativ könnte auch das Tief des Bars, bei dem der Einstieg erfolgt, zur Stop-Platzierung genutzt werden.

Nachdem die Notierung den Widerstand – in diesem Fall die obere Begrenzung des Dreiecks – überwunden hat, agiert dieser nun als Unterstützung. Häufig kehren die Kurse nach dem Ausbruch noch einmal zur Begrenzung der Formation zurück und „testen" diese, bevor sie ihre Bewegung in Richtung des Ausbruchs fortsetzen. Da die Rückkehrbewegungen so häufig sind, warten viele Trader eine solche Reaktion ab und bauen erst dann eine Position auf. Diese Rückkehr-Reaktion lässt sich bei den meisten Ausbruchsformationen – mehr oder weniger häufig – feststellen.

Im Normalfall bewegen sich die Notierungen nicht linear „von a nach b", sondern sie „zappeln" um diese Linie herum. Da die Technische Analyse eine subjektive Beurteilung der vergangenen Geschehnisse ist, kommt es häufig zwischen den Betrachtern zu Abweichungen bei der Bewertung der vergangenen Kursentwicklung und der Prognose der künftigen Entwicklung, selbst wenn sie die gleichen Methoden einsetzen.

Die meisten technisch orientierten Marktteilnehmer werden zwar zu der gleichen Prognose gelangen, aber aufgrund unterschiedlicher Datengrundlagen und Mentalitäten einen geringfügig voneinander abweichenden Einstieg wählen. Diese Betrachtung geht davon aus, dass alle Trader technisch orientiert sind. Bereits so lässt sich das „Zappeln" leicht erklären. In der Realität spielen weitere Bewertungsmethoden wie die Fundamentale Analyse ebenfalls eine überaus wichtige Rolle; diese können sogar kontroverse Signale liefern und das „Zappeln" dadurch noch weiter verstärken.

Aus diesen Gründen sollte man den Stop nicht direkt auf Unterstützungen oder Widerstände legen, sondern stets einige Pips darunter/darüber. Dabei sollte man sich an der Volatilität der umliegenden Kursstäbe orientieren. Im vorangegangenen Beispiel (vgl. Abbildung V.2) wurde der Stop daher nicht auf der oberen Begrenzung des Dreiecks – die den Kursen nach dem Ausbruch als Unterstützung dient – platziert, sondern einige Pips darunter.

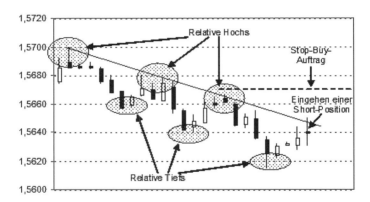

Abbildung V.3: Platzierung eines Stops mit Hilfe der relativen Hochs/Tiefs

Ein empfehlenswerter und leicht umzusetzender Ansatz ist das Verwenden von relativen Hochs/Tiefs für die Platzierung eines Stops. Ein relatives Tief ist das Tief einer kurzen Bewegung, eines so genannten Swings. Relative Hochs werden durch den Hochpunkt eines Swings definiert. Ein relatives Tief/Hoch ist immer niedriger/höher als die umliegenden Bars (vgl. Abbildung V.3).

Solange sich eine Devise in einem Abwärtstrend befindet, sollte sie stets niedrigere, relative Tiefs markieren. Die relativen Hochs sollten ebenfalls in der Höhe absteigen. Wenn in einem Abwärtstrend das vorhergehende, relative Hoch überschritten wird, ist der Abwärtstrend in der Regel beendet. Normalerweise schließt sich nun eine Seitwärtsbewegung an, selten beginnt direkt ein Aufwärtstrend. Relative Tiefs/Hochs dienen aber nicht nur der Trend-Identifikation, sondern leisten auch als Widerstände und Unterstützungen wertvolle Dienste. Sie eignen sich bekanntlich gut zur Platzierung eines Stops. In der Abbildung V.3 empfiehlt es sich daher, den Stop über das vorhergehende, relative Hoch zu platzieren. Erreichen die Quotierungen diese Marke, ist es sehr wahrscheinlich, dass der Abwärtstrend, auf dessen Fortsetzung in diesem Beispiel spekuliert wird, beendet ist.

Handelt man das „Zurückprallen" (Bounce) von Trendlinien, sollte der Liquidations-Auftrag nicht direkt über der Trendlinie, sondern über dem vorhergehenden, relativen Hoch platziert werden. Häufig laufen die Notierungen um einige Pips über die Trendlinie hinaus, bevor sie wieder die prognostizierte Richtung einschlagen. Liegt der Stop über dem vorhergehenden relativen Hoch/Tief, ist man vor diesen Bewegungen sicher. Sollte der Stop dennoch ausgelöst werden, handelt es sich wahrscheinlich um eine Trendumkehr.

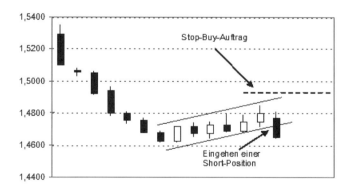

Abbildung V.4: Platzierung eines Stops an einer Fortsetzungsformation

Formationen, die eine Fortsetzung des vorangehenden Trends indizieren – beispielsweise Flaggen und Wimpel –, verfügen häufig weder über ein relatives Hoch/Tief noch über eine Unterstützung/einen Widerstand, die sich zum Platzieren eines Stops eignen würde. In diesem Beispiel bietet es sich an, den Stop über das Hoch der Formation zu legen (vgl. Abbildung V.4).

Da sich vergangene Kursverläufe niemals exakt wiederholen werden, muss der Liquidationspunkt immer an die aktuelle Marktsituation angepasst werden.

Geht ein technisch orientierter Trader eine Position ein, so hat er in der Regel auch eine Vorstellung darüber, bis wann sich die Notierungen in die prognostizierte Richtung bewegen sollen. Falls die Position sich entgegen den Erwartungen bewegt, wird sie durch den Stop glattgestellt. Oftmals wird sich die Position nach dem Einstieg aber lediglich seitwärts bewegen und weder die Erwartungen erfüllen noch den Stop auslösen. Auch in diesem Fall sollte die Position glattgestellt werden, da sich die ursprüngliche Prognose nicht bewahrheit hat.

Platzieren eines Stops anhand der historischen Volatilität

Die bisher vorgestellten Methoden nutzen die Technische Analyse, um einen Stop zu platzieren. Wird ein mechanisches System − der Computer generiert nach einmaliger Programmierung autonom sowohl Einstiegs- als auch Ausstiegssignale − gehandelt, benötigt man eine alternative Lösung, die ohne Eingriffe seitens des Trabers arbeitet. Auch für Trader, die nicht auf die Technische Analyse zurückgreifen oder sich nicht mir dieser auseinander setzen wollen, ist der im Folgenden erläuterte Ansatz geeignet:

Platzieren des Stops in Abhängigkeit von der Schwankungsbreite des Kurses

Bei hohen Kursschwankungen − im Fachjargon auch Volatilität genannt − sollte der Stop generell weiter entfernt liegen, bei einem „linearen" Kursverlauf dagegen sollte der Liquidationspunkt enger gesetzt werden. Volatilere Werte haben somit mehr Freiraum, sich in die prognostizierte Richtung zu entwickeln.

In der Regel wird die Volatilität einer Zeitreihe durch ihre Standardabweichung ausgedrückt. Die Standardabweichung ist eine statistische Maßzahl, die eine Aussage über die Streuung der Kurse um einen Mittelwert macht. Eine hohe Standardabweichung weist darauf hin, dass die Kurse stark um den Mittelwert schwanken. Ein geringer Wert ist ein Hinweis auf eine geringe Streuung.

Unterschieden werden zwei Arten von Volatilität:

- Historische Volatilität: betrachtet die Schwankungen in der Vergangenheit

- Implizite Volatilität: betrachtet die erwartete Schwankung in der Zukunft. Die Werte hierfür werden gewöhnlich durch die Formel von Black and Scholes aus dem Optionspreis für das gehandelte Underlying extrahiert.

Die implizite Volatilität wird vor allem von Tradern, die Optionen handeln, zur Preisbestimmung und -einschätzung benötigt.

Zur Berechnung der historischen Volatilität gibt es neben der Standardabweichung noch eine Reihe weiterer Methoden. Zum Platzieren eines Stops ist die „Average True Range" (ATR) am besten geeignet. Dieser Indikator ist in den meisten Chart-Programmen bereits integriert. Im Gegensatz zur Standardabweichung weist der von Welles Wilder jr. entwickelte Indikator allerdings einen komplett anderen Berechnungsansatz auf.

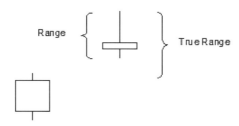

Abbildung V.5: Definition des True Range

Die Schwankung einer Periode wird im Fachjargon auch „Range" genannt (vgl. Abbildung V.5). Sie bezeichnet die Differenz zwischen dem Hoch- und Tiefpunkt einer Zeiteinheit. Die „True Range" dagegen bezieht eventuell vorhandene Eröffnungslücken (Gaps) in die Berechnung mit ein und gibt damit ein realistischeres Bild von der tatsächlichen Volatilität. Sie gibt keine Auskunft darüber, ob sich ein Devisenpaar in einem Trend befindet. Sie informiert lediglich über die Unruhe/Volatilität.

Die True Range ist immer als der größte der drei folgenden Werte definiert:

• Differenz zwischen aktuellem Hoch und Tief

• Differenz zwischen vorherigem Schlusskurs und aktuellem Hoch

• Differenz zwischen vorherigem Schlusskurs und aktuellem Tief

Durch eine einfache Glättung der True Range über n Perioden ergibt sich schließlich die „Average True Range". Wird für n ein großer Wert gewählt, so wird die Indikatorenkurve flacher und ruhiger. Je geringer die Anzahl der in die Berechnung einfließenden Perioden ist, desto mehr Einfluss bekommen die aktuellen Preisdaten und umso stärker wird die ATR-Kurve „flattern". Die Periodenanzahl sollte sich an der durchschnittlichen Haltedauer von offenen Positionen orientieren. Je kürzer Positionen offen sind, umso geringer sollte auch die in die Berechnung einfließende Anzahl an Perioden sein. Ein guter Kompromiss zwischen beiden Extremen ist für die meisten Trader die Berechnung über 14 Perioden (n = 14).

Für die Berechnung der Average True Range müssen stets die Kursdaten aus dem Zeitfenster herangezogen werden, in dem gehandelt wird. Bei einer Strategie, die auf einem 15-Minuten-Chart basiert, würde eine auf den Tagesdaten berechnete Average True Range keine sinnvollen Ergebnisse liefern. Die in Handelsplattformen integrierten Indikatoren berechnen die Average True Range stets auf das dargestellte Zeitfenster. Wechselt man in ein anderes Zeitfenster, werden auch die Werte für die Average True Range neu berechnet.

Um einen Stop in Abhängigkeit von der Volatilität zu platzieren, wird einfach die Average True Range oder ein Vielfaches von ihr addiert beziehungsweise subtrahiert. Als Referenzpunkt bietet sich das Hoch, das Tief oder der Schlusskurs des aktuellen Bars an. Die Extremwerte des aktuellen Bars sind beim Einstieg jedoch meist noch nicht bekannt. Daher sollte der Einstiegskurs oder die Eröffnung des Bars als Referenz dienen.

Die einfache Average True Range lässt meistens zu wenig Raum für zufällige Bewegungen. Viele Trader nutzen daher das Zwei- bis Vierfache davon für die Berechnung des Liquidierungspunktes. Der Multiplizierungsfaktor sollte in Abhängigkeit der Methodik gewählt und konstant gehalten werden, um Konsistenz in der Stop-Platzierung zu erhalten.

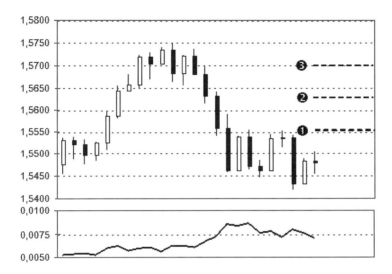

Abbildung V.6: Platzieren eines Stops mit Hilfe der Average True Range

Die Abbildung V.6 zeigt neben der Entwicklung der Wechselkurse die über fünf Perioden gemittelte Average True Range an. Der aktuelle Wert der ATR beträgt 0,0074.

Geht man zum Kurs von 1,5479 eine Short-Position ein, so würde ein Stop mit der einfachen Average True Range bei 1,5479 + 0,0074 = 1,5553 liegen (❶).

Nutzt man die zweifache Average True Range, würde der Stop bei 1,5627 liegen (❷), bei der dreifachen bei 1,5701 (❸).

In volatilen Phasen – im Beispiel erkennbar an der größeren Differenz zwischen Hoch- und Tiefstkurs eines Bars – ist die Average True Range ebenfalls vergleichsweise hoch. In ruhigen Zeiten, wie in diesem Fall auf der linken Hälfte des Charts, ist die ATR dagegen gering.

Auch wenn die Average True Range keine Rücksicht auf die Methodik nimmt, wird sie zumindest durch den Zeithorizont und die Volatilität des Wertes beeinflusst. Ein Stop, der nach einem fixen Prozentsatz platziert wird, weist dagegen überhaupt keinen Zusammenhang mit dem gehandelten Wert auf. Liquidierungspunkte, die mit Hilfe der Technischen Analyse gesetzt werden, sind dennoch vorzuziehen, da hierbei weit mehr Informationen genutzt werden.

V.1.2.2 Trailing-Stops

Stops, die der Verlustbegrenzung dienen, werden in der Fachliteratur meist Initial-Risk-Stop, zuweilen auch Initial-Protective-Stop, genannt. Hat der Stop dagegen primär die Aufgabe, aufgelaufene Gewinne zu sichern, wird er meistens als Trailing-Stop bezeichnet. Diese Differenzierung dient nur der gedanklichen Unterscheidung der beiden Stops, da beide eine separate Handhabung verlangen. Im Endeffekt arbeiten aber beide identisch: Nach dem Unter-/Überschreiten der Stop-Marke wird die Position glattgestellt.

Daher werden für beide Aufträge auch ganz gewöhnliche Stop-Orders genutzt. Einige Handelsplattformen bieten zwar auch die Orderart Trailing-Stop an, diese ziehen die Stops dem aktuellen Marktpreis aber nur um fixe Beträge nach und erlauben somit keine sinnvolle Platzierung der Liquidierungsmarken.

Bewegt sich eine Position in die prognostizierte Richtung, sollte der Stop angepasst werden, um das Risiko im Falle eines negativen Kursverlaufs zu verringern und möglicherweise bestehende Buchgewinne zumindest teilweise zu schützen. Das regelmäßige Anpassen des Stops – häufig auch als „Nachziehen" bezeichnet – sollte gleichermaßen wie das Platzieren eines Initial-Risk-Stop ebenfalls auf Regeln basieren und nicht nach Lust und Laune geschehen. Im Falle einer Long-Position sollte die Liquidierungsmarke nur angehoben, bei einer Short-Position stets reduziert werden.

Leider ist das Platzieren eines Trailing-Stops in der Realität ein äußerst komplexes Vorhaben. Bei der Wahl des Initial-Risk-Stops geht es vor allem darum, das anfängliche Risiko sinnvoll zu definieren und zu minimieren. Im Idealfall wird der Initial-Risk-Stop an der Stelle platziert, an dem die ursprüngliche Prognose nicht mehr zutrifft. Auf den erwarteten Gewinn wird bei der Wahl des Stops normalerweise keine Rücksicht genommen werden.

Beim Nachziehen eines Trailing-Stops hat sich die gemachte Prognose, die zum Einstieg in die Position führt, (zumindest schon teilweise) bewahrheitet. Bei der Anpassung des Trailing-Stops sollte neben dem Risiko stets auch die Chance, das heißt der noch erwartete Gewinn, berücksichtigt werden.

Da zwei Ziele verfolgt werden – die Minimierung des Risikos und die Wahrung der Chance auf Kursgewinne –, ist die Platzierung des Stops im Vergleich zur Platzierung des Initial-Risk-Stops deutlich schwieriger zu handhaben. Einerseits geht es darum, lange genug in der Position zu bleiben, um einen möglichst großen Gewinn zu realisieren. Andererseits soll von den offenen Gewinnen nicht wieder zu viel abgegeben werden, da jeder zwischenzeitliche Kursrücksetzer auch eine Trendumkehr sein kann. Liegt der Stop zu eng an den Kursen, wird man zu schnell ausgestoppt, und der Trend setzt sich ohne einen fort. Wird der Stop zu weit weg platziert, so nimmt man zwar am gesamten Trend teil, gibt aber am Ende zu viel von den offenen Gewinnen wieder ab. Ein Trailing-Stop sollte so platziert werden, dass man möglichst lange an der prognostizierten Bewegung partizipiert. Sobald der Trend vorbei ist, sollte der Stop möglichst schnell greifen und damit vor Verlusten schützen.

Viele Trader ziehen den Stop, sobald sie im Gewinn sind, auf break-even nach. Break-even bezeichnet den Punkt, bei dem kein Verlust mehr verbucht wird, wenn man ausgestoppt wird. In der Regel ist dies der Einstiegskurs zuzüglich des Spreads. Auch wenn dies vor allem für Einsteiger aus psychologischer Sicht sinnvoll sein kann, so verfügt der Stop über keinerlei Bezug zum Kursverlauf.

Zur Platzierung des Trailing-Stops ist es empfehlenswert, ebenfalls wieder auf die Technische Analyse zurückzugreifen. Falls man bereits den Initial-Risk-Stop mit einem auf der Volatilität basierenden Stop versehen hat, sollte man seiner Vorgehensweise treu bleiben und auch den Trailing-Stop in Abhängigkeit der Volatilität setzen.

Platzieren eines Trailing-Stops mit Hilfe der Technischen Analyse

Bei der Platzierung eines Initial-Risk-Stops kann man auf die Tatsache zurückgreifen, dass jede Formation einen Punkt hat, an dem sie nicht mehr gültig ist. Sobald sich die Kurse von der Formation in die prognostizierte Richtung bewegt haben, sollte man sich an dem Trendgedanken der Technischen Analyse orientieren. Der Trailing-Stop sollte so platziert werden, dass er erst dann ausgelöst wird, wenn der aktuelle Trend nicht mehr intakt ist. Zuverlässige Anzeichen, dass eine Bewegung ihr Ende gefunden hat und sich ein gegenläufiger Trend (oder eine Seitwärtsphase) ausbildet, sind Umkehrformationen oder das Ausbilden von niedrigeren Hochs/Tiefs.

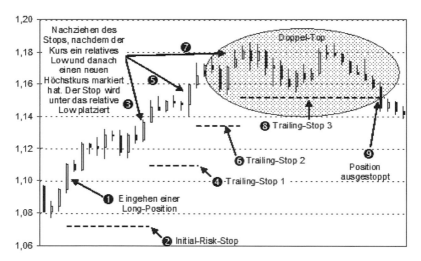

Abbildung V.7: Nachziehen des Stops mit Hilfe von technisch markanten Kursniveaus

Die Abbildung V.7 zeigt exemplarisch die Platzierung eines Trailing-Stops mit Hilfe von technisch markanten Chart-Marken auf. Nachdem die Position eingegangen wurde (❶), schützt ein Initial-Risk-Stop die Long-Position vor Kursverlusten, die über das Stop-Niveau hinausgehen (❷). In der Folgezeit konsolidiert der Wechselkurs, bricht schließlich aus der Seitwärtsbewegung aus und markiert ein neues Hoch (❸). Daraufhin wird der Stop unter das vorhergehende, relative Tief nachgezogen (❹). Dieser Vorgang wiederholte sich jedes Mal, nachdem der Kurs nach einem Rücksetzter ein neues Hoch markierte.

(❺→❻,❼→❽). Der Stop wurde stets unter das vorhergehende, relative Tief platziert. Am Ende der Aufwärtsbewegung bildete sich schließlich ein Doppel-Top aus. Diese klassische Umkehrformation entsteht, wenn der Kurs an dem vorhergehenden Hoch scheitert und es nicht überwinden kann. Das Doppel-Top wird aber erst durch ein Unterschreiten des relativen Tiefs (zwischen den beiden Tops) validiert und somit erst dann zu einem „echten" Doppel-Top. Zu diesem Zeitpunkt ist es lediglich eine Vermutung. Da die Validierungs-Marke des vermutlichen Doppel-Tops mit dem bereits bestehenden Trailing-Stop übereinstimmte, war keine Anpassung erforderlich. Schließlich wurde der Trailing-Stop ausgelöst, und die Position wurde glattgestellt (❾).

Zwei Fakten sprechen zu diesem Zeitpunkt dafür, dass der Aufwärtstrend tatsächlich vorbei ist: Das Unterschreiten eines vorherigen Tiefs in einem Aufwärtstrend ist meist ein verlässliches Anzeichen für das Ende einer Aufwärtsbewegung. Gleichzeitig wird in diesem Fall das Doppel-Top – eine zuverlässige Umkehrformation – validiert.

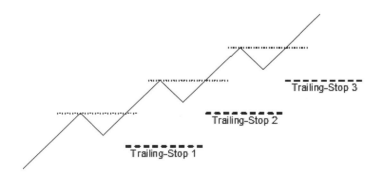

Abbildung V.8: Nachziehen eines Stops

Die Abbildung V.8 stellt das Nachziehen eines Stops beim Überschreiten des vorhergehenden, relativen Hochs noch einmal schematisch dar.

Wie bereits erwähnt wurde, sollte man beim Platzieren der Stops dem Markt stets noch ein wenig „Spielraum" lassen. In dieser Darstellung wurde der Stop daher immer unter dem relativen Tief gesetzt.

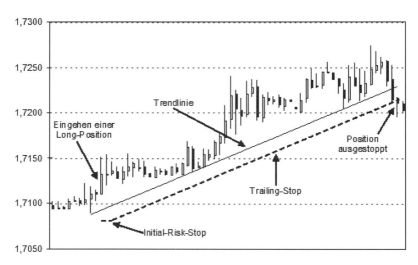

Abbildung V.9: Nachziehen eines Stops mit Hilfe einer Trendlinie

Neben Umkehrformationen und dem Einbeziehen von relativen Hochs/Tiefs ist der Bruch einer Trendlinie ein weiteres, verlässliches Zeichen für das Ende einer Bewegung (vgl. Abbildung V.9).

Ist man sich bei der Platzierung des Stops unsicher darüber, wie viel Spielraum man dem Markt lassen sollte, stellt die Average True Range eine wertvolle Hilfe dar. Diese Vorgehensweise kombiniert eine technisch signifikante Chart-Marke mit der Volatilität. Allerdings sollte man in diesem Fall nur die einfache Average True Range heranziehen, damit die Stops in absoluten Größen nicht zu weit vom aktuellen Kurs entfernt sind. Um die Stop-Marke zu erhalten, wird von der charttechnisch signifikanten Marke (beispielsweise eine Unterstützung/ein Widerstand) einfach die Average True Range abgezogen/hinzuaddiert.

Platzieren des Trailing-Stops anhand der historischen Volatilität

Wird der Initial-Risk-Stop in Abhängigkeit der Average True Range platziert, sollte auch beim Nachziehen des Stops auf diese Methode zurückgegriffen werden. Den verwendeten Multiplikationsfaktor sollte man ebenfalls konstant halten.

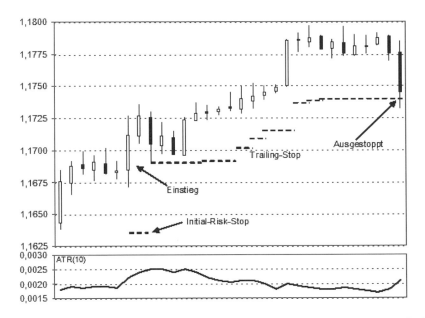

Abbildung V.10: Nachziehen eines Stops anhand der historischen Volatilität

Der Initial-Risk-Stop wurde mit einer Differenz in Höhe der zweifachen Average True Range unterhalb des Einstiegkurses platziert. Sobald die Kurse ein neues Hoch markierten, wurde der Stop nachgezogen. Als Referenzpunkt diente nun das neue Hoch, von dem jeweils die zweifache Average True Range abgezogen wurden.

Eine leichte Abwandlung dieses Systems stellen die nach ihrem Erfinder benannten Keltner-Channels da. Hierbei dient als Referenzpunkt für die Stop-Platzierung nicht ein neues Hoch/Tief, sondern ein Gleitender Durchschnitt. Die Keltner-Channels sind als Indikator in den meisten Analyse-Plattformen integriert und stellen eine einfach zu handhabende, aber dennoch sehr effektive Alternative zur Stop-Berechnung da.

Fazit

Die Platzierung des Stops hat einen nicht unwesentlichen Einfluss auf die Trefferquote und das Größenverhältnis der Gewinne zu den Verlusten. Liegt der Liquidierungspunkt zu nah am Einstieg, wird man häufig mit einem kleinen Verlust ausgestoppt, bevor der Markt dann doch in die prognostizierte Richtung läuft. Ist der Stop dagegen sehr weit vom Einstiegskurs entfernt, wird es nur noch wenige, dafür aber sehr hohe Verluste geben.

Für das Platzieren des Stops gibt es kein Patentrezept – lediglich einige Hinweise und grundlegende Informationen, die beachtet werden sollten. Die beschriebenen Anhaltspunkte liefern eine Grundlage, um sie als Techniken für das eigene Trading zu kopieren oder bereits eingesetzte Ansätze zu modifizieren. Jeder Trader muss für sich selbst herausfinden, was für ihn und seine Strategie am besten funktioniert. Im Laufe der Zeit und mit wachsender Erfahrung wird man ein Gespür für die Stop-Platzierung gewinnen.

Es wird sicherlich einige Male vorkommen, dass man zum Tagestief/-hoch ausgestoppt wird und anschließend einen hohen Gewinn versäumt. Selbst den besten Tradern passiert dies. Durch das konsequente Setzen eines Stops werden aber die Verluste gering gehalten, die ansonsten auf Dauer zum sicheren Verlust des Trading-Kapitals führen. Das Ziel des Risiko-Managements ist, wie bereits erwähnt, vorrangig die Erhaltung des Kapitals.

Mentale Stops sind sicherlich besser als gar keine Stops. Hierbei wird die Glattstellung der Position manuell durch den Trader bei Über-/Unterschreiten des Stop-Niveaus durchgeführt. Einige Broker garantieren den Stop-Kurs als Ausführungskurs und überwachen die Ausführung des Stops automatisch. Der Stop sollte daher direkt in die Handelsplattform eingegeben werden. Damit unterliegt der Trader nicht der Versuchung, den mentalen Stop nicht auszuführen, da die Position „hoffentlich zurückkommt".

V.1.3 Pyramiden

Viele professionelle Trader gehen ein Engagement nicht „auf einen Schlag" ein, sondern bauen ihre Position schrittweise auf beziehungsweise fügen nach festen Regeln sukzessiv Einheiten zu ihrer Position hinzu. Diese Technik – im Fachjargon auch Pyramidisieren genannt – erhöht unter gewissen Umständen die Gewinnerwartung bei identischem Risiko.

Für das Konto besteht – geht man die Position auf einmal ein – beim Einstieg das größte Risiko. Sobald der Stop nachgezogen wurde, ist der maximal mögliche Verlust geringer. Wurde der Stop so weit nachgezogen, dass er über dem Einstiegskurs (bei Short-Positionen unter dem Einstiegskurs) liegt, besteht für das Konto kein Risiko mehr. Und würde man ausgestoppt werden, würde man kein Geld mehr verlieren.

In dieser Betrachtung wurde nur das Risiko für das Konto betrachtet. Notiert eine Position weit im Gewinn, besteht natürlich nach wie vor ein Kursrisiko. Wird die Position ausgestoppt, geht ein Teil der offenen Gewinne verloren. Der Verlust von noch nicht realisierten Gewinnen – so genannten Buchgewinnen – ist jedoch für die meisten Trader weit weniger schmerzhaft als Verluste, die – zumindest teilweise – mit dem Konto beglichen werden müssen.

Sobald durch einen Stop abgesicherte Buchgewinne vorhanden sind, besteht kein Risiko mehr für das Konto. Selbst wenn die Position ausgestoppt wird, kann möglicherweise zumindest ein kleiner Gewinn realisiert werden. Da die bereits bestehende Position kein Risiko mehr für das Konto darstellt, kann sie durch eine zweite Position vergrößert werden. Bewegen sich die Kurse nun entgegen der Erwartung, wird die erste Position mit eventuell leichtem Gewinn ausgestoppt. Verluste werden nur durch das Schließen der zweiten Position verursacht. Entwickelt sich die vergrößerte Position gemäß der Prognose, kann ein deutlich größerer Profit realisiert werden.

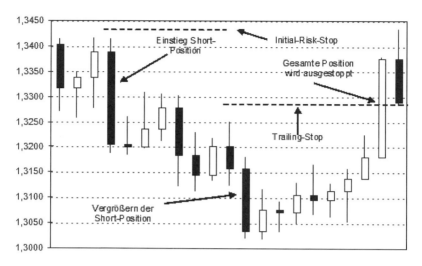

Abbildung V.11: Aufbau einer Pyramide beim Positionseinstieg

Die Abbildung V.11 demonstriert den Aufbau einer Pyramide beim Trading. Nach dem Aufbau einer Short-Position wird über dem Hoch ein Stop zur Verlustbegrenzung platziert. In der Folge entwickelt sich die Position positiv, sodass der Stop nachgezogen werden kann. Da der Stop nun unterhalb des Einstiegskurses liegt, besteht für das Konto kein Risiko mehr. Selbst wenn die Position nun ausgestoppt werden würde, könnte ein geringer Gewinn realisiert werden. Sobald die Kurse ein neues Tief markieren, wird die Short-Position vergrößert. Der Stop wird auf dem Niveau platziert, auf dem auch schon der Trailing-Stop der ersten Position liegt. Einige Zeit später wird die gesamte Position ausgestoppt. Die erste Position resultiert in einem geringen Gewinn, die zweite in einem Verlust.

Der potenzielle Gewinn der beiden Positionen war deutlich höher, als wäre nur die erste Position gehandelt worden. Dennoch wurde zu keinem Zeitpunkt ein höheres Risiko eingegangen. Zu dem Zeitpunkt, zu dem die zweite Position eröffnet wurde, bestand durch die erste Position kein Risiko mehr für das Konto.

An dieser Stelle wird aber auch die Schwäche des Pyramidisierens deutlich: Wäre die zweite Position nicht eingegangen worden, hätte der Trade zumindest break-even geendet. So musste dagegen ein Verlust realisiert werden. Fallen neben dem Spread noch weitere Gebühren an, sollten diese bei der Überlegung, ob eine Position schrittweise aufgebaut wird, ebenfalls berücksichtigt werden.

Die Frage, ob und wann eine Position eingegangen werden soll, hängt von zwei Faktoren ab: Zum einen müssen das Risiko- und das Money-Management es erlauben, zum anderen muss sich ein sinnvoller Einstieg ergeben. Eine Position sollte nur dann vergrößert werden, wenn das Gesamtrisiko dadurch nicht größer wird als beim Handel mit nur einer Position. Zusätzlich sollte die gehandelte Strategie ein Kauf-/Verkaufssignal generieren, um den zusätzlichen Einstieg zu rechtfertigen. Viele Trader behandeln die zusätzlichen Einheiten als eigenständigen Trade und betrachten lediglich das aus den Positionen entstehende Risiko gemeinsam. Die Stop-Marken für die unterschiedlichen Teilpositionen müssen nicht identisch sein.

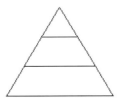

Abbildung V.12: Aufbau einer Pyramide

Wie die Bezeichnung „Pyramide" schon andeutet, erfordert die Positionsgrößenbestimmung bei sukzessiven Einstiegen eine differenzierte Handhabung. Die erste Position sollte stets die größte sein. Jede weitere hinzugefügte Position sollte im Vergleich zur vorangehenden kleiner sein.

Ein sinnvoller Ansatz ist, die erste Teilposition nach den Regeln des gewöhnlichen Money-Managements zu bestimmen. Die darauf folgende Position sollte dann nur noch halb so groß sein. Am Ende wird noch ein dritter Teil hinzugefügt, der aber nur noch ein Viertel so groß wie die erste Position ist.

Das Pyramidisieren lässt sich aber auch zu Risikoreduzierung einsetzen. Bei geringem Risiko lassen sich so ähnlich hohe Gewinne erzielen wie bei normalem Risiko. Die bereits erwähnten Nachteile – vor allem die geringere Trefferquote – sind aber auch hier zu beobachten. Am Anfang wird eine Position mit nur einem Bruchteil der gewöhnlichen Positionsgröße eröffnet. Anschließend wird diese schrittweise vergrößert, bis man die gewöhnliche Positionsgröße erreicht hat.

„Scaling In" bezeichnet die Vorgehensweise, dass Positionen schrittweise aufgebaut werden. Neben dem hier erwähnten Risikoaspekt gibt es noch eine Reihe an weiteren Motivationen, warum eine Position auf einen Schlag aufgebaut wird. Beim Handel in illiquiden Instrumenten kann es beispielsweise zu unerwünschten Preisverschlechterungen kommen, wenn eine große Order auf den Markt kommt.

Unter „Scaling Out" versteht man das Glattstellen einer Position in mehreren Etappen. Viele Trader verkaufen nach einer ungewöhnlich schnellen und starken Bewegung – einem so genannten Parabolic Move – einen Teil ihrer Position, um Gewinne zu sichern. Mit der verbleibenden Position spekulieren sie auf einen weiteren Preisanstieg.

Das Pyramidisieren ist – wie jede andere Trading-Technik auch – kein „Holy Grail". Denn neben den bereits erwähnten Vorteilen hat der Aufbau einer Pyramide auch eine Reihe an Nachteilen:

Pyramiden sind nur bei langen Trends effektiv. Handelt man kurze Bewegungen oder eine Counter-Trend-Strategie, sollte besser auf Pyramiden verzichtet werden. Auch in trendlosen Phasen verliert man, wenn die Position schrittweise aufgebaut wird, in der Regel Geld. Devisen gehören zu den Finanzinstrumenten, die häufig lange Trends ausbilden, und sind daher in Kombination mit einem trendfolgenden Handelsansatz – vor allem in größeren Zeitfenstern – für Pyramiden gut geeignet.

Das finanzielle Risiko für das Konto wird durch den Einsatz von (richtig konstruierten) Pyramiden nicht größer. Tritt allerdings eine hektische Kursbewegung auf und werden die Stop-Aufträge mit großer Slippage ausgeführt, kann unter Umständen das Konto vernichtet werden. Daher sollten Pyramiden nur mit einem Broker durchgeführt werden, der eine Ausführungsgarantie für Stops bietet.

Der Einsatz von Pyramiden hat vor allem auf die Trefferquote negative Auswirkungen. Solange nicht auch die Spitze der Pyramide – die letzte eingegangene Position – mit einem Stop vor Verlusten geschützt ist, wird man je
nach Aufbau der Pyramide mit einem Verlust oder nur einem geringen Gewinn ausgestoppt. Bei einem gewöhnlichen Einstieg dagegen wäre das erzielte Resultat deutlich besser gewesen. Um diesen Effekt ein wenig abzu-
dämpfen, sollten Pyramiden auch immer wie Pyramiden aufgebaut werden –
zuerst die größte und am Schluss die kleinste Position.

Statt vielen kleinen und mittelmäßigen Gewinnen werden durch das Pyramidisieren viele kleine Verluste und einige, ungewöhnlich große Gewinne
realisiert. Diese „Home-Runs" können den Einsatz von Pyramiden aber
durchaus rechtfertigen. Durch die prozentual betrachtet höhere Anzahl an
Verlusten wird es wahrscheinlich aber auch zu längeren (und größeren)
Drawdowns kommen.

V.1.4 Risiko im Verhältnis zum Gewinn

Ein bekanntes Sprichwort lautet „No Risk, no Fun" – ohne Risiko kein
Spaß. Dies lässt sich auch auf das Trading übertragen. Hier muss es allerdings
lauten: „Ohne Risiko kein Ertrag". Bei geringer Risikobereitschaft ist es besser, sein Geld in festverzinslichen Papieren gut bewerteter Gläubiger anzule-
gen. Der Gewinn – in diesem Falle die Zinsen – orientiert sich an der Bewertung des Kapitalnehmers, einem Maß für das Risiko. Für hervorragend
beurteilte Papiere ist die Wahrscheinlichkeit eines Kapitalverlusts nur äußerst
gering. Die Verzinsung von Papieren, die von unterdurchschnittlich bewerte-
ten Firmen herausgegeben werden, ist aber deutlich höher als von gut be-
werteten Firmen. Allerdings ist auch das Risiko höher, dass die Firma oder
Institution zahlungsunfähig wird und das Geld verloren ist.

Mit der Bereitschaft, ein höheres Risiko einzugehen, steigen auch die
Chancen, den eigenen Gewinn zu vergrößern. Je höher die Gewinne sind,
die man realisieren möchte, desto höhere Risiken muss man in der Regel
auch eingehen.

Das Ziel beim Trading ist das Realisieren hoher Gewinne bei möglichst geringem Risiko. Höhere Gewinne sind (bei gleicher Strategie) nur möglich, wenn gleichzeitig das Risiko erhöht wird. Ohne eine Kontrollinstanz, wie es das Risiko-Management in Zusammenhang mit dem Money-Management darstellt, sind große Verluste, die oftmals zum kompletten Kapitalverlust führen, die unausweichliche Folge. Die Aufgabe eines Traders muss es also sein, eine ausgewogene Mischung zwischen Risiko und Ertrag zu finden.

Das Verhältnis des erwarteten Gewinns im Verhältnis zum kalkulierten Verlust wird in der Fachliteratur als Reward/Risk-Ratio (in einigen Quellen auch mit „RRR" abgekürzt) bezeichnet. Das Reward/Risk-Ratio bezeichnet die Größe des erwarteten, unsicheren Gewinns im Verhältnis zum planbaren Verlust.

$$\text{Reward/Risk-Ratio} = \frac{\text{Erwarteter Gewinn}}{\text{Kalkulierter Verlust}}$$

Der kalkulierte Verlust entspricht dem Verlust einer Position, wenn diese ausgestoppt wird. Voraussetzung für diese Berechnung ist natürlich, dass die Stop-Marke schon vor dem Einstieg bekannt ist und auch ein Stop platziert wird. Da Letzteres für ein sinnvolles Money-Management unumgänglich ist, lässt sich auch das Reward/Risk-Ratio berechnen.

Neben dem möglichen Verlust beziehungsweise dem Risiko wird für die Berechnung auch der erwartete Gewinn benötigt. Da dieser in der Zukunft liegt und daher unsicher ist, muss man sich mit einer Schätzung behelfen. Mit wachsender Erfahrung und mit Hilfe der Technischen Analyse ist es möglich, eine Schätzung abzugeben, wie weit eine Position voraussichtlich zumindest laufen wird, wenn sie sich in die prognostizierte Richtung bewegt. Die meisten Formationen, die in der Charttechnik bekannt sind, verfügen daneben über so genannte Kursziele. Diese geben neben starken Widerständen, Unterstützungen und Trendlinien häufig einen ersten Anhaltspunkt für das Potenzial einer Position. Wird eine Methodik schon eine längere Zeit gehandelt und wurde schon eine große Anzahl an Trades abgewickelt, kann auch der durchschnittliche, historische Gewinn für die Berechnung genutzt werden.

Bei einer Gewinnerwartung von 30 Pips und einem sinnvollen Stop von 20 Pips ergibt sich ein Reward/Risk-Ratio von 1,5. Um zu betonen, dass es sich bei dieser Zahl um ein Verhältnis handelt, wird es häufig auch mit 1,5:1 ausgedrückt: Der erwartete Gewinn ist 1,5-mal so groß wie der kalkulierte Verlust.

Das Reward/Risk-Ratio erlaubt es, eine Aussage über die Qualität einer Ausgangssituation unabhängig von der eingesetzten Strategie, dem Zeitfenster und dem gehandelten Instrument zu machen. Dadurch lassen sich unterschiedliche, voneinander unabhängige Ausgangssituationen vergleichen. Es bietet sich daher an, das Reward/Risk-Ratio als Filter zu nutzen und nur Positionen zu handeln, die ein attraktives Verhältnis zwischen erwartetem Gewinn und kalkuliertem Verlust bieten. Es stellt eine sinnvolle Ergänzung zur „Toolbox" eines Traders dar.

Die Selektion von potenziellen Trades anhand des Reward/Risk-Ratios ist ein weiteres Merkmal, in dem sich Anfänger von Profis unterscheiden. Der ersten Gruppe ist das Konzept meistens überhaupt nicht bekannt. Daher werden alle Signale ohne Rücksicht auf die „Qualität" umgesetzt. Profis dagegen handeln nur aussichtsreiche Situationen mit einem hohen Reward/Risk-Ratio. Am Devisenmarkt wird es noch unzählige Möglichkeiten geben, Geld zu verdienen. Aus diesem Grund sollte man sich auf die Situationen mit einen günstigen Gewinn-Verlust-Verhältnis konzentrieren.

Um zu beurteilen, welches Reward/Risk-Ratio zumindest angepeilt werden sollte, muss dieses in Zusammenhang mit der Trefferquote betrachtet werden. Trendfolger haben beispielsweise typischerweise eine Trefferquote zwischen 30 und 40 Prozent, Scalper von häufig über 70 Prozent.

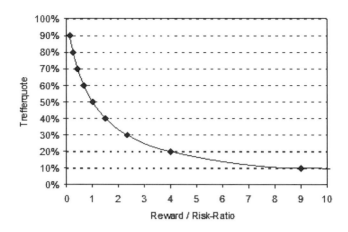

Abbildung V.13: Benötigtes Reward/Risk-Ratio in Abhängigkeit von der Trefferquote

Die Abbildung V.13 zeigt auf, wie hoch das Reward/Risk-Ratio in Bezug auf die Trefferquote mindestens sein sollte, um Gewinne zu erzielen. In der Realität sollten nur Trades eingegangen werden, die ein deutlich attraktiveres Reward/Risk-Ratio aufweisen.

Handelt man eine trendfolgende Strategie, sollte der erwartete Gewinn mindestens dreimal so groß wie der geplante Verlust sein. Durch diese Selektion werden zwar viele potenzielle Trades mit einem ungünstigeren Profil ausgeschlossen, die Trefferquote kann aber bis auf 25 Prozent abrutschen. Auch als Scalper sollte man auf ein gutes Reward/Risk-Ratio achten. Selbst wenn die Trefferquote bei 70 Prozent liegt, sollte das Risiko niemals den potenziellen Gewinn übersteigen.

Mit Hilfe des Reward/Risk-Ratio lassen sich potenzielle Trades vergleichen. Es erlaubt, einträgliche Ausgangssituationen, die hohe Gewinne bei kleinen Risiken versprechen, von ungünstigeren Situationen zu unterscheiden. Da man mit einer gewählten Strategie kaum Einfluss auf die Trefferquote hat, kann man den Return vor allem durch eine Selektion der Trades steigern. Die vorgestellte Methode stellt hierzu einen geeigneten und viel versprechenden Ansatz bereit.

In vielen Auswertungen von Handelssystemen findet sich das Reward/Risk-Ratio als wichtige Bewertungskennzahl wieder. Statt des erwarteten Gewinns fließt in die Berechnung der durchschnittliche historische Gewinn ein. Der kalkulierte Verlust wird durch den durchschnittlichen realisierten Verlust ersetzt.

V.1.5 Sinnvolle Stop-Größen

Wird der Stop zu eng an den aktuellen Quotierungen platziert, besteht die Gefahr, dass eine Position durch eine vorübergehende, sehr kurzfristige Bewegung ausgestoppt wird. Durch die Struktur des Interbanken-Marktes und der Kapitalstärke der großen Teilnehmer kommt es zu Schwankungen von bis zu zehn Pips, die sich im nächsten Moment wieder eliminieren. Diese Bewegungen sind meist nicht auf fundamentale Ursachen oder Nachrichten zurückzuführen, sondern treten losgelöst von der allgemeinen Marktentwicklung auf. Häufig werden sie durch eine Bank verursacht, die eine große Order im Markt ausführt.

Aufgrund der geringen Spreads und des hohen Hebels im FX-Markt werden viele Einsteiger dazu verleitet, auf geringe Kursschwankungen von nur einigen Pips zu spekulieren. Damit verschlechtern sich die Chancen, langfristig im FX-Markt zu bestehen, allerdings deutlich. Positionen, deren Stop nur einige Pips vom Marktkurs entfernt platziert ist, werden aus dem genannten Grund häufig ausgestoppt, ohne dass sich das zugrunde liegende Bild der Währung verändert hat. Mit einem Stop von nur einigen Pips lässt sich meist auch nur ein geringes Kursziel in der gleichen Größenordnung vereinbaren.

Die langfristigen Erfolgsaussichten für einen Einsteiger, der mit solch geringen Stops arbeitet, werden durch den Spread beziehungsweise eventuelle Gebühren noch weiter verringert. Der Spread, der beim Handel über einen FX-Broker bei jeder Position anfällt und bei den Majors meist drei und fünf Pips beträgt, fällt bei kleinen Gewinnen prozentual betrachtet deutlich stärker ins Gewicht. Wird der Spread in die Betrachtung mit einbezogen, ist daher eine deutlich höhere Trefferquote nötig, um langfristig am Break-even zu sein.

Liegen sowohl der Stop als auch das Kursziel lediglich zehn Pips vom aktuellen Marktpreis entfernt, ergibt sich ein Reward/Risk-Ratio von eins Berücksichtig man den Spread in Höhe von beispielsweise drei Pips, verschiebt sich das RRR zu 10/13 = 0,77. Um den Nachteil, der durch den Spread entsteht, auszugleichen und den Break-even zu erreichen, ist nun bereits eine Trefferquote von 56,5 Prozent nötig. Das Risiko und die Trading-Kosten in Form des Spreads stehen bei solchen Positionen im keinem Verhältnis zum angestrebten Gewinn.

Stops, die enger als zehn Pips vom aktuellen Marktpreis entfernt liegen, sollten aus den oben angeführten Gründen vermieden werden. Allerdings darf ein Anleger niemals komplett auf einen Stop verzichten. Zu dem Zeitpunkt, zu dem eine Position ausgestoppt wird, weiß er in der Regel nicht, ob die Bewegung eine fundamentale Ursache hat oder ob sie durch eine große Order ausgelöst wurde und sich in den nächsten Minuten wieder relativiert. Ein mentaler Stop – wenn er denn überhaupt ausgeführt wird – stellt die Position meist erst zu einem deutlich schlechteren Preis glatt, da der Trader erst auf den Preis reagieren muss.

Die Analyse bis zu einer Genauigkeit von einigen Pips beziehungsweise der Einsatz von Charts mit sehr kleinen Zeitfenstern ist aus den angesprochenen Gründen ebenfalls nur eingeschränkt sinnvoll und sollte den professionellen Marktteilnehmern überlassen werden.

V.1.6 Korrelation und Diversifikation

Eine weitere Gefahr für das Konto geht von der Korrelation zwischen verschiedenen Positionen aus. Die Korrelation ist ein weit verbreitetes statistisches Maß. Sie gibt sowohl die Stärke des Zusammenhangs zwischen der Rendite-Änderung der betrachteten Devisen als auch die Richtung der Änderung an. Die Korrelation beziehungsweise der Korrelationskoeffizient bewegt sich immer im Bereich zwischen −1 und +1. Je größer der Korrelationskoeffizient ist, desto stärker ist der statistische Zusammenhang zwischen den Bewegungen der Werte. Eine Korrelation von 0 bedeutet, dass die Bewegungen der betrachteten Devisen keinen statistischen Zusammenhang aufweisen. Ein negativer Korrelationskoeffizient weist auf eine gegensätzliche Bewegung der Devisen in der Vergangenheit hin.

Abbildung V.14: Hohe Korrelation des Euros gegenüber dem Schweizer Franken

Eröffnet man in zwei stark korrelierenden Währungen (zum Beispiel Euro und Schweizer Franken) jeweils gegen beispielsweise den US-Dollar eine Long-Position, geht man im Prinzip nicht zwei voneinander unabhängige Positionen, sondern lediglich eine Position ein (vgl. Abbildung V.14). Zeigt der Euro gegenüber dem Dollar Schwäche, wird voraussichtlich auch der Schweizer Franken schwächer notieren. Natürlich werden sich beide Positionen nicht identisch verhalten, aber man kann davon ausgehen, dass die Richtung der Bewegungen übereinstimmen wird. Liegt man mit seiner Prognose richtig, wird man ungefähr den doppelten Gewinn im Vergleich zum Handel mit nur einer Position realisieren. Im negativen Szenario wird man allerdings auch den doppelten Verlust realisieren müssen.

Da es sich im Prinzip nur um eine Position handelt, sollte das Risiko der Einzelpositionen reduziert werden, indem eine der beiden Positionen glattstellt oder aber die Positionsgröße angepasst wird.

Um der Korrelation entgegenzuwirken, sollte man sein Konto möglichst breit diversifizieren. Unter Diversifikation versteht man normalerweise die Streuung des Risikos. Ziel der Diversifikation ist nicht die Maximierung des

Returns, sondern die Glättung der Ertragskurve (Equity) bei gleichzeitiger Reduzierung des Risikos. Dies lässt sich im Wesentlichen durch zwei Schritte erreichen: zum einen durch das Handeln von mehreren Devisenpaaren, zum anderen durch den Einsatz von mehreren Strategien.

Bei Anwendung einer trendfolgenden Strategie auf nur ein Devisenpaar ist man stark von der Entwicklung dessen Wechselkurses abhängig. Befindet sich das Austauschverhältnis in einer Seitwärtsbewegung, werden bei der Umsetzung der Strategie lediglich Verluste realisiert. Wird die gleiche Strategie auf mehrere Devisenpaare angewandt, ist die Wahrscheinlichkeit, dass sich alle Paare in einem für trendfolgende Systeme verlustbringenden Seitwärtsmarkt befinden, entsprechend geringer. Die Steigerung von nur einem Devisenpaar auf zumindest vier Werte sollte bereits eine deutliche Auswirkung auf die Kapitalkurve haben.

Die meisten Strategien lassen sich den Kategorien trendfolgend, Counter-Trend oder Pattern-basierend zuordnen. Jede der genannten Kategorien hat Stärken und Schwächen. In Seitwärtsbewegungen generieren trendfolgende Systeme beispielsweise Verluste, während die Counter-Trend-Systeme Profit erzeugen. Bei Kombination der Systeme aus den unterschiedlichen Kategorien ergänzen die Strategien einander.

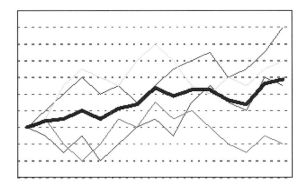

Abbildung V.15: Ruhigere Kapitalentwicklung bei Einsatz mehrerer Strategien

Die Abbildung V.15 zeigt die Entwicklung von vier einzelnen Strategien und das Ergebnis, wenn diese vier Strategien kombiniert werden. Das Resultat ist eine deutlich geglättete Equity-Kurve (dicke Linie), die erheblich geringere Schwankungen (Volatilität) aufweist als die vier Einzelstrategien (dünne Linien). Die zwischenzeitlich durch zwei Systeme produzierten Verluste werden durch die Gewinne der anderen Strategien ausgeglichen.

Das Profit-Potenzial eines diversifizierten Portfolios wird auf der einen Seite konstruktionsbedingt niemals den Ertrag der besten Einzelstrategie erreichen. Auf der anderen Seite ergibt sich aber eine Kapitalkurve mit einem deutlich besseren und daher angenehmer zu handhabenden Risikoprofil.

V.1.7 Wahrscheinlichkeiten

Es ist nicht möglich, eine sichere Aussage über das Ergebnis des nächsten Trades zu machen. Erfolgreiche Trader haben sich an die Ungewissheit gewöhnt und können mit ihr umgehen. Doch viele angehende Trader haben Probleme, die Gesetzesmäßigkeiten von Serien richtig zu verstehen. Aus diesem Grund kommt es oft zu Fehlern.

Sowohl beim Trading als auch beim Werfen einer Münze kennt man die Ereignisräume, das heißt die möglichen Resultate beziehungsweise die Szenarien ([Gewinn, Verlust] oder [Kopf, Zahl]). Beim Werfen einer Münze ist sogar die Angabe einer Trefferquote möglich. Handelt es sich um eine so genannte „ideale" Münze, beträgt die Wahrscheinlichkeit für jedes der beiden Ereignisse 50 Prozent (P = 50).

Die Wahrscheinlichkeit ist ein Maß der Sicherheit beziehungsweise Unsicherheit bezüglich des Eintretens eines Ereignisses, das durch den Zufall bestimmt wird. Vereinfacht dargestellt drückt die Wahrscheinlichkeit einfach aus, wie häufig das betrachtete Ereignis bei 100 Versuchen vorkommt. Beim Trading lässt sich die Wahrscheinlichkeit für einen Gewinn– im Folgenden häufig auch als Trefferquote bezeichnet – anhand von historischen Daten ermitteln. Bei einer zufälligen Generierung von Einstiegs- und Ausstiegspunkten würde sich langfristig eine Trefferquote von 50 Prozent ergeben. Durch den

Einsatz einer Strategie verschieben sich aber die Wahrscheinlichkeiten für Gewinne und Verluste.

$$P \ (\text{Gewinn}) = \frac{\text{Zahl der günstigen Fälle}}{\text{Anzahl der betrachteten Trades}}$$

Sind von 80 durchgeführten Trades 35 Gewinner (Positionen, die mit einem Gewinn geschlossen werden), ergibt dies eine Trefferquote von 35/80 = 0,4375 ➜ 43,75 Prozent. Um eine Wahrscheinlichkeit mit statistischer Aussagekraft zu erhalten, sollten mindestens 30 Datensätze zur Berechnung verwendet werden. In Backtests von Handelssystemen wird die Trefferquote meistens als Kennziffer in einer Übersicht angegeben. Liegen einem für seinen Handelsansatz nicht über genügend historische Datensätze vor, kann auf Erfahrungswerte zurückgegriffen werden. Trefferquoten für einen Trader, der einen trendfolgenden Ansatz verfolgt, liegen häufig im Bereich von 30 bis 40 Prozent. Je kurzfristiger der Ansatz ist, umso höher liegt meist die Trefferquote.

Die so ermittelten Daten haben natürlich keine direkte Aussagekraft für die Zukunft und sollten lediglich als Anhaltspunkt dienen. Die Trefferquote einer Strategie verändert sich meist aber nur allmählich, da sich die Marktbedingungen ebenfalls nicht abrupt verändern, sondern einem stetigen Wandel unterliegen. Daher wird die Trefferquote in den kommenden Wochen vergleichbar mit der Trefferquote aus der jüngeren Vergangenheit sein.

Mit Hilfe der historischen Trefferquote kann die Zukunft nicht vorhergesagt werden. Sie vermittelt aber einen Ausblick, wie die Verteilung der Gewinn- und Verlust-Trades in der Zukunft wahrscheinlich sein wird. Erzielte die gehandelte Strategie in der Vergangenheit eine Trefferquote von 43,75 Prozent, so werden sich die nächsten 50 Trades aus voraussichtlich 22 Gewinnern (50 x 0,4375) und 28 Verlierern (50 x (1-0,4375)) zusammensetzen. Die tatsächlichen Ergebnisse werden von den vorausgesagten Werten abweichen. Dieser Effekt wird umso deutlicher, je geringer die Anzahl der zu prognostizierten Trades ist.

Der Erwartungswert gibt keine Aussage über die Reihenfolge von Gewinnern und Verlierern aus, lediglich über deren Häufigkeit.

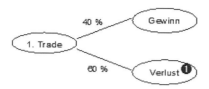

Abbildung V.16: Wahrscheinlichkeiten von Gewinnern und Verlierern in Serien (1/2)

Die Abbildung V.16 zeigt ein Baumdiagramm mit einer Trefferquote von 40 Prozent. Beim Eingehen des ersten Trades wird dieser mit einer Wahrscheinlichkeit von 40 Prozent ein Gewinner, mit einer Wahrscheinlichkeit von 60 Prozent ein Verlierer.

Angenommen, der Trade wird im Verlust geschlossen. Dadurch gelangt man im Diagramm zu Punkt❶. Nun folgt ein fataler Irrtum, dem ein Großteil der Trading-Einsteiger unterliegt. Sie gehen davon aus, dass sich die Gewinnwahrscheinlichkeit durch den Verlust zu ihren Gunsten verändert. Dieser Annahme liegt die Tatsache zugrunde, dass zwei Verluste in Reihe deutlich seltener sind als ein einzelner Verlust. Die Folgerung, dass die Verlust-Wahrscheinlichkeit nach einem Verlierer sinkt, ist allerdings nicht haltbar.

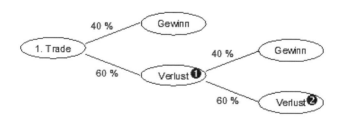

Abbildung V.17: Wahrscheinlichkeiten von Gewinnern und Verlierern in Serien (2/2)

Die Wahrscheinlichkeit, dass der nächste Trade im Plus geschlossen wird, liegt erneut bei 40 Prozent, unabhängig von den vorangegangenen Resultaten. Daher bleibt auch die Wahrscheinlichkeit für einen Verlierer bei 60 Prozent.

Betrachtet man nicht nur den folgenden Trade, sondern die nächsten zwei Trades, ergeben sich logischerweise andere Wahrscheinlichkeiten: Man wird deutlich seltener zwei Gewinn-Trades in Folge haben als einen Gewinner und einen Verlierer. Die Wahrscheinlichkeit für dieses Szenario setzt sich aus den multiplizierten Wahrscheinlichkeiten beider Einzel-Events zusammen. Der erste Trade wird mit einer Wahrscheinlichkeit von 40 Prozent ein Gewinner. Die Wahrscheinlichkeit, dass der folgende Trade ein Gewinner ist, liegt ebenfalls bei 40 Prozent. Man muss also zwei Mal hintereinander mit einer Wahrscheinlichkeit von jeweils 40 Prozent Erfolg haben. Die kombinierte Wahrscheinlichkeit für dieses Szenario erhält man durch Multiplikation der Trefferquote beider Einzelereignisse. Demnach liegt die Wahrscheinlichkeit, zwei Gewinner in Serie zu haben, in diesem Beispiel bei 16 Prozent (0,40 x 0,40). Für zwei Verlierer in Reihe ergibt sich eine Wahrscheinlichkeit von 36 Prozent (0,60 x 0,60). Die verbleibenden 48 Prozent entfallen auf das Szenario ein Gewinner und ein Verlierer.

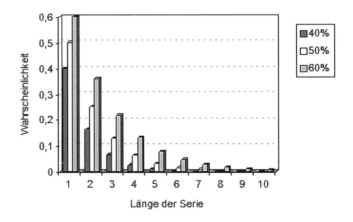

Abbildung V.18: Wahrscheinlichkeit von Serien in Abhängigkeit von der Trefferquote

In der Abbildung V.18 wird die Wahrscheinlichkeit von Gewinner-Serien in Abhängigkeit der Trefferquote dargestellt. Auf der x-Achse wird die Anzahl der Gewinner angegeben, auf der y-Achse die entsprechende Wahrscheinlichkeit.

Selbst bei einer Trefferquote von 60 Prozent beträgt die Wahrscheinlichkeit, fünf Gewinner in Reihe zu haben, unter 10 Prozent (0,6^5 = 7,78 Prozent).

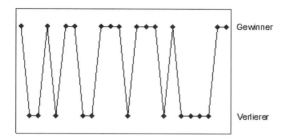

Abbildung V.19: Serien von Gewinnern und Verlierern

Dennoch bilden sich relativ schnell Serien von sieben bis acht Gewinnern (oder auch Verlierern) aus, wenn die Betrachtung auf einen längeren Zeitraum ausweitet wird. Die Wahrscheinlichkeit, dass bei 100 Trades eine Serie von sieben Gewinnern/Verlierern auftritt, beträgt bei einer Trefferquote von 50 Prozent knapp unter 1 Prozent (0,78 Prozent). Die Wahrscheinlichkeit sinkt mit der Länge der Serie immer stärker, ist aber nach wie vor vorhanden. Diese Tatsache wird von vielen Einsteigern negiert.

Abbildung V.19 zeigt eine typische Verteilung von Gewinnern und Verlierern bei einer Trefferquote von 50 Prozent. In der Realität treten häufig – auch bei höheren Trefferquoten – Serien von bis zu vier Gewinnern oder Verlierern auf. Je länger eine Serie ist, desto schwieriger ist es für Neulinge, diese emotional zu handhaben. Viele Einsteiger werden bei einer langen Gewinn-Serie euphorisch und überschätzen sich und ihr Wissen. In dem Glauben, den „Schlüssel" für die Märkte gefunden zu haben, erhöhen sie das Risiko, um noch größere Gewinne zu realisieren. Andererseits führen Verlustserien – bereits oftmals von nur vier bis fünf Verlierern in Folge – zu der Annahme, dass die gehandelte Methodik versagt. Das System wird verworfen und ein neues gesucht, anstatt diszipliniert weiterzuhandeln. Serien von bis zu acht Verlieren in Folge können auch bei den besten Handelssystemen auftreten.

Die Wahrscheinlichkeit, einen Sechser im Lotto zu haben, beträgt eins zu 13 983 816. Prozentual hat jeder Spieler bei jeder Ziehung also eine Chance von 0,000007 Prozent, zu gewinnen. So hoch ist ungefähr vergleichsweise auch die Wahrscheinlichkeit, bei einer Trefferquote von 50 Prozent 18-mal in Folge zu gewinnen.

Auch bei einer historischen Trefferquote von 50 Prozent sollten die vorangehenden Berechnungen nur als Richtmaß betrachtet werden. Die Trefferquote und Profitabilität jeder Strategie ist abhängig von der Marktphase, sodass sich Gewinne und Verluste häufen. In der Realität wird es somit häufiger zu längeren Serien kommen, als es mathematisch mit der langfristigen, durchschnittlichen Trefferquote vorhergesagt wird.

Jeder einzelne Trade gleicht sozusagen einem Glücksspiel, da sein Ausgang vom Zufall abhängt. Auf lange Sicht wird sich die positive oder die negative Gewinnwahrscheinlichkeit einer Strategie durchsetzen, die zum Eingehen der Position geführt hat. Ziel eines Traders muss es sein, lange genug handeln zu können, um kurzfristige und durch den Zufall bestimmte Fluktuationen ohne großen finanziellen Schaden zu überstehen. Nur so kann er die langfristige Gewinnwahrscheinlichkeit seiner Strategie für sich nutzen.

V.1.8 Drawdown

Die finanzielle Auswirkung von Verlusten auf das Konto wird im Fachjargon auch als Drawdown bezeichnet. Unter einem Drawdown versteht man den prozentuellen Rückgang des Kontostands von seinem absoluten Höchststand. Die Angabe eines absoluten Betrags macht in der Regel keinen Sinn, da ein Verlust von 1000 Dollar bei einem Kontostand von 100 000 Dollar anders gehandhabt werden kann als bei einem Kontostand von 10 000 Dollar.

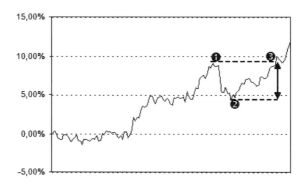

Abbildung V.20: Equity-Entwicklung und Drawdown

Abbildung V.20 zeigt die finanzielle Entwicklung eines exemplarisch gewählten Kontos. In der Anfangszeit bewegte sich das Konto seitwärts, anschließend konnten konstant Gewinne erwirtschaftet werden. Nachdem das Konto einen neuen Höchststand markierte (❶), führten Verluste zu einem Rückgang des bisher verbuchten Gewinns von knapp zehn Prozent auf ca. fünf Prozent (❷). Die anschließende Erholung des Kontos führten die „Equity" wieder über den vorhergehenden Hochpunkt hinaus (❸).

Die Differenz in Höhe von ungefähr fünf Prozent zwischen den Punkten ❶ und ❷ wird als Drawdown bezeichnet. In der Literatur und in Auswertungen von Handelssystemen findet sich neben dem Drawdown häufig auch die Angabe des maximalen Drawdowns. Dieser entspricht dem größten Drawdown, der bisher aufgetreten ist. Eine weitere, interessante Kennziffer ist die Zeitspanne, bis wieder ein neues Equity-Hoch erreicht wurde. Die Zeitspanne zwischen Punkt ❶ und ❸ wird als Drawdown-Periode bezeichnet, die Periode zwischen ❷ und ❸ als „Time to Recover" oder selten auch als „Recovery Period".

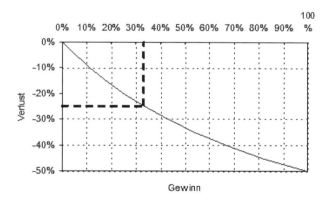

Abbildung V.21: Verlust und der im Anschluss benötigte Gewinn

Im Zusammenhang mit dem Drawdown sollte vor allem der Gewinn betrachtet werden, der benötigt wird, um den historischen Höchststand wieder zu erreichen. Dieser Betrag wird auch als „Return to Recovery" bezeichnet. Da die Beziehung zwischen Gewinnen und Verlusten nicht linear ist, entspricht der benötigte Gewinn nicht dem aktuellen Drawdown. Nach einem Verlust muss ein höherer Betrag gewonnen werden, um wieder break-even zu sein. Diese Aussage trifft natürlich nur auf die prozentuelle Betrachtung zu (vgl. Abbildung V.21).

Nach einem Verlust von 25 Prozent ist ein Gewinn von 33 Prozent notwendig, um den vorangehenden Verlust wieder auszugleichen. Diese Differenz wird umso größer, je höher der vorangehende Verlust ist. Wurde das Kapital durch einen Verlust in Höhe von 50 Prozent halbiert, muss es danach verdoppelt werden, um den Ausgangszustand wiederherzustellen.

Erfahrene Trader planen ihr Trading so, dass die Drawdowns voraussichtlich nicht größer als 20 bis 25 Prozent werden. Die Höhe eines Drawdowns wird vor allem von zwei Größen beeinflusst: der Anzahl der Verlierer und der Höhe der Verluste. Die Wahrscheinlichkeit von Serien und von Verlierern wurde bereits im vorangehenden Kapitel beschrieben, die Größe der Verluste hängt von der Positionsgröße ab. Die Bestimmung der optimalen Positionsgröße wird im nachfolgenden Kapitel V.2 „Money-Management" erläutert.

V.2 Money-Management

V.2.1 Einführung

Der Mathematiker Ralph Vince – der Entwickler des Money-Management-Ansatzes „Optimal f" – führte mit 40 Akademikern ein simuliertes Trading-Spiel durch. Jeder Teilnehmer erhielt ein fiktives Startkapital in Höhe von 1000 Dollar. Die Gewinnwahrscheinlichkeit betrug 60 Prozent, die Höhe von Verlusten entsprach den Gewinnern. Aufgabe der Teilnehmer war es, bei jedem Durchgang zu entscheiden, wie viel Kapital sie einsetzen, um eine möglichst hohe Performance zu erreichen.

Obwohl das System einen positiven Erwartungswert hat und die Gewinnchancen wesentlich besser als in jedem Kasino sind, haben lediglich zwei Teilnehmer den Startbetrag vermehrt. Die restlichen 38 Teilnehmer haben zumindest einen Teil des Geldes verloren. Offensichtlich reicht ein positiver Erwartungswert alleine nicht aus. 95 Prozent der Teilnehmer haben schlicht und ergreifend einen essentiellen Part des Tradings außen vor gelassen: das Money-Management. Da sie zu große Risiken eingegangen sind – die Positionsgröße stand also in keinem Verhältnis zum Konto –, haben bereits kurze Verliererserien zu einem – prozentual betrachtet – großen Verlust geführt. Sobald das Konto jedoch tief im Minus steht, ist es aufgrund der unsymmetrischen Verteilung zwischen Gewinnern und Verlieren dann unverhältnismäßig schwierig, das Konto zurück in die Gewinnzone zu bringen. Dieses Beispiel zeigt eindrucksvoll, welchen Stellenwert das Money-Management beim Trading einnehmen sollte. Ohne Money Management wurde in diesem Fall aus einem an sich profitablen System ein Verlustbringer.

Die Auswirkungen von Money-Management lassen sich an einem Beispiel, das vom Erfinder der Fixed-Ratio-Methode Ryan Jones stammt, verdeutlichen:

Eine Münze wird 100-mal geworfen. Landet sie auf der Vorderseite, beträgt der Gewinn zwei Dollar. Landet sie auf der Rückseite, entspricht dies einem Verlust von einem Dollar. Da die Münze bei 100 Würfen durchschnittlich 50-mal auf dem Kopf und 50-mal auf der Zahl landen wird, ergibt sich ein erwarteter Gewinn von 50 Dollar, wenn jeweils ein Dollar je Durchgang riskiert wird ([50 x zwei Dollar Gewinn] – [50 x ein Dollar Verlust] = 100 Dollar – 50 Dollar). Das Startkapital beträgt 100 Dollar.

Um den potenziellen Profit zu erhöhen, können statt eines Dollars natürlich auch größere Beträge riskiert werden. Nachfolgend stehen vier Möglichkeiten zur Auswahl:

• Bei jedem Wurf werden zehn Prozent des vorhandenen Kapitals riskiert.

• Bei jedem Wurf werden 25 Prozent des vorhandenen Kapitals riskiert.

• Bei jedem Wurf werden 40 Prozent des vorhandenen Kapitals riskiert.

• Bei jedem Wurf werden 51 Prozent des vorhandenen Kapitals riskiert.

Bei der ersten Option müssen bei jedem Wurf der Münze zehn Prozent des Kapitals riskiert werden. Beim ersten Wurf beträgt das Risiko somit zehn Dollar. Diesem steht eine Chance von 20 Dollar gegenüber, das Reward/Risk-Ratio beträgt somit zwei. Fällt die Münze auf die Vorderseite, wächst das Kapital auf 120 Dollar an. Wenn die Münze dagegen auf der Rückseite landet, sinkt das Kapital auf 90 Dollar ab. Gewinnt man beim ersten Durchgang, erhöht sich der zu riskierende Betrag auf zwölf Dollar, da das Gesamtkapital auf 120 Dollar angewachsen ist. Ein nun folgender Verlierer würde das Kapital auf 108 Dollar vermindern, ein Gewinner auf 144 Dollar vermehren.

Nach 100 Würfen ergibt sich dadurch (durchschnittlich) das folgende Bild:

• Das Kapital ist auf 4700 Dollar angewachsen.

• Das Kapital ist auf 36 100 Dollar angewachsen.

• Das Kapital ist auf 4700 Dollar angewachsen.

• Das Kapital ist auf 31 Dollar geschrumpft.

Die erste und die dritte Option weisen das gleiche Resultat auf. Aufgrund des deutlich höheren Risikos muss allerdings bei der dritten Option mit stärkeren Ausschlägen der Kapitalkurve gerechnet werden. Mit der vierten Option hätte sogar einen Verlust von 69 Dollar verbucht werden müssen. Obwohl alle vier Methoden die gleiche Strategie handeln, weichen die Ergebnisse stark voneinander ab. Im vierten Fall produziert das ansonsten profitable System sogar einen Verlust. Das bedeutet: Nicht nur die Strategie, sondern auch die Größe des zu riskierenden Betrags hat einen entscheidenden Einfluss auf das Resultat.

Dieses Beispiel ist natürlich nur theoretisch und weist keinen direkten Bezug zum realen Trading auf. Es zeigt aber deutlich den Einfluss der Positionsgröße bei ansonsten identischer Strategie auf das Ergebnis.

V.2.2 Definition Money-Management

Der Begriff Money-Management – häufig auch als Positionsgrößenbestimmung oder in der englischsprachigen Literatur als „Position-Sizing" bezeichnet – geht auf die Frage des „Wie viel?" ein. Mit Hilfe des Money-Managements wird bestimmt, welcher Teil des vorhandenen Kapitals in der nächsten Position eingesetzt beziehungsweise riskiert werden soll. Aus diesem Betrag lässt sich anschließend berechnen, wie viele Lots gehandelt werden sollten. Eine weitere Aussage des Money-Managements kann sein, dass eine Position zu riskant für das Konto ist und daher nicht gehandelt werden sollte.

In der Literatur wird das Risiko-Management häufig missverständlich als Money-Management bezeichnet. Risiko-Management beschäftigt sich mit den Elementen, die sich mit den Verlusten oder der Verlustbegrenzung auseinander setzen. Dazu gehört beispielsweise die Platzierung der Stops oder die Absicherung von Gewinnen.

Das Risiko einer Position ergibt sich aus der Differenz zwischen Einstiegs- und Stop-Kurs, multipliziert mit der Anzahl der gehandelten Lots. Der potenzielle Verlust je Lot – die Differenz zwischen Einstiegs- und Stop-Kurs – wird durch die Strategie und das Risiko-Management bestimmt. Das Money-Management hat lediglich Einfluss auf die Positionsgröße, das heißt auf die Anzahl der gehandelten Lots. Geht man bei einem Euro/Dollar-Wechselkurs von 1,1845 eine Position ein und platziert bei 1,1820 einen Stop, beträgt das Risiko je Einheit 25 Pips. Der Einstieg und die Platzierung des Stops basieren auf der gehandelten Strategie und dem Risiko-Management. Aufgabe des Money-Managements ist es, die Anzahl der zu handelnden Lots zu bestimmen.

Die vorangegangenen Beispiele aus dem Einführungskapitel zeigen, dass bei einem Spiel mit einem positiven Erwartungswert leicht Geld verloren werden kann, wenn das Risiko zu hoch ist. Die Verlierer werden im Verhältnis zum Konto zu groß. Aufgrund des nicht linearen Verhältnisses zwischen Gewinn und Verlust „kippt" das System irgendwann um.

Der amerikanische Autor Jack D. Schwager hat in seinen Büchern „Market Wizards" und „The New Market Wizards" mehrere erfolgreiche Trader befragt, welche Strategien sie nutzen und auf welche Faktoren sie ihren Erfolg zurückführen. Ein Teil der befragten Trader nutzt die Technische Analyse, einige stützen ihre Trades auf Fundamentaldaten, und andere wiederum setzen eine völlig andere Methode ein. Obwohl alle einen unterschiedlichen Ansatz nutzten, verdienten sie alle Geld in den Märkten. In seiner Zusammenfassung am Ende des Buches stellte Jack D. Schwager schließlich fest, dass nicht die Methode des Ein- und Ausstiegs für den Erfolg ausschlaggebend ist, sondern die Positionsgrößenbestimmung. Diese Aussage zieht sich wie ein roter Faden durch die Aussagen der Trader. Natürlich braucht man eine Methode mit einem positiven Erwartungswert. Es kommt dabei aber nicht darauf an, ob man beispielsweise Fundamentale oder Technische Analyse betreibt. Beide Ansätze können erfolgreich sein.

Diese Aussage unterstützt auch eine Studie von Brinson, Singer und Beebower. Durch die Auswertung von 82 großen Fonds über einen Zeitraum von zehn Jahren gelangten sie zu dem Schluss, dass 91,5 Prozent der Gewinne auf das Money-Management und die Verteilung des Kapitals auf die unterschiedlichen Assets zurückzuführen sind. Die Auswahl des zu handelnden Instruments und das Timing des Einstiegs dagegen beeinflussen das Ergebnis nur geringfügig.[13]

Money-Management spielt beim Trading eine wichtige Rolle, dennoch wird es von Einsteigern häufig völlig vernachlässigt. Die meisten Trader beschäftigen sich beim Handeln nur mit der Frage des „Wann?". Neben dem Zeitpunkt des Einstiegs bedenken einige Trader in ihrer Planung auch noch den Ausstieg, selten wird aber die Frage des „Wie viel?" gestellt. Dabei entscheidet vor allem Letztere über Erfolg und Misserfolg in den Märkten.

V.2.3 Return und Drawdown

Die Ausgangssituation beim Money-Management – die Ungewissheit über das Resultat des nächsten Trades – erfordert, dass jedem Trade die gleiche Chance eingeräumt wird. Da keine Aussage darüber getroffen werden kann, welcher Trade ein Gewinner wird, sollte bei jedem Trade ein identischer Betrag „gewettet" werden.

Das Problem beim Money-Management besteht darin, ein ausgewogenes Verhältnis zwischen Gewinn und Verlust zu finden. Da in diesem Zusammenhang nicht das Ergebnis eines einzelnen Trades, sondern das Jahresendergebnis betrachtet wird, spricht man in der Regel von Return und Drawdown.

Ist das Risiko einer Position zu hoch, werden die Verlierer zu groß und resultieren in zu tiefen Drawdowns. Im äußersten Fall, wenn das Risiko deutlich zu hoch ist, kann das System sogar „umkippen" und im Endeffekt Verluste produzieren, wie es auch den 38 Akademikern aus dem eingangs erwähnten Beispiel ergangen ist. Bei konservativen Money-Management-Strategien wird man prozentual betrachtet nur sehr kleine Beträge riskieren, folglich auch nur niedrige Gewinne realisieren. Reduziert man das Gesamtrisiko einer Position zu deutlich, werden die Erträge zu gering, um den mit dem Handel verbundenen Aufwand zu rechtfertigen.

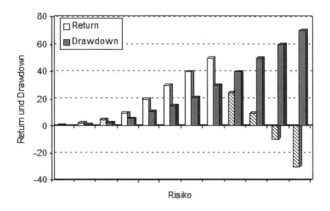

Abbildung V.22: Return und Drawdown in Abhängigkeit vom Risiko

In Abbildung V.22 sind die Gewinne und die damit verbundenen Drawdowns in Abhängigkeit vom gewählten Risiko grafisch dargestellt. Die Säulen stellen mögliche Ergebnisse einer Strategie dar, die bei Variation des Risikos erreicht werden können.

Bei einem geringen Positionsrisiko werden sowohl die erzielten Gewinne als auch die negativen Begleiterscheinungen – vor allem der Drawdown –

klein ausfallen. Die ersten drei Balken der Grafik weisen lediglich Gewinne im Bereich der sicheren Verzinsung aus. Hier lohnt sich der Aufwand für das Trading nicht.

Die letzten vier Balken dagegen entstehen bei zu hohem Risiko, die an sich profitable Strategie „kippt um". Die Drawdowns werden im Vergleich zu den vorangehenden Risikovariationen größer, obwohl der Return sinkt. Steigert man das Risiko zu weit, muss man schlussendlich sogar Verluste realisieren.

Strebt man eine Gewinnmaximierung an, wird man in diesem Fall das Risiko eingehen, mit dem sich ein Return von 50 Prozent erzielen lässt. Zwischenzeitliche Rücksetzer der Equity würden jedoch bis zu 30 Prozent des Kontos liquidieren. Dieser Wert ist für die meisten Trader aus psychologischen Gründen nicht akzeptabel. Ein Kompromiss zwischen Drawdown und Return – den viele Trader wohl favorisieren würden – liegt bei einem Gewinn von 40 Prozent. Der Drawdown würde in diesem Fall 20 Prozent betragen. Ein höherer Return lässt sich – bei ansonsten unveränderten Faktoren – nur erzielen, wenn das Risiko (und damit die Positionsgrößen) gesteigert werden. Eine Erhöhung des Risikos hat aber immer auch eine Erhöhung des Drawdowns zur Folge. Wird das Risiko beziehungsweise die Positionsgröße zu stark gesteigert, übertreffen die Drawdowns den Return beziehungsweise werden im Endeffekt sogar Verluste erwirtschaftet.

Ein ausgewogenes Verhältnis zwischen Drawdown und Return zu finden stellt sich als äußerst problematisch heraus, da die tatsächlichen Ergebnisse stark von den erwarteten Werten abweichen können. Verfügt man über historische Daten in Form von bereits abgeschlossenen Trades oder von Backtests, kann entweder auf die ermittelten Drawdowns und Returns zurückgegriffen oder diese mit einer Monte-Carlo-Simulation simuliert werden. Bei einer Monte-Carlo-Simulation werden die historischen Trades in meist Hunderten von Durchläufen in eine neue, zufällige Reihenfolge gebracht. Anschließend wird nach jedem Durchlauf der aus der neuen Reihenfolge resultierende Profit und Drawdown errechnet. Beide Herangehensweisen erlauben aber nur eine größenmäßige Einordnung. Ein in diesem Zusammenhang häufig zitiertes Sprichwort lautet nicht zu Unrecht: „Der größte Drawdown steht noch bevor."

Bei der Wahl der Positionsgröße sollte man besonders darauf achten, dass der erwartete Drawdown die 20-Prozent-Marke nicht überschreitet. Bei größeren Werten wird die Differenz zwischen dem prozentualen Verlust und dem anschließend benötigten Gewinn aufgrund des nicht linearen Verhältnisses, das bereits im Kapitel V.1.8 „Drawdown" beschrieben wurde, zu groß. Höhere Werte führen zusätzlich vor allem bei Einsteigern dazu, dass sie frustriert ihre Methode verwerfen, obwohl eigentlich das Money-Management schuld ist.

V.2.4 Percent Risk

Alle Money-Management-Methoden lassen sich in zwei Kategorien einteilen: Martingale-Methoden und Antimartingale-Methoden.

Bei Martingale-Methoden erhöht sich das Risiko nach einem Verlust beziehungsweise bei sinkendem Kapital. Eine bekannte Martingale-Methode ist das Verdoppeln des Einsatzes beim Roulette nach einem Verlust. Das Verdoppeln des eingesetzten Betrags setzt sich so lange fort, bis man gewinnt. Dadurch erhöht sich beständig das Risiko, die Chance bleibt konstant. Martingale-Strategien basieren auf der Tatsache, dass alle Serien irgendwann ein Ende nehmen und nach einer Reihe von Verlierern irgendwann ein Gewinner folgen muss.

Viele Einsteiger gehen ähnlich vor. Nach einem Verlierer riskieren sie erneut den gleichen Betrag oder erhöhen sogar das Risiko, um den Verlust des vorangehenden Trades wieder auszugleichen. Ist auch der zweite Trade ein Verlierer, wird das Risiko beim dritten Trade erneut gesteigert, um den Verlust der zwei vorangehenden Trades wieder gutzumachen. Dies setzt sich so lange fort, bis man einen Gewinner verbucht. Aufgrund der Gesetzmäßigkeit von Serien wird aber sehr wahrscheinlich irgendwann eine so lange Serie an Verlierern auftreten, dass man am Ende nicht mehr genug Kapital zur Verfügung hat, um die Position in der erforderlichen Größe einzugehen. Der Drawdown ist zu diesem Zeitpunkt schon so groß, dass man einen Gewinner in der Größenordnung von mehreren 100 Prozent benötigt, um den Verlust wieder aufzuholen.

Martingale-Strategien sind für das Trading völlig ungeeignet, da das Risiko nach einigen Verlierern deutlich zu groß wird und in keinem Verhältnis mehr zum erwarteten Gewinn steht. Die erste längere Verlierer-Serie würde das Konto zerstören.

Antimartingale-Methoden dagegen zielen darauf ab, den Drawdown zu minimieren. Nach Verlusten wird das Risiko verringert, damit es stets in einem sinnvollen Verhältnis zum vorhandenen Kapital steht. Bei Gewinnen dagegen wird das Risiko gesteigert. Im professionellen Bereich werden lediglich Antimartingale-Methoden verwendet. Auch als privater Trader ist man gut beraten, lediglich Methoden einzusetzen, die bei sinkendem Kapital das Risiko reduzieren.

Im Laufe der Zeit wurde eine Vielzahl von Money-Management-Ansätzen entwickelt, die alle auf dem Antimartingale-Prinzip basieren. Häufig wurden einfache Sachverhalte allerdings mit komplexen mathematischen Formeln beschrieben, sodass viele Einsteiger Money-Management – zu Unrecht – als „Raketenwissenschaft" betrachten.

Komplexe Methoden wie „Optimal f" haben in der Tat einen hohen Anspruch, stellen sich aber vor allem für Einsteiger als unbrauchbar heraus. Einer der am häufigsten eingesetzten und einfach zu handhabenden Ansätze ist die Methode „Percent Risk". Obwohl die Berechnung äußerst simpel ist, erweist sie sich als genauso wirkungsvoll wie die komplizierten Methoden.

Beim „Percent Risk" wird stets ein fixer Prozentsatz des vorhandenen Kapitals riskiert. Sinkt das Kapital durch einen oder mehrere Verlierer, wird der zu riskierende Betrag reduziert. Nach einem Gewinner wird dagegen das Risiko gesteigert. Bei einem Kontostand von 10 000 Euro und einer Risikobereitschaft von fünf Prozent würde das Risiko je Position bei 500 Euro liegen.

Sollte sich eine Position als Verlierer herausstellen, darf der Verlust in diesem Beispiel maximal 500 Euro betragen. Da Einstiegs- und Ausstiegskurs (Stop-Marke) bereits bekannt sind, lässt sich nun relativ einfach die Positionsgröße berechnen.

$$\text{Positionsgröße} = \frac{\text{Kontostand x prozentuales Risiko}}{\text{Kalkulierter Verlust je Lot}}$$

Um die Positionsgröße zu berechnen, wird der zu riskierende Betrag (Kontostand multipliziert mit dem prozentualen Risiko) durch den geplanten Verlust je Lot geteilt. Der geplante Verlust ergibt sich aus der Differenz zwischen Einstiegs- und Stop-Kurs. Das Ergebnis gibt die maximale Positionsgröße an. Sollte der Stop ausgelöst werden und entspricht die tatsächlich gehandelte Positionsgröße der berechneten Positionsgröße, beträgt der Verlust 500 Euro.

Werden mehrere Positionen gleichzeitig gehandelt, empfiehlt es sich, in der Berechnung auf die Core Equity anstatt auf den Kontostand zurückzugreifen. Die Core Equity entspricht dem Kontostand, der beim Ausstoppen aller offenen Positionen eintreten würde. Als Ergebnis wird man eine weiter geglättete Equity-Kurve erhalten.

Einer der schwierigsten Teile beim Trading ist die Bestimmung des prozentualen Risikos. Ist der Betrag zu gering, steht das Resultat in keinem Verhältnis zum Aufwand. Die Gewinner sind einfach zu gering. Wird zu viel riskiert, werden einerseits die Gewinner zwar sehr groß, andererseits werden aber auch die Drawdowns sehr tief. Es droht die Gefahr, dass das System „umkippt".

Erfahrungswerte und statistische Auswertungen zeigen, dass das Risiko zwischen 0,5 und drei Prozent des Kontostands betragen sollte. Bei diesen Werten sind das Risiko gering und die Gefahr für das Konto akzeptabel. Mit wachsender Erfahrung ist man in der Lage, das Risiko besser an die eigene Methodik anpassen. Die meisten Trader werden mit einem Wert von zwei Prozent ein ausgewogenes Verhältnis zwischen Drawdown und Return erwirtschaften.

V.2.5 Anwendung

Die berechnete Positionsgröße wird in der Regel keine ganze, runde Zahl sein, sondern mehrere Stellen nach dem Komma haben. Beim Handel über einen Broker, bei dem die Positionsgröße beliebig bestimmt werden kann,

stellt dies kein Problem dar. In der Regel werden aber nur die Handelsgrö-
ßen Lot (100 000) oder Mini-Lot (10 000) vom Broker angeboten.

Hat die berechnete Positionsgröße eine Nachkommastelle, sollte das Ergebnis
stets abgerundet werden. Bei einem Ergebnis von 3,8 sollten nur drei Lots gehandelt werden. Bietet der Broker den Handel mit Mini-Lots an, sollten drei
Lots und acht Mini-Lots beziehungsweise 38 Mini-Lots gehandelt werden.

Beispiel 1

Max Mustermann verfügt über ein Konto mit 50 000 Euro. Er riskiert jeweils
zwei Prozent seines Kontos. Bei einem Euro/Dollar-Stand von 1,2478 zu 81
beabsichtigt er, eine Long-Position einzugehen. Den Stop plant er bei 1,2451
zu platzieren.

Mit Hilfe der in Kapitel III.6.1 „Wert eines Pips" vorgestellten Methode
wird der Verlust je Lot berechnet.[14]

$$\text{Verlust je Lot} = \frac{\text{Differenz x Volumen}}{\text{Wechselkurs}} = \frac{0,0030 \text{ x } 100\,000\ €}{1,2451} = 240,94 \text{ Euro}$$

Statt des Verlusts je Lot könnte Max Mustermann natürlich auch den potenziellen Verlust je gehandeltem Euro berechnen. In der Handelsplattform muss
jedoch meist die Positionsgröße in (Mini-)Lots angegeben werden. Ist er an
dem Verlust je gehandelter Einheit interessiert, muss er das Ergebnis einfach
durch 100 000 dividieren.

$$\text{Positionsgröße} = \frac{\text{Kontostand x prozentuales Risiko}}{\text{kalkulierter Verlust je Lot}} = \frac{50\,000\ € \text{ x } 0,02}{240,94\ €} = 4,1504$$

Bei einem Kontostand von 50 000 Euro, einer Risikobereitschaft von zwei
Prozent und dem vorgegebenen Einstiegs- und Stop-Kurs beträgt die zu han-
delnde Positionsgröße vier Lots. Bietet der Broker den Handel mit Mini-Lots
an, sollte Max Mustermann 41 Mini-Lots oder vier Lots und ein Mini-Lot
handeln.

Beispiel 2

Direkt im Anschluss beschließt Max Mustermann, eine weitere Long-Position im GBP/EUR bei einer Notierung von 0,7010 zu 15 einzugehen. Eine sinnvolle Stop-Marke liegt bei 0,6984.

$$\text{Verlust je Lot} = \frac{0,0031 \times 10\,000\ \text{€}}{0,6984} = 443,87\ \text{€}$$

Sollte die Position im negativen Szenario ausgestoppt werden, ergibt sich ein Verlust von 443,87 Euro je gehandeltem Lot.

$$\text{Positionsgröße} = \frac{50\,000\ \text{€} \times 0,02}{443,87\ \text{€}} = 2,2529$$

Die Position sollte mit zwei Lots beziehungsweise mit 22 Mini-Lots aufgebaut werden.

Wird die Core-Equity-Methode eingesetzt, muss das Risiko aller offenen Positionen in die Berechnung miteinbezogen werden. Statt des tatsächlichen, aktuellen Kontostands wird der Kontostand abzüglich des Risikos der offenen Positionen verwendet.

Core Equity = Equity − (potenzieller Verlust je Lot x Positionsgröße in Lot) = 50\,000 € − (240,94 € x 4) = 49\,036,24 €

$$\text{Positionsgröße} = \frac{49\,036,24\ \text{€} \times 0,02}{443,87\ \text{€}} = 2,2095$$

Die Positionsgröße bei Verwendung der Core-Equity-Methode beträgt ebenfalls zwei Lots oder 22 Mini-Lots.

V.2.6 Fazit

Money-Management beschäftigt sich mit dem Bestimmen der Positionsgröße. Die Positionsgröße erlaubt es, eine Aussage über die Anzahl der zu handelnden Einheiten zu machen. Neben dem geplanten Einstiegs- und Ausstiegskurs werden für die Berechnung die Kontogröße und die Risikobereitschaft benötigt. Mit der vorgestellten Percent-Risk-Methode lässt sich auf einfache Art und Weise ein effektives Money-Management realisieren.

Der Einsatz von Money-Management kann zwar ein schlechtes System nicht verbessern. In der Regel wird auch die Profitabilität unter dem Einsatz leiden. Ziel des Money-Managements ist es aber, dass man auch noch in mehreren Jahren am Handelsgeschehen teilnehmen kann und dass das Konto langsam und beständig durch Gewinne wächst. Zwischenzeitliche Kapitalrückgänge (Drawdowns) sollen möglichst gering ausfallen.

Als Neuling sollte man in erster Linie darauf achten, sein Kapital zu erhalten. Erst später sollte man sich auf die Generierung von Gewinnen konzentrieren. Das Trading sollte daher mit der kleinstmöglichen Positionsgröße (möglichst ein Mini-Lot) begonnen werden, um den Erfahrungsschatz zu vergrößern und das Konto vor größeren finanziellen Schäden zu bewahren. Erst wenn mit kleinen Positionsgrößen konstant Gewinne erwirtschaftet wurden, sollte man sich langsam an die tatsächliche Positionsgröße herantasten.

V.2.7 Exkurs: Benötigtes Kapital

Die erste Frage, die sich vielen Einsteigern bei der Kontoeröffnung stellt, ist die nach dem benötigte Kapital. Verallgemeinerte Aussagen, wie beispielsweise 20 000 Euro, haben nur eine geringe Aussagekraft, da das benötigte Kapital stark vom individuellen Trading-Stil abhängt. Mit den gewonnenen Kenntnissen in Risiko- und Money-Management lässt sich allerdings das erforderlich Kapital in Abhängigkeit der gehandelten Strategie einfach berechnen.

Für die Berechnung wird der historische, durchschnittliche Verlust einer Position benötigt. Meist ändern sich die Marktbedingungen nur allmählich.

Das künftige Risiko einer Position wird damit ähnlich dem historischen durchschnittlichen Verlust sein. Um eine sinnvolle Aussage zu erhalten, sollten zumindest 30 Trades in die Berechnung einfließen. Als weitere Kennzahl wird die persönliche Risikobereitschaft benötigt. Je höher die Risikobereitschaft ist, desto höher ist der erwartete Gewinn, aber auch der Drawdown. Das benötigte Kapital sinkt mit zunehmender Risikobereitschaft.

Betragen der historische durchschnittliche Verlust 300 Euro (~ 30 Pips) und die Risikobereitschaft zwei Prozent, sollten zumindest 15 000 Euro (300 € x 1/0,02 = 300 € x 50) eingeplant werden.

Risiko

	0,5 %	1 %	1,5 %	2 %	2,5 %	3 %
100 €	20 000 €	10 000 €	6667 €	5000 €	4000 €	3333 €
200 €	40 000 €	20 000 €	13 333 €	10 000 €	8000 €	6667 €
300 €	60 000 €	30 000 €	20 000 €	15 000 €	12 000 €	10 000 €
400 €	80 000 €	40 000 €	26 667 €	20 000 €	16 000 €	13 333 €
500 €	100 000 €	50 000 €	33 333 €	25 000 €	20 000 €	16 667 €
750 €	150 000 €	75 000 €	50 000 €	37 500 €	30 000 €	25 000 €
1000 €	200 000 €	100 000 €	66 667 €	50 000 €	40 000 €	33 333 €

Tabelle V-1: Übersicht über das benötigte Kapital in Abhängigkeit vom durchschnittlichen Verlust (y-Achse) und vom Risikos (x-Achse)

Diese Berechnung geht davon aus, dass von Anfang an Gewinne erzielt werden. Als Einsteiger sollte man jedoch erst einmal mit Verlusten rechnen. Auch bei fortgeschrittenen Tradern kann am Anfang ein Drawdown eintreten. Wird nur das minimal benötigte Kapital bereitgestellt und der erste Trade als Verlierer geschlossen, muss zwangsläufig das Risiko erhöht werden. Ansonsten wäre man handlungsunfähig. Die Percent-Risk-Strategie wird dadurch zu einer gefährlichen Martingale-Strategie. Bei geringerem Kapital wird, prozentual betrachtet, das Risiko erhöht.

Daher sollte ein Sicherheitsbetrag eingeplant werden. Rechnet man mit Drawdowns von bis zu 20 Prozent, müssen auf das benötigte Kapital 25 Prozent aufgeschlagen werden, da Verluste und Gewinne sich nicht linear verhalten. Statt eines Startbetrags von 15 000 Euro ergibt sich nun ein Startbetrag von 18 750 Euro (15 000 € x 1,25). Ein Drawdown in Höhe von 20 Prozent würde das Kapital nun bis auf 15 000 Euro reduzieren.

Im Extremfall muss laut dieser Berechnung mehr Kapital bereitgehalten werden, als die Positionsgröße groß ist. Dies empfiehlt sich nur für Trader, die sehr konservativ handeln und kaum Risiken einzugehen bereit sind.

Risiko

	0,5 %	1 %	1,5 %	2 %	2,5 %	3 %
100 €	25 000 €	12 500 €	8334 €	6250 €	5000 €	4166 €
200 €	50 000 €	25 000 €	16 666 €	12 500 €	10 000 €	8 334 €
300 €	75 000 €	37 500 €	25 000 €	18 750 €	15 000 €	12 500 €
400 €	100 000 €	50 000 €	33 334 €	25 000 €	20 000 €	16 666 €
500 €	125 000 €	62 500 €	41 666 €	31 250 €	25 000 €	20 834 €
750 €	187 500 €	93 750 €	62 500 €	46 875 €	37 500 €	31 250 €
1000 €	250 000 €	125 000 €	83 334 €	62 500 €	50 000 €	41 666 €

Tabelle V-2: Übersicht über das benötigte Startkapital inklusive einem Sicherheitsaufschlag

Stellen sich die Kapitalanforderungen als zu hoch dar, kann auf den Handel mit Mini-Lots ausgewichen werden. Diese weisen im Vergleich zum Handel mit normalen Lots keinerlei Nachteile auf und haben lediglich eine geringe Handelsgröße. Statt 100 000 Einheiten der erstgenannten Währung werden bei Mini-Lots nur 10 000 Einheiten gehandelt. Die Tabelle enthält das benötigte Kapital für den Handel mit einem Mini-Lot. Ein Sicherheitsaufschlag in Höhe von 25 Prozent ist bereits eingerechnet.

Risiko

	0,5 %	1 %	1,5 %	2 %	2,5 %	3 %
10 €	2500 €	1250 €	833 €	625 €	500 €	417 €
20 €	5000 €	2500 €	1667 €	1250 €	1000 €	833 €
30 €	7500 €	3750 €	2500 €	1875 €	1500 €	1250 €
40 €	10 000 €	5000 €	3333 €	2500 €	2000 €	1667 €
50 €	12 500 €	6250 €	4167 €	3125 €	2500 €	2083 €
75 €	18 750 €	9375 €	6250 €	4688 €	3750 €	3125 €
100 €	25 000 €	12 500 €	8333 €	6250 €	5000 €	4167 €

Tabelle V-3: Übersicht über das benötigte Startkapital inklusive einem Sicherheitsaufschlag beim Handel mit Mini-Lots

V.3 Selbst-Management

Ein häufig vernachlässigter Aspekt beim Trading ist die eigene Psyche. Eine profitable Strategie, kombiniert mit einem sinnvollen Money-Management, ist bei weitem kein Garant für Gewinne. Viele Trader scheitern nicht an mangelhaften Kenntnissen über den Markt oder einer schlechten Strategie, sondern an ihrer inneren Einstellung und an der Umsetzung der Strategie in tatsächliche Gewinne.

V.3.1 Journal

Im Gegensatz zu den meisten herkömmlichen Berufen sind beim Trading Fehler ein Teil des täglichen Geschäfts und „gehören dazu". Auch die profitabelsten Trader begehen ständig Fehler – und gestehen sich diese ein. Im Gegensatz zu vielen Neulingen lernen sie aus diesen Situationen und werden in der Zukunft den gleichen Fehler nicht noch einmal machen.

Viele Einsteiger konzentrieren sich vor allem auf die Gewinner und darauf, unter welchen Umständen sie diese realisieren konnten. Die Verluste und deren Ursache werden häufig vernachlässigt. Dadurch wiederholen viele Neulinge die gleichen Fehler immer wieder, sodass sich die Verluste immer weiter erhöhen.

Eine sinnvolle – und von vielen Trading-Coachs empfohlene – Gegenmaßnahme ist das Führen eines Trading-Tagebuchs. Es wird meist als Journal bezeichnet. In einem Journal werden die einzelnen Trades protokollartig festgehalten. Neben dem Einstiegs- und Ausstiegszeitpunkt sowie dem jeweiligen Ausführungskurs sollte eine Erläuterung notiert werden, warum genau zu diesem Zeitpunkt und zu diesem Kurs gehandelt wurde. Weiterhin ist empfehlenswert, den Aufzeichnungen jeweils einen Chart vom Einstiegs- und Ausstiegszeitpunkt beizufügen.

Ein Trading-Tagebuch ermöglicht es, die abgeschlossenen Trades im Nachhinein noch einmal durchzugehen und zu analysieren. Es hilft, Fehler zu erkennen und entsprechende Gegenmaßnahmen zu ergreifen.

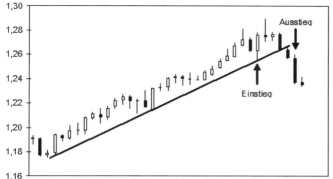

Abbildung V.23: Beispieleintrag in ein Jorunal

V.3.2 Trading-Plan

Bei der Gründung einer Firma sollte es selbstverständlich sein, dass ein Geschäftsplan aufgestellt wird. Dieser enthält unter anderem einen Überblick, in welchem Geschäftsfeld die Firma tätig sein wird, womit sie handeln beziehungsweise was sie produzieren wird, über welches Kapital und welche Ausstattung sie verfügt und wie die Zielsetzung für die kommenden Jahre definiert ist. Ein Großteil der Firmen, die ohne einen ausgearbeiteten Geschäftsplan und nur mit einem wagen Konzept starten, ist nach kurzer Zeit wieder vom Markt verschwunden oder kommt gar nicht über die Startphase hinaus.

Das Sprichwort „Ohne Plan plant man den Misserfolg" trifft nicht nur auf die herkömmliche Business-Welt zu, sondern auch auf das Trading. Ein Geschäftsplan ist daher nicht nur bei der Gründung eines Unternehmens, sondern auch beim Trading von außerordentlicher Wichtigkeit. Die größte Gemeinsamkeit unter den profitablen Tradern besteht in ihrer Herangehensweise an die Handelsthematik. Sie betrachten Trading entweder bewusst oder unterbewusst als ein Geschäft und nicht als Hobby oder als Mittel zur Belustigung. Natürlich kann Trading Spaß machen. Wenn dieser Faktor aber im Vordergrund steht, sollte man lieber ins Spielcasino gehen. Das Gleiche gilt für Hobbys: Im Regelfall sind sie ein kostspieliger Zeitvertreib, eher selten lässt sich mit ihnen Geld verdienen. Trader, die Trading als ein hartes Geschäft sehen und die Notwendigkeit eines Trading-Plans erkannt haben, haben meist auch verstanden, dass Trading keine „get rich quick"-Methode ist. Die Bereitschaft zu harter Arbeit, der Wille zum Erfolg und die Überzeugung, wirklich traden zu wollen, müssen vorhanden sein, sonst wird man nach einiger Zeit Schiffbruch erleiden. Trading ist ein Business mit harter Konkurrenz, und nur die engagiertesten Trader werden langfristig Geld verdienen.

Der Trading-Plan stellt eine Art Leitfaden da. Er hilft vor allem, definierte Ziele und die geplante Vorgehensweise nicht aus den Augen zu verlieren. Viele Einsteiger konzentrieren sich zu sehr auf belanglose Dinge und vernachlässigen die wirklich wichtigen Punkte. Ein Trading-Plan verhindert, dass man sich verzettelt, und vermittelt Disziplin bei der Durchführung. Viele Menschen tendieren dazu, sich eher an niedergeschriebene Regeln zu halten als an Regeln, die sie sich lediglich mental auferlegt haben. Weiterhin hilft ein Trading-Plan, die eigenen Stärken und Schwächen zu identifizieren.

In einem Trading-Plan sollten alle Elemente aufgelistet werden, die im direkten oder auch nur im indirekten Zusammenhang mit dem Handel stehen. Folgende Punkte sollte jeder Trading-Plan abdecken:

• Was wird gehandelt?

• Wann wird gehandelt?

• Wo wird gehandelt?

• Wie wird gehandelt?

• Wie viel wird gehandelt?

• Warum wird gehandelt?

Der Trading-Plan sollte so ausgeführt werden, dass auch ein Dritter nach den niedergeschriebenen Regeln handeln und die Handelsmethodik umsetzen könnte.

V.3.3 Zielsetzung

Viele Einsteiger beginnen das Trading mit der Erwartung oder der Hoffnung, vom ersten Trade an Geld zu verdienen. Häufig sind Gewinnziele von über 100 Prozent im Jahr geplant. Diese Zahlen werden von den meisten Profis selbst nach jahrelangem Handel nicht erreicht.

Da man als Neuling im Normalfall über keinerlei Erfahrung verfügt, sind die Erwartungen meist deutlich zu hoch gesteckt. Der Eindruck des „einfachen Geldes" wird unter anderem durch die Werbung der Trading-Industrie geschaffen. Broker, Datenversorger und andere Anbieter stellen Trading in ihren Anzeigen häufig als Methode dar, mit der ohne großen Aufwand und relativ einfach viel Geld verdient werden kann. Gewinnen erscheint für viele Neulinge daher selbstverständlich und unkompliziert, schließlich gibt es nur zwei Möglichkeiten: Entweder der Markt steigt, oder er fällt.

Nahezu alle Berufe setzen eine Ausbildung oder ein Studium voraus. Trading stellt – entgegen der Annahme der zumeist unbedarften Einsteiger – keine Ausnahme dar. Auch wenn zum Trading weder einen Abschluss noch eine Ausbildung nötig ist und bereits ein handelsüblicher PC nebst einem Konto ausreichen, benötigt ein erfolgreicher Trader dennoch eines: Wissen. Als Einsteiger zahlt man daher in der Regel erst einmal Lehrgeld in Form von Verlusten. Auch beim Trading gilt es, in seine Ausbildung zu investieren, um sich das nötige Wissen anzueignen und Erfahrungen durch das Traden zu erlangen. Vor den Gewinnen stehen auch beim Trading – wie in der normalen Geschäftswelt – Startinvestitionen, um die kaum ein Einsteiger herumkommt.

Einsteiger sollten sich eines vergegenwärtigen: Trading ist ein Minus-Summen-Spiel. Jeden Euro, den ein Trader gewinnt, muss ein anderer verlieren. Die Verluste sind in Wahrheit sogar leicht höher als die Gewinne, da dem Kreislauf ständig Geld durch die Gewinner entzogen wird, die hiermit beispielsweise ihren Lebensunterhalt finanzieren. Dem Kreislauf muss also ständig Geld hinzugefügt werden. Dies geschieht unter anderem auch durch den Markteintritt von Einsteigern. Als Neuling sollte man also davon ausgehen, dass man in der ersten Zeit häufiger Verluste als Gewinne verbuchen wird. Anders als beim Aktienmarkt, auf dem – zumindest theoretisch – alle

Marktteilnehmer gleichzeitig gewinnen können, ist dies beim FX-Handel nicht möglich.

Eine hilfreiche und oftmals anspornende Unterstützung, um die ersten, meist verlustbringenden Monate zu überstehen, ist das Setzen von Zielen. Das langfristige Ziel – in diesem Fall das Generieren von Gewinnen – sollte dabei in kleine Etappen unterteilt werden. Die meisten Menschen agieren erfolgreicher und zielgerichteter, wenn sie ein festes Ziel vor Augen haben. Die Ziele sollten dabei nicht nur größenordnungsmäßig umschrieben, sondern auch zeitlich eingegrenzt werden und eine Vorgehensweise enthalten, wie das Ziel erreicht werden soll. Die Ziele müssen durchaus nicht immer monetärer Art sein, sondern können beispielsweise auch auf die Entwicklung eines Handelssystems abzielen.

Die Zielsetzung sollte allerdings realistisch bleiben, damit man nicht demotiviert und enttäuscht wird. Auch sollten die monetären Ziele nicht zu kurzfristig definiert werden, da über kurze Zeiträume der Zufall einen großen Einfluss auf das Ergebnis hat. Erst auf lange Sicht kann sich der Vorteil einer Strategie über den Zufall (im Fachjargon auch als „Edge" bezeichnet) auszahlen. Für die ersten Monate sollte man sich erst einmal vornehmen, das Trading-Kapital zu erhalten, bevor man an das Generieren von Gewinnen denkt.

V.3.4 Disziplin

Fragt man erfolgreiche Trader nach den Gründen für ihren Erfolg, so findet sich in den oftmals langen Begründungen immer wieder das Wort Disziplin.

Viele Trader erstellen in häufig monatelanger Arbeit ein mechanisches Handelssystem oder einen diskretionären Ansatz, der sich in der Vergangenheit als erfolgreich erwies, können diesen aber nicht in die Realität umsetzen. Stattdessen weichen sie ständig von ihrer erarbeiteten Methodik ab. Ihnen fehlt es an Disziplin und Zuversicht, ein aussichtsreiches Signal in die Realität umzusetzen. Statt sich an ihre Methodik zu halten, betreiben sie „second guessing", das heißt sie versuchen, ihren Ansatz mit Hilfe ihres „Bauchgefühls" zu verbessern. Häufig wird auch von Regeln, die das Money- oder

Risiko-Management vorgeben, abgewichen. Bei „besonders aussichtsreichen" Positionen riskieren viele Einsteiger deutlich mehr, als es ein sinnvolles Money- und Risiko-Management zulassen. Besonders Neulinge tendieren zudem dazu, eine Position glattzustellen, sobald sie einen kleinen Gewinn aufweist, anstatt das Erreichen des geplanten Kursziels abzuwarten.

Das Abweichen vom Trading-Plan wird im Einzelfall erfolgreich sein, und viele Einsteiger werden sich dadurch bestätigt sehen. Langfristig wird man mit diesem Vorgehen aber wahrscheinlicher Schiffbruch erleiden. Ein bestehender Ansatz sollte stets weiterentwickelt und reevaluiert werden. Dies ist aber eindeutig vom angesprochenen Abweichen von der Methodik zu unterscheiden. Spontaneität, wie sie das „second guessing" erfordert, richtet langfristig meist Schaden an.

Die aussichtsreichste Methodik ist nutzlos, wenn nicht die Disziplin aufgebracht wird, die aufgestellten Regeln einzuhalten. Eine hilfreiche Stütze ist das Niederschreiben des Trading-Plans.

V.3.5 Kontrolle

Überschreitet ein Proptrader (Trader, der für eine Firma mit Firmenkapital handelt) sein tägliches Verlustlimit, kann er seinen Arbeitstag vorzeitig beenden. Begeht er immer wieder den gleichen Fehler oder hält er sich nicht an vorgegebene Regeln, wird er bald seinen Job verlieren.

Einer der angenehmsten Nebeneffekte beim privaten Handel stellt sich für viele Einsteiger als eines der größten Probleme dar: die fehlende Rechenschaft gegenüber Stakeholdern oder Vorgesetzten. Als privater Trader ist man niemandem Rechenschaft schuldig. Der gleiche Fehler kann ständig wiederholt werden, ohne dass man Konsequenzen (abgesehen vom Verlust des Geldes) befürchten muss.

Vor allem Einsteiger haben mit diesem Punkt oftmals Probleme. Aus diesem Grund ist es wichtig, dass man sich selbst kontrolliert. In einem regelmäßigen Intervall (als Swing- oder Position-Trader beispielsweise monatlich) sollten die durchgeführten Trades durchgegangen und auf Fehler beziehungsweise Abweichungen vom Trading-Plan untersucht werden.

Durch die Kontrolle wird man sich nicht nur besser an seine eigenen Regeln halten, sondern kann auch stetig seine Strategie verbessern und die Methodik auf Schwächen untersuchen. Dadurch trägt man der Tatsache Rechnung, dass sich der Markt ständig ändert und Strategien an die sich verändernden Marktverhältnisse angepasst werden müssen.

V.3.6 Geduld

Viele Trader handeln nicht nur des Erfolges wegen, sondern auch wegen des Nervenkitzels. Wenn sie nicht spätestens eine Stunde nach Handelseröffnung einen Trade abgeschlossen haben, werden sie ungeduldig und nehmen auch Möglichkeiten war, die ein schlechtes Reward/Risk-Ratio aufweisen. Bietet sich keine Gelegenheit, wird häufig auch völlig ohne Grundlage gehandelt. Solche Trader neigen zum so genannten Overtrading, also zum Traden um des Tradens willen.

Andere Trader dagegen bringen zu viel von der Tugend Geduld mit. Sie sind zu zögerlich und warten auf den perfekten Trade. Aus Angst vor Verlusten sind sie nicht in der Lage, den „Trigger zu ziehen".

Stellt man bei sich selbst eine der beschriebenen Verhaltensweisen fest, sollte man für sich eine Höchst-/Mindestanzahl an Trades definieren, die man je Handelstag durchführen möchte. Es wird jeweils (nur) so lange gehandelt, bis die gewünschte Anzahl an Trades getätigt wurde. So zwingt man sich selbst zur Selektion beziehungsweise zum Durchführen von Trades.

Besonders Einsteiger haben häufig Angst, etwas zu verpassen. Nachdem sie den Entschluss gefasst haben zu traden, kann es oftmals nicht schnell genug gehen. Häufig wird ohne weitere Überlegungen – das heißt ohne eine erarbeitete Methode, ohne Risiko- und Money-Management – überstürzt das Trading begonnen. Dabei gilt es, gerade in den ersten Wochen nichts zu überstürzen.

Am FX-Markt wird mit Sicherheit auch am nächsten Werktag wieder gehandelt, und auch noch in zwei oder drei Wochen. Er wird auch in Zukunft noch ausreichend Möglichkeiten zum Handeln bieten. Eine sorgfältige Planung sollte daher am Anfang eines jeden Trader-Daseins stehen. Daneben gibt es auch viele angehende Trader, die nicht über die Planungsphase hinauskommen. Sie suchen nach dem perfekten System und vergessen darüber das Handeln.

Auch wenn man über eine erfolgreiche Methodik verfügt, benötigt man häufig Geduld. Es gibt keinen Ansatz, der immer erfolgreich ist. Daher wird es von Zeit zu Zeit zu mehr oder weniger stark ausgeprägten Drawdowns kommen. Als Trader sollte man sich bewusst sein, dass das Ergebnis einer einzelnen Position nicht vorhersagbar und zufällig ist. Beim Trading sollte man daher stets langfristig denken.

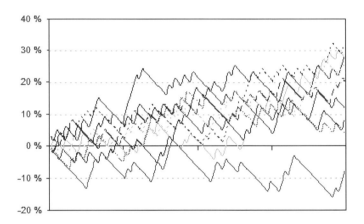

Abbildung V.24: Variationen einer Strategie

Abbildung V.24 zeigt die Variationen einer Strategie. Das zugrunde liegende System hat eine Trefferquote von 30 Prozent und weist eine Reward/Risk-Ratio von drei auf. Aufgrund des Faktors Zufall unterscheiden sich die Endresultate und die Kapitalentwicklung. Die Grundtendenz einer positiv ansteigenden Kapitalkurve ist aber überwiegend identisch.

Einige Trader neigen dazu, auch längerfristige Positionen ständig („Tick by Tick") zu verfolgen. Bei einer Gegenbewegung werden diese Positionen dann schließlich glattgestellt, um den bereits vorhandenen Buchgewinn zu sichern, obwohl das definierte langfristige Kursziel noch längst nicht erreicht wurde. Problematisch dabei ist, dass ein für das längere Zeitfenster adäquates Risiko eingegangen wird. Der im kurzen Zeitfenster realisierte Gewinn steht in keinem Verhältnis zum eingegangenen Risiko. Die Verluste werden dennoch im vollen Umfang realisiert, da viele Trader die Hoffnung hegen werden, dass die Position im langfristigen Zeitfenster noch gültig ist und daher auch wieder „zurückkommen" wird.

Die Folge ist ein ungünstiges Reward/Risk-Ratio, das nur durch eine gute Trefferquote ausgeglichen werden könnte. Als Einsteiger sollte man daher die Position laufen lassen, bis sie den Stop oder das Kursziel erreicht hat, beziehungsweise die Position nur in dem gehandelten Zeitfenster managen.

V.4 Umsetzung

Leider scheitern Neulinge immer wieder an der Umsetzung der Theorie in die Praxis, obwohl sie über einen Handelsansatz mit einem positiven Erwartungswert verfügen. Für viele Trader stellt sich das Umsetzen eines auf dem Papier erfolgreichen Systems in die Realität nicht nur aufgrund der psychologischen Barrieren, die im vorangegangenen Kapitel angesprochen wurden, sondern auch aufgrund des fehlenden Verständnisses und der fehlenden Übung als eine erhebliche Hürde dar.

Trader, die aktiv am Markt teilnehmen und täglich den Markt beobachten, sollten sich einen Tagesablauf erarbeiten und so an Routine gewinnen. Der tägliche Arbeitsplan sollte vom Hochfahren des Computers über die anfängliche Analyse und die Nachbereitung am Abend alle wichtigen Schritte enthalten.

Der Trading-Alltag eines Händlers besteht aus der stupiden Anwendung seines Trading-Plans. Diese Aussage trifft nicht nur auf kurzfristige, sondern auch auf Trader mit einem längeren Zeitrahmen zu. Die Umsetzung einer

Strategie in die Realität ist eine sich immer wiederholende Anwendung der gleichen Arbeitsschritte. Auch wenn sich das Setup (die Ausgangssituation, die alle Kriterien der Strategie erfüllt) von Mal zu Mal leicht unterscheidet, werden die darauf folgenden Reaktionen und Arbeitsschritte im Prinzip immer identisch sein. Sie lassen sich zu dem in Abbildung V.25 dargestellten schematischen Modell vereinfachen.

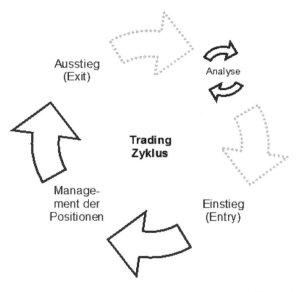

Abbildung V.25: Trading-Zyklus

Analyse

Unter der Analyse versteht man das Beobachten und Analysieren des Marktes daraufhin, ob alle Kriterien der eigenen Handelsstrategie erfüllt werden. Die Analyse stellt immer den Ausgang der eigenen Handelsaktivität dar. Trader, die mechanische Handelssysteme einsetzen, müssen dabei nur die Anweisungen des Handelssystems umsetzen. Ihnen nimmt der Computer die Analyse des Marktes ab. Diskretionäre Trader dagegen müssen in möglichst regelmäßigen Zeitabständen den Markt analysieren und überprüfen, ob alle Kriterien ihrer Strategie erfüllt werden. Arbeitet man beispielsweise mit Vier-Stunden-Charts, sollte man den Markt zu den im Trading-Plan definierten

Zeiten alle vier Stunden analysieren. Trader, die Tagescharts nutzen, um den Markt zu beobachten, sollten analog einmal am Tag den Markt analysieren.

Einstieg

Erfüllt ein Devisen-Paar alle Kriterien der Handelsstrategie und liefert auch das Risiko-Management (Kapitel V.1) keine Einsprüche, steht einem Einstieg nichts mehr im Weg. Als Trader sollte man sich mit den unterschiedlichen Order-Arten, die der Broker anbietet, vertraut machen. Die am weitesten verbreiteten Möglichkeiten, einen Auftrag zu platzieren, werden in Kapitel III.4 „Order-Arten" erläutert. Bevor man jedoch in den Markt einsteigt, muss man die Positionsgröße mit Hilfe des Money-Managements (Kapitel V.2) berechnen. Das Platzieren des Initial-Risk-Stops (Kapitel V.1.2.1) und einer möglichen Gewinn-Mitnahme-Order gehört ebenfalls zum Einstieg.

Management der Position

Sobald man in den Markt eingestiegen ist, sollte man damit beginnen, die Position zu managen. Dazu gehören vor allem das Nachziehen eines Sicherungs-Stops (Kapitel V.1.2.2) sowie das Überprüfen, ob die Ausgangssituation, die zu dem Einstieg in den Markt geführt hat, noch gültig ist. Trader, die mit mentalen Stop- und Limit-Aufträgen arbeiten, müssen natürlich auch stets die Verletzung der Stop-Marken sowie das Erreichen von Kurszielen beobachten und gegebenenfalls ihre Position glattstellen. Übermittelt der Anleger den Stop an den Broker, übernimmt dieser diese Aufgabe für ihn.

Ausstieg

Der Ausstieg aus dem Markt kann vielfältige Gründe haben. In der Regel aber wird man die Position glattstellen beziehungsweise wird sie durch den Broker glattgestellt, wenn entweder das Kursziel oder der Verlustbegrenzungs-Stop erreicht wurde. Nachdem die Position geschlossen wurde, sollte man den Trade auf Fehler untersuchen und diese in sein Trading-Journal aufnehmen.

Viele Einsteiger nutzen das so genannte Paper-Trading, um ein erstes Gefühl für den Markt zu entwickeln und ohne Risiko erste Erfahrungen zu sammeln. Beim Paper-Trading werden die Aufträge nicht an den Broker übermittelt, sondern auf einem Blatt Papier festgehalten und anschließend ausgewertet. Auch das Handeln über ein Demo-Konto bei einem Broker ist nur eine moderne Form des Paper-Tradings. Hierbei wird die Ausführung der Orders lediglich simuliert.

Den wenigsten Tradern gelingt es aber, das profitable Paper-Trading anschließend in reale Gewinne umzuwandeln. Da im zweiten Fall echtes Geld riskiert wird, bewertet der Kopf Gewinne und Verluste anders, als wenn diese nur auf dem Papier entstehen. Angst und Gier treten beim Paper-Trading beispielsweise im Normalfall nicht auf, spielen aber beim echten Trading eine wichtige Rolle. Paper-Trading ist geeignet, um eine Strategie auf Profitabilität zu testen, sich mit seiner Methodik vertraut zu machen und die Umsetzung der Strategie zu üben. Ansonsten hat es nicht viel mit dem realen Handel gemeinsam.

Kapitel VI: Handelsansätze

VI.1 Playing Support & Resistance

Beim Trading erweisen sich häufig die einfachsten Herangehensweisen als am erfolgreichsten. Die im Folgenden präsentierte Strategie basiert lediglich auf den im Kapitel IV.1.4.2 vorgestellten Unterstützungs- und Widerstandslinien.

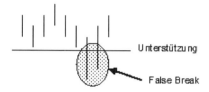

Viele Trader handeln das Durchstoßen von Widerstands- und Unterstützungslinien. Diese Bewegungen werden im Fachjargon auch als Ausbrüche oder Break-outs bezeichnet. Sie stehen oftmals am Beginn eines ausgedehnten Trends. Wird diese Strategie in die Praxis umgesetzt, kommt es häufig zu so genannten „False Breaks". So werden Bewegungen bezeichnet, die eine Unterstützung zwar unterschreiten, im Anschluss daran aber wieder auf das vorherige Niveau zurückkehren. Trader, die auf den Ausbruch spekuliert haben, werden mit einem Verlust ausgestoppt.

Ein weiteres Problem dieses Ansatzes sind die ungünstigen Einstiegskurse, da sich der Markt bei einem Ausbruch meist sehr schnell bewegt. Aufträge werden daher häufig erst einige Pips unterhalb der Unterstützung ausgeführt. In der Folge liegt der Ausführungskurs häufig weit vom Stop-Kurs entfernt, der im Idealfall oberhalb der Unterstützung platziert werden sollte.

In vielen Fällen lässt sich die Unterstützung auch nicht genau definieren, sodass es zu einer „Grauzone" kommt. Befindet sich der Kurs in diesem Bereich, lässt sich keine sichere Aussage treffen, ob es sich um einen Ausbruch handelt oder ob die Notierungen nur die Unterstützung „testen". Eine Position sollte erst dann eingegangen werden, wenn die Notierungen unterhalb dieses Bereichs liegen. Der Stop sollte oberhalb der „Grauzone" platziert werden.

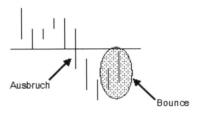

Auch wenn dieser Ausbruch-Ansatz von vielen Tradern profitabel gehandelt wird, ist die Umsetzung für Einsteiger nicht ohne Probleme zu bewältigen. Die Strategie lässt sich jedoch entscheidend verbessern, wenn man nach dem Ausbruch auf ein Zurückkehren der Kurse zur ehemaligen Unterstützung spekuliert. Nachdem der erste Verkaufsdruck abgeklungen ist, lässt sich häufig beobachten, dass die Notierungen nochmals höher liegen und zur ehemaligen Unterstützung zurückkehren. Diese Bewegung wird meist als „Bounce" bezeichnet. Erfolgt diese zu „schnell" (situationsabhängig, in der Regel aber < 4 Bars nach dem Ausbruch-Bar), sollte keine Position eingegangen werden. In diesem Fall handelt es sich wahrscheinlich um einen False Break.

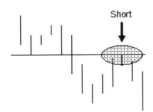

Die Rückkehrbewegung der Kurse ist – im Gegensatz zum volatilen Ausbruch – meist von geringer Handelsaktivität und nachlassender Volatilität gekennzeichnet. Der Einstieg kann nun auf eine Reihe von Ereignissen erfolgen:

Sobald die Kurse an der ehemaligen Unterstützung notieren

Nach dem Ausbilden einer negativen Candlestick-Formation

Beim Unterschreiten des Tiefs des vorhergehenden Bars

Verkaufssignal durch einen oszillierenden Indikator

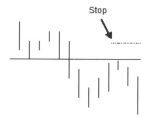

Nach dem Einstieg sollte ein Stop oberhalb der Unterstützung platziert werden (V.1.2.1 Initial-Risk-Stop). Sobald die Kurse das Tief zwischen dem Ausbruch und dem Einstieg unterschritten haben, sollte der Stop nachgezogen werden (V.1.2.2 Trailing-Stops).

Die in diesem Kapitel gemachten Aussagen beziehen sich auf das Handeln einer Unterstützung, die den Kursen nach dem Ausbruch als Widerstand dient. Der Ansatz lässt sich jedoch in genau der gleichen Art und Weise bei Widerständen – die anschließend als Unterstützung fungieren – einsetzen.

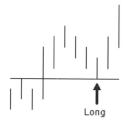

Das vorgestellte Setup weist gegenüber der gewöhnlichen Ausbruchsstrategie eine deutlich attraktiveres Reward/Risk-Ratio bei einer meist unveränderten Trefferquote auf. Allerdings geht die Trading-Frequenz zurück, da die Notierungen nicht nach jedem Ausbruch noch einmal zu der Unterstützung beziehungsweise dem Widerstand zurückkehren.

Die Trefferquote des Ansatzes lässt sich verbessern, wenn weitere Kriterien in den Ansatz miteinbezogen werden. Die Trading-Frequenz geht meist dadurch jedoch noch weiter zurück. Der Ansatz ist meist umso erfolgreicher, je deutlicher und genauer die Unterstützungs-/Widerstandlinie ausgeprägt ist und je häufiger diese vor dem Ausbruch getestet wurde. Handelt man das Setup im Intraday-Bereich, sollte es lediglich zu Zeiten gehandelt werden, in denen hohe Handelsaktivität herrscht (vgl. Kapitel II.4.2). Ein starker Trend in die spätere Handelsrichtung, bevor die Unterstützung/der Widerstand ausgebildet wurde, beeinflusst die Trefferquote ebenfalls positiv.

VI.2 Joining the Trend

Geld lässt sich – egal in welchem Markt – vor allem mit den Trends verdienen. Der Devisenmarkt kommt dem privaten Trader somit entgegen, da viele ausgeprägte Trendphasen zu finden sind. Im Nachhinein sind diese einfach im Chart zu erkennen. Während sie sich ausbilden, gibt es jedoch kaum risikoarme Gelegenheiten, in den Markt einzusteigen und somit an den Trends zu partizipieren.

Das vorgestellte Pattern erlaubt den Einstieg in den Markt während beziehungsweise nach einer Erholungsphase. Es ist in seinem Aufbau und seinen Folgen vergleichbar mit den Flaggen oder Wimpeln, die in Kapitel IV.1.4.2 bereits vorgestellt wurden.

Nach einer starken Trendphase tendiert der Markt dazu, sich entgegen der Trendrichtung zu erholen und dabei einen kurzfristigen Aufwärtstrend auszubilden. Diese Bewegungen sind häufig von abnehmender Volatilität begleitet und im Chart meist nur schwierig zu identifizieren.

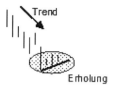

Die Erholungsphase wird durch den Bruch der kurzfristigen Trendlinie, die unterhalb der Gegenbewegung aufwärts gerichtet verläuft, abgeschlossen. Im Anschluss wird meist der vorangehende Trend wieder aufgenommen. Lässt sich über dem vorangehenden Abwärtstrend eine Trendlinie einzeichnen, sollten die Notierungen diese nicht überschreiten.

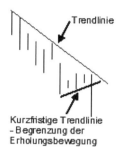

Als Einstieg bietet sich entweder der Durchbruch durch die Trendlinie oder das Unterschreiten des vorangehenden Zwischentiefs an. Die erstgenannte Vorgehensweise bietet einen attraktiveren Einstiegspreis. Nutzt man das Unterschreiten des Tiefs als Einstiegssignal, ist die Wahrscheinlichkeit, dass es sich tatsächlich um eine Trendfortsetzung handelt, höher.

Steigt man in die Position ein, sobald der Preis unterhalb der Trendlinie notiert, wird man häufig Folgendes beobachten: Die Preise sinken nur knapp unter die Trendlinie, erholen sich dann wieder leicht und bilden eine zweite, flachere Trendlinie aus. Die Trendlinie „definiert" sich nach dem ersten Durchbruch noch einmal neu.

Als Stop bietet sich das Hoch der Erholung an. Sobald die Notierungen nachgeben, sollte der Stop oberhalb der abwärts gerichteten Trendlinie nachgezogen werden.

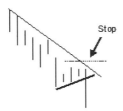

Das Setup lässt sich natürlich eins zu eins auch auf Erholungen anwenden, die in einem starken Aufwärtstrend auftreten.

Die Trefferquote dieses Ansatzes liegt für gewöhnlich unter 50 Prozent, weist aber ein hervorragendes Reward/Risk-Ratio auf. Die Formation lässt sich sowohl im Intraday-Bereich als auch im Tageschart finden.

Kapitel VII: Glossar

Die wichtigsten Fachbegriffe des Devisenhandels finden sich hier in alphabetischer Reihenfolge zusammengestellt.

Abwertung	Verminderung des Außenwerts einer Währung. Siehe auch: Aufwertung.
Ask	Kurs, zu dem ein Finanzinstrument zum Verkauf angeboten wird.
Aufwertung	Erhöhung des Außenwerts einer Währung. Siehe auch: Abwertung.
Balance	Kontostand ohne Berücksichtigung der offenen Positionen.
Bid	Kurs, zu dem ein Finanzinstrument zum Kauf angeboten wird.
Big Figure	Größenordnung, in der gehandelt wird. In der Regel die um zwei Dezimalstellen gekürzte Quotierung.
Briefkurs	Siehe: Ask.
Crossrate	Wechselkurs, bei dem der US-Dollar nicht involviert ist.
Equity	Kontostand bei Berücksichtigung aller offenen Positionen.
Flat	Es besteht keine offene Position.
Forex (FX)	Abkürzung für Foreign Exchange, das gleichzeitige Kaufen einer Währung und Verkaufen einer anderen.
Geldkurs	Siehe: Bid.

Hedge	Absichern einer bestehenden Position gegen Kursschwankungen, meist durch eine entgegengesetzte Position.
Interbanken-Markt	Netzwerk aus Banken und Brokern, über das der Devisenhandel durchgeführt wird.
Kassa-Geschäft	Siehe: Spot.
Long	Spekulation auf steigende Notierungen. Siehe auch: Short, Flat.
Lot	Standard-Handelsgröße über einen FX-Broker (100 000 Einheiten der quotierten Basiswährung). Siehe auch: Mini-Lot.
Margin	Betrag, der bei Eröffnung einer Position als Sicherheitsleistung hinterlegt werden muss.
Mark to Market	Bewertung aller offenen Positionen zum aktuellen Marktpreis.
Market Maker	Marktteilnehmer, der auf Anfrage eine Quotierung stellt.
Market User	Marktteilnehmer, der auf gestellte Quotierungen handelt.
Mengennotierung	Der Preis für eine Einheit der Inlandswährung wird in variablen Einheiten der Fremdwährung ausgedrückt. Siehe auch: Preisnotierung.
Mini-Lot	Reduzierte Handelsgröße über einen FX-Broker (10 000 Einheiten der quotierten Basiswährung). Siehe auch: Lot.
Outright	Vereinbarung zweier Parteien zur Konvertierung einer Währung in eine andere zu einem späteren Zeitpunkt.
Over the Counter (OTC)	Beschreibung für Transaktionen, die nicht über eine Börse abgewickelt werden.

Pip	Bezeichnet die kleinste mögliche Bewegung, die ein Wechselkurs vollziehen kann. Auch als (Basis-)Punkt bezeichnet.
Preisnotierung	Der Preis für eine Einheit der Fremdwährung wird durch variable Einheiten der Inlandswährung ausgedrückt. Siehe auch: Mengennotierung.
Profit & Loss (P&L)	Unrealisierter Gewinn oder Verlust aus offenen Positionen.
Quotierung	Bid- und Ask-Kurs für ein benanntes Währungspaar.
Rollover	Prolongation einer Position; die Valuta wird mit Hilfe eines Swaps in die Zukunft verschoben.
Short	Spekulation auf fallende Notierungen. Siehe auch: Long, Flat.
Spot	Devisentransaktion. Die Zahlung der Währung erfolgt zwei Werktage nach Abschluss des Geschäfts.
Spread	Differenz zwischen Bid- und Ask-Kurs.
Swap	Gleichzeitiger Abschluss eines Kassa- und eines Termingeschäfts mit dem gleichen Kontrahenten.
Swap-Satz	In Punkten ausgedrückte Zinsdifferenz zwischen dem Kassa- und dem Terminkurs. Je nach Zinsgefälle positiv oder negativ.
Termingeschäft	Siehe: Outright.
Valuta	Datum des Erfüllungszeitpunktes eines Devisengeschäftes. Muss in beiden Ländern ein Arbeitstag sein.
Wechselkurs	Austauschverhältnis zwischen zwei Währungen.

Literaturverzeichnis

Bank for International Settlements: Triennial Central Bank Survey – Foreign Exchange and Market Activity in 2001, März 2002, Basel

Bank for International Settlements: BIS Quarterly Review – International banking and financial market developments, Dezember 2001, Basel

Schulmeister, S.: Währungsspekulation und Wechselkursdynamik, Versuch einer Synthese von fundamentaler und technischer Analyse. In: Rehm, H. (Hrsg.), Methoden und Instrumente der Zins- und Währungskursprognose, 1988

Financial Analysts Journal: Determinants of Portfolio Performance II: An Update, May/June 1991, S. 40-49

Fußnoten

1   Quelle: Bank for International Settlements
2   Quelle: Bank for International Settlements
3   Quelle: Handelsblatt
4   Quelle: Handelsblatt
5   Quelle: Bank for International Settlements
6   Da an jeder Transaktion zwei Währungen beteiligt sind, beläuft sich die Gesamtsumme der prozentualen Angaben auf 200 Prozent.
7   Quelle: Bank for International Settlements
8   Quelle: Deutsche Börse
9   Quelle: Bank for International Settlements
10 Quelle: Chicago Mercantile Exchange, 2004
11 Frequently Asked Questions – eine Zusammenfassung von Informationen zu häufig gestellten Fragen
12 Quelle: Schulmeister, Methoden und Instrumente der Zins- und Währungskursprognose
13 Quelle: Determinants of Portfolio Performance II – An Update.
14 Diese Methode erlaubt lediglich eine in diesem Falle ausreichende Abschätzung des Verlusts. Für eine genaue Berechnung sollte man auf die Kontenform zurückgreift.

Register

24-Stunden-Handel 52, 77

A

Analyse 46, 66, 74, 87, 89, 93, 94, 128, 129, 133, 134, 135, 136, 143, 148, 149, 150, 153, 154, 159, 165, 166, 167, 168, 170, 174, 175, 176, 179, 186, 190, 204, 224, 225, 237
Average True Range 172, 173, 174, 178, 179

B

Balance 119, 234
Balken-Charts 137
Basiswährung 34, 79, 111, 112, 125, 235
Behavioral Finance 129, 132, 133, 149
Bid 38, 39, 40, 45, 52, 61, 80, 84, 89, 93, 97, 100, 109, 120, 121, 234, 236
Big Figure 35, 36, 234
Box-Size 138
Bretton Woods 11, 12, 13, 14, 17, 18, 23, 29
Brick-Size 140, 141, 142
Briefkurs 24, 38, 39, 234
Broker 6, 25, 26, 27, 30, 31, 38, 39, 49, 50, 55, 59, 62, 63, 64, 65, 68, 69, 71, 72, 73, 75, 76, 77, 78, 79, 80, 81, 82, 83, 84, 85, 86, 87, 89, 90, 93, 94, 96, 97, 100, 102, 103, 104, 105, 107, 108, 109, 112, 117, 118, 119, 120, 122, 123, 124, 125, 126, 156, 162, 164, 180, 184, 189, 209, 210, 219, 226, 227, 235

C

Candlesticks 137, 139
Charttypen 135
Crossrates 34, 37, 42, 44, 45, 46, 65, 67, 78, 90, 118

D

Daten-Feed 88, 90, 93, 94
Datenversorgung 83, 89
Day Trading 154, 155

Devisen 6, 7, 8, 9, 11, 20, 23, 30, 31, 33, 36, 38, 40, 48, 49, 50, 52, 53, 57, 58, 62, 64, 65, 72, 73, 75, 77, 78, 80, 83, 89, 92, 94, 117, 124, 125, 130, 143, 150, 152, 158, 159, 184, 190, 191, 226
Devisenbewirtschaftung 11, 20
Diversifikation 190, 191
Drawdown 198, 199, 204, 205, 206, 207, 208, 209, 213, 214

E

EBS 26, 30, 94
ECU 14, 15, 16
Equity 119, 120, 121, 122, 192, 193, 198, 199, 206, 209, 211, 234
EuroFX 92
Europäische Währungsunion 15
Europäische Zentralbank 16, 27
Europäisches Währungssystem 14
EWS 14, 15, 16, 17, 18, 19, 28, 29
EWV 14
EZB 16, 27, 54, 92, 132

F

Flaggen 145, 146, 169, 231
Flat 50, 234, 235, 236
Foreign Exchange 48, 234, 237
Forex 48, 234
Fundamentale Analyse 128, 129, 148, 149, 168
Futures 48, 52, 56, 61, 64, 65, 66, 67, 68, 70, 72, 73, 75, 76, 79, 90, 117, 118
Fx 29, 38, 48, 50, 52, 57, 63, 65, 66, 68, 72, 73, 75, 76, 78, 79, 80, 81, 83, 84, 90, 94, 95, 97, 103, 117, 118, 123, 124, 125, 127, 152, 153, 154, 156, 158, 160, 164, 189, 220, 223, 234, 235

G

Gebühren 26, 55, 72, 80, 81, 125, 155, 156, 183, 189
Geldkurs 38, 39, 40, 234
Geschäftsarten 49, 56, 57, 62
Geschäftsbanken 23, 69
Geschichte 7, 9
Goldstandard 10, 11, 12
Good Till Cancelled 103

Good Till Date 103
GTC 103
GTD 103
Gültigkeit 84, 103

H

Handelsplattform 26, 77, 81, 82, 83, 84, 85, 86, 87, 89, 93, 94, 97, 98, 108, 150, 180, 210
Hebelprodukte 56, 70, 71, 72
Hebelwirkung 70, 117, 118
Hedge 21, 29, 103, 104, 235
Hedge-Fonds 21, 29
Heiliger Gral 150

I

If-Done 102, 106
Initial-Risk-Stop 166, 174, 175, 176, 178, 179, 230
Interbanken-Handel 26, 55, 76, 80, 108, 109, 117
Interbanken-Markt 23, 24, 25, 27, 31, 32, 43, 48, 49, 59, 60, 61, 62, 63, 64, 65, 70, 73, 76, 82, 92, 93, 108, 109, 124, 161, 162, 235
Interbanken-Netzwerk 56
Intermarket 133, 134, 149
Internationale Währungsfond 28
Intervention 27, 29
ISO-Codes 32, 33
IWF 12, 13, 28

J

Journal 216, 226, 237

K

Kassa-Kurs 41, 58, 60, 61, 62
Keil 147
Kerzen-Charts 136, 137
Kontotyp 79
Konvertibilität 12
Korrelation 190, 191

L

Leverage 79, 117
Limit-Buy 98, 99
Limit-Sell 98, 99, 105, 106
Liquidität 6, 24, 26, 29, 31, 38, 39, 41, 42, 43, 46, 52, 54, 56, 64, 65, 68, 73, 90, 161
long 43, 50, 51, 69, 104, 113, 125, 144, 156, 157, 164, 174, 176, 191, 210, 211, 235, 236
Lot 78, 79, 112, 114, 115, 117, 120, 121, 122, 123, 125, 126, 203, 209, 210, 211, 212, 215, 235

M

Maastricht 15
Majors 46, 54, 78, 80, 90, 156, 189
Margin-Call 120
Mark to Market 235
Market Maker 24, 25, 26, 38, 39, 40, 41, 55, 80, 90, 127, 235
Market User 39, 41, 64, 73, 80, 235
Market-Order 97
Marktteilnehmer 7, 19, 21, 23, 26, 39, 41, 48, 49, 50, 55, 56, 66, 108, 127, 128, 129, 131, 132, 134, 135, 137, 141, 144, 145, 146, 147, 155, 158, 162, 167, 220, 235
Mengennotierung 35, 235, 236
Mindesteinlage 79
Mini-Lot 79, 112, 117, 210, 212, 215, 235
Model Code 110
Money-Management 78, 110, 119, 127, 158, 159, 164, 165, 183, 186, 200, 201, 203, 204, 205, 207, 208, 212, 216, 222

O

OCO 84, 102, 104, 105, 106
One Cancels Other 102
Optionen 56, 67, 68, 69, 70, 72, 73, 75, 117, 171
Optionsschein 69
Order-Arten 52, 82, 84, 97, 226
Orderlage 24
Ordermaske 84
OTC 49, 60, 63, 68, 235
Outright Forwards 59, 64
Over the Counter 60, 68, 235

P

P&L 236
Pip 35, 72, 80, 111, 112, 113, 126, 236
Pip-Wert 112, 113
Point & Figure 138, 139
Position Trading 152, 153, 154

Preisnotierung 35, 235, 236
Profit & Loss 110, 236
Prolongation 62, 123, 124, 236
Proprietary Trader 25
Proptrader 21, 25, 221
Pyramiden 180, 184, 185

R

Referenzkurssystem 92
Renkos 139, 140, 141
Requotierung 81
Reward 186, 187, 188, 189, 190, 202, 222, 223, 224, 231, 233
Risiko-Management 119, 158, 159, 161, 162, 164, 165, 186, 203, 220, 221, 226
Risk-Ratio 186, 187, 188, 189, 190, 202, 222, 223, 224, 231, 233
Rollover 62, 80, 123, 125, 126, 236

S

Scalping 155, 156
Schulter-Kopf-Schulter 147, 148
Selbst-Management 7, 158, 160, 216
Short 43, 50, 104, 106, 125, 156, 157, 162, 164, 173, 174, 181, 182, 235, 236
Sicherheit der Einlagen 76
Slippage 52, 56, 100, 164, 184
Sorten 31
Spike 90
Spot 37, 39, 56, 57, 58, 59, 60, 62, 63, 65, 66, 68, 71, 72, 73, 74, 75, 76, 80, 123, 124, 235, 236
Spread 39, 40, 41, 42, 54, 55, 60, 64, 65, 67, 71, 72, 73, 76, 80, 110, 162, 183, 189, 190, 236
Stop-Buy 100, 101, 106, 107, 164
Stop-Sell 101, 105, 106, 107, 164
Strategie 7, 71, 127, 150, 158, 159, 160, 172, 180, 183, 184, 186, 187, 188, 192, 194, 198, 202, 203, 205, 206, 212, 214, 216, 220, 222, 223, 225, 227, 228, 229
Swap-Satz 60, 61, 62, 236
Swaps 56, 57, 58, 60, 61, 62, 63, 67, 124, 125, 126, 236
Swing Trading 153

T

Technische Analyse 46, 89, 128, 129, 134, 149, 154, 159, 165, 167, 170, 175, 204
Telefonhandel 26, 108
Trading-Plan 217, 218, 221, 222, 225
Trailing-Stop 174, 175, 176, 177, 182
Trend 100, 140, 142, 143, 146, 147, 155, 157, 169, 171, 175, 176, 184, 192, 231, 232
True Range 171, 172, 173, 174, 178, 179

U

Umsetzung 2, 8, 96, 127, 139, 148, 160, 192, 216, 224, 227, 229, †246
Universal-Account 79
Unternehmen 21, 22, 23, 43
Unterstützung 88, 144, 145, 167, 168, 169, 178, 220, 228, 229, 230, 231

V

Valuta 59, 60, 62, 124, 236
Variable Währung 34
Voice Broker 26

W

Wahrscheinlichkeiten 164, 193, 194, 195, 196
Währung 9, 10, 11, 12, 14, 15, 16, 17, 18, 19, 20, 27, 28, 31, 32, 33, 34, 35, 37, 38, 39, 42, 43, 46, 50, 51, 58, 59, 61, 62, 67, 71, 111, 112, 116, 124, 125, 129, 130, 131, 132, 144, 148, 149, 162, 189, 215, 234, 235, 236
Währungsschlange 14
Währungssystem 9, 12, 14, 16
WAP 82
Wechselkurssystem 13, 29
Widerstand 144, 145, 167, 169, 178, 230, 231
Wimpel 145, 146, 147, 169

Z

Zentralbanken 14, 15, 18, 27, 29, 54
Zinsen 19, 51, 61, 73, 74, 79, 124, 125, 129, 130, 132, 133, 185
Zwischenkriegszeit 11